HEYNE BÜCHER
SACHBUCH

Zum Autor

HERMANN SCHREIBER, 1920 in Wiener Neustadt geboren, studierte nach dem Abitur an der Universität Wien Germanistik, Kunstwissenschaft, Philosophie und Geschichte. 1944 promovierte er zum Dr. phil. Für sein Buch ›Paris, Biographie einer Weltstadt‹ (1967) erhielt Hermann Schreiber vom österreichischen Bundespräsidenten den Professortitel. Der Autor lebt heute als freier Schriftsteller und Sachbuchautor in München.

Hermann Schreiber

AUGUST DER STARKE

Kurfürst von Sachsen – König von Polen

WILHELM HEYNE VERLAG
MÜNCHEN

HEYNE SACHBUCH
Nr. 19/367

Dieser Titel erschien bereits in
der Reihe Heyne Biographien
unter der Bandnummer 12/146.

6. Auflage
4. Auflage dieser Ausgabe

Ungekürzte Taschenbuchausgabe im
Wilhelm Heyne Verlag GmbH & Co. KG, München

Printed in Germany 1998
Umschlagillustration: Archiv für Kunst und Geschichte, Berlin
Umschlaggestaltung: Atelier Adolf Bachmann, Reischach
Druck und Verarbeitung: Presse-Druck Augsburg

ISBN 3-453-08754-2

INHALT

ERSTES BUCH: DAS GALANTE SACHSEN 7

Vorspiel mit Magdalena Sibylla 9

Das kleine Vaterland 50

Wohin mit all der Kraft? 68

Der Erste und der Zweite 108

Gräfliche Tänze 126

Der Reigen der großen Damen 140

ZWEITES BUCH: DER VENUSBERG IM OSTEN . . . 159

Die vergessenen Kriege 161

Früher Tod und späte Rache 180

Der Kampf der Gräfinnen 201

Besuch aus Berlin 230

Der letzte Kampf 261

Mehr Söhne als Nachruhm 272

ZEITTAFEL 279

LITERATUR IN AUSWAHL 283

PERSONENREGISTER 284

Erstes Buch

DAS GALANTE SACHSEN

Augusts Unglück war sein heißes Blut,
vor allen Dingen aber der Geist seiner Zeit,
der mit dem Aberglauben und den Vorurteilen
sich auch über alle Schranken
der Sitte und Ehrbarkeit hinwegsetzte.

EDUARD VEHSE

VORSPIEL MIT MAGDALENA SIBYLLA

Vielleicht hätten die deutschen Länder die ihnen auferlegte Sparsamkeit leichter ertragen, hätte es Paris nicht gegeben und bei Paris dieses prächtige Schloß Versailles. So aber blickten sie, durch den Dreißigjährigen Krieg verarmt, von ihren Fürsten mehr schlecht als recht regiert, mit jener seltsamen Begehrlichkeit über den Rhein, die immer den Blicken von Ost nach West innewohnt. Die tüchtigsten unter den Pfennigfuchsern waren die protestantischen Landesherren; sie durften sich nicht einmal am Glanz des fernen Papsttums erfreuen, wie es noch auf den jüngsten deutschen Priester hinabstrahlte, sondern orientierten sich an der pflichtgemäßen Bescheidenheit des evangelischen Pfarrhauses, dessen einziger Reichtum die getreulich und mit verschämter Lust gezeugte Kinderschar war.

Eben darin aber hatte es, selbst in den Notjahren nach dem großen Krieg, sogar ein armer Pfarrer oft besser als der Fürst – er durfte sich nämlich im allgemeinen unter den frischen Töchtern des Landes ein holdes Kind wählen, das dem Geistlichen dann auch willig ins Pfarrhaus folgte (wenngleich die Fälle nicht ganz selten sind, in denen die Pfarrstelle nur zu erlangen gewesen war, wenn die Witwe des Vorgängers mitübernommen, sprich geheiratet wurde). Noch ist der Einfluß dieser betrüblichen Zwänge auf den Nachwuchs in deutschen Pfarrhäusern unerforscht. Klar ist hingegen der Zusammenhang zwischen den politischen Vernunftheiraten, den dynastischen Pflichtverbindungen auf der einen und dem Mätressenwesen auf der anderen Seite...

Die schlechten Beispiele haben zu allen Zeiten die guten Sitten verdorben, und das mit bemerkenswerter Schnelligkeit vor allem dann, wenn diese Verderbnis mit so verführerischen Annehmlichkeiten verbunden war. Zwischen jenen europäischen Staaten, die sich langsam zu Großmächten entwickelten – zwischen Rußland und Frankreich, zwischen England und Österreich – lagen buntscheckig und mit teilweise absurden Grenzen die deutschen Mittel- und Kleinstaaten, die sich trotz der harten Lehren des Dreißigjährigen Krieges noch immer nicht zu Zusammenschlüssen verstehen wollten.

Aber etwas anderes meinten sie zu können, zu dürfen, ja zu sollen: Sie versuchten, in den hübschen alten Kleinstädten, die ihnen als Residenzen dienten, die zwar nicht volkreich und nicht luftig, aber um so traulicher und architektonisch sehr reizvoll waren, ein wenig von jener Lebensführung nachzuahmen, die man ihnen westlich des Rheins mit so provokantem Glanz vorführte. Dort herrschte der vierzehnte Ludwig, von einer ziemlich sittenlosen Mutter und – wie man raunte – einem eher geheimnisvollen Vater geboren, ein Herrscher, der seinem düsteren, menschenscheuen, zurückgezogen nur der Jagd lebenden offiziellen Erzeuger in keinem Zug seines Wesens oder seines Gesichtes glich. Und gerade dieser Fürst tat nun so, als hätte es vor ihm überhaupt niemand verstanden, sich als König zu gebärden, einen Hof anzuführen, ein Schloß und die Hofgesellschaft so richtig leuchten zu lassen. Und weil er aus den Kristallüstern und den Spiegelwänden seines Prachtschlosses soviel Glanz und Licht hervorgeholt und damit das Tagesgestirn schier überstrahlt hatte, nannte man ihn *Le roi soleil*, den Sonnenkönig.

Die Faszination, die von diesem König und seinem Schloß ausging, die Gerüchte über seine luxuriöse Hofhaltung und die Menge der Diener, die Schönheit der Frauen, die Eleganz der Kavaliere, die bewirkten bei den deutschen Fürsten etwas, was man eine Revolution nennen müßte, wären nicht die Fürsten so schlechte Revolutionäre. Man hatte bis dahin recht sparsam gewirtschaftet und es auch als ganz richtig empfunden, hatten dreißig Kriegsjahre doch die ganze Mitte des Kontinents ausbluten lassen, waren doch die Felder viele Jahre nicht bestellt worden und Steuern von den verarmten Bauern und entvölkerten Dörfern kaum einzutreiben. Aber neben dem Wiedererstarken der Volkswirtschaft, neben der Wiederkehr des Vertrauens in die Ordnung und in den Frieden, wie sie seit 1648 allenthalben Einzug gehalten hatten, meldete sich nun in dem einen oder anderen der alten deutschen Herrscherhäuser doch ein gewisser Unmut. Schließlich waren es ja nicht sosehr die Deutschen gewesen, die ihr eigenes Land verheert hatten, sondern auch die Franzosen und die Schweden, deren Heimatländer jedoch unversehrt geblieben waren – da ließ sich dann leicht auf so prächtige Weise hofhalten!

Es spricht für den sächsischen Tatsachensinn, daß man sich in Dresden schneller als etwa am Rhein auf das Wesentliche besann und aus dem suggestiven Pariser Vorbild jene Vergnügungen übernahm, die dem Fürsten am meisten brachten und ihn zugleich am wenigsten kosteten, weniger jedenfalls als große Schlösser und Hunderte von Bediensteten: das Mätressen-Unwesen, wie die Herren Hofprediger es zu nennen beliebten, die Institution einer königlichen Geliebten, wie es die höhere Beamtenschaft ehrfurchts- und neidvoll benannte.

Kursachsen hatte drei Fürsten gehabt, unter denen das nicht eben reiche Land zu diesem Wettbewerb mit Frankreich, England und Rußland angetreten war und sich auf den Schlachtfeldern Europas, aber auch hinsichtlich der fürstlichen Ausschweifungen in die Reihe der großen Mächte zu stellen suchte. Sie hießen allesamt Johann Georg, und wir werden unseren Helden Friedrich August besser verstehen, wenn wir einen Blick auf seine Vorfahren werfen.

Im dicht besiedelten Sachsen mit seinen vielen kleinen Zentren hatte es im vierzehnten und fünfzehnten Jahrhundert erhebliche und anhaltende Machtkämpfe gegeben; Brüder stritten gegeneinander, Prinzen wurden geraubt, und manches, was man heute für romantische Erfindungen aus der Ritterzeit halten würde – wie etwa den kühnen Kunz von Kaufungen –, das war damals getreue Wirklichkeit und wurde in allen deutschen Schulbüchern eifrig nacherzählt, solange es ein Königreich Sachsen gab, also bis 1918. Heute ist dies teilweise vergessen, teilweise verloren oder doch aus unserem Gesichtskreis gerückt, und die Tatsache, daß es eine albertinische und eine ernestinische Linie sächsischer Fürstlichkeiten gegeben habe, ist selbst für geschichtlich Interessierte nicht viel mehr als ein Klang, eine vage Erinnerung.

Nun, diese beiden Linien gingen auf einen Kurfürsten zurück, der Friedrich der Sanftmütige hieß, und Albrecht, nach dem die albertinische Linie benannt wurde, hatte die energischere Nachkommenschaft. Sie sicherte sich die Kurwürde, hatte also bei der Wahl des deutschen Königs ein gewichtiges Wort mitzureden, und stieg mit Friedrich August, dem dieser Band gewidmet ist, erstmals die Stufe zum Königtum hinauf, wenn es auch natürlich neben dem deutschen König keinen sächsischen geben konnte, sondern nur einen Kurfürsten von Sachsen, der zugleich König von Polen war.

Den langsamen Anstieg an Macht und Glanz und Staatsgewicht vollzogen die drei Fürsten mit dem Namen Johann Georg in einem Zeitraum von nicht ganz achtzig Jahren. Am schwersten hatte es, wie so oft, der erste, denn als er im Jahr 1611 die Regierung antrat, lagen nur noch sieben Friedensjahre vor ihm, dann brach der große Krieg aus, in dem die schwankende Politik Johann Georgs I. dem Lande Sachsen die schlimmsten Verheerungen einbrachte, die es überhaupt gab. Die Kaiserlichen brannten Magdeburg nieder und ließen dort nur ein paar verschreckte Menschen am Leben, und die Schweden überzogen – nach Johann Georgs Abfall von der protestantischen Sache – das Land mit all jenen Schrecken, die uns Grimmelshausen geschildert hat. Johann Georg I. hatte in schwierigen Zeiten Fehler begangen, die damals auch von klügeren Fürsten nicht vermieden werden konnten, und es nachher besser wissen zu wollen, ist billig. Aber es kann nicht bestritten werden, daß er zum Unterschied von späteren sächsischen Herrschern ein bemerkenswert roher Patron war, daß er das, was ihm an Verstand fehlte, durch jene Schaustellungen seiner Männlichkeit zu ersetzen versuchte, wie sie die Jagd und das Trinken immer wieder ermöglichten, und daß er, politisch und militärisch ein Schwächling, gegenüber seinen Untertanen und sogar seiner Familie oft unerträgliche Härte zeigte. Wie bei so vielen anderen Fürsten und Politikern ging dies alles Hand in Hand mit eifrigem Christentum unter der Patronanz des lutherischen Hofpredigers Hoe von Hoenegg, der den Haß gegen die Calvinisten so weit trieb, seinem Landesherrn zum Bündnis mit dem katholischen Kaiser zu raten. Er war es auch, der einen Prager Juristen, einen Dr. Kratz, achtzehn Jahre lang auf der Festung Königstein einsperren ließ, weil er sich in eine Versammlung der lutherischen Landstände eingeschlichen hatte...

Johann Georg I. hatte in seinem Testament nicht nur seinen Nachfolger, sondern auch drei weitere Söhne mit Landesteilen bedacht, so daß Johann Georg II. (1656–1680) nicht wenig Mühe hatte, den sächsischen Frieden wiederherzustellen. Er war der erste Fürst, der sich für Dresden wirklich interessierte und mit dem Ausbau dieser Stadt zu einer der schönsten deutschen Residenzen umsichtig und mit großen Mitteln begann. Diese Großzügigkeit stürzte ihn freilich bald in arge Schulden, auch der Hof selbst verbrauchte große Summen, und so kam es denn aus der Not dieser Stunden zu einigen wichtigen Tugenden: zur Ordnung des Münzwesens, zu einer neuen Finanzverfassung als fester wirtschaftlicher Basis für Generationen, und sogar zu einer gewissen Zusammenarbeit mit Frankreich, die der Dresdner Oper ebenso zugute kam wie Johann Georgs II. Vorliebe für die italienischen Komödianten.

Damit war nun schon allerlei angebahnt, als Johann Georg III. 1680 die Herrschaft antrat und sich in den elf Jahren bis zu seinem Pesttod 1691 bemühte, die Vorzüge von Vater und Großvater zu übernehmen, deren Untugenden aber zu vermeiden. Er war ein tapferer Soldat, stand seinem Kaiser gegen die Türken zur Seite und kommandierte ein kleines sächsisches Kontingent beim Entsatz von Wien im Jahr 1683. Weil aber damals die Polen als erste plündern durften und Sobieski den Hauptteil des Ruhmes errang, ergaben sich aus dieser für ganz Europa so wichtigen Waffentat nur Verstimmungen, und Johann Georg III. blieb fortan lieber an der Elbe. Erst als gegen die Raubkriege des Sonnenkönigs die ganze Reichsarmee aufgeboten wurde, zog es den Kurfürsten wieder unter die Fahnen. Da er sich mit dem kaiserlichen Feldherrn, dem Grafen Caprara, ganz und gar nicht verstand, endete auch diese Unternehmung im Mißklang, und Johann Georg III. starb, enttäuscht, wenn auch nicht gerade verbittert, ohne die Heimat wiedergesehen zu haben in Tübingen, wo ihn im Spätsommer 1691 eine Seuche ereilt hatte.

Der streitbare Kurfürst hatte eine dänische Prinzessin geheiratet, sie hieß Anna Sophie und war außerordentlich fromm. Man sagt, sie hätte ihren zwei Söhnen, dem älteren Johann Georg und dem schon als Kind ungemein kräftigen Friedrich August, den ersten Katechismus schon in die Hand gedrückt, als die kleinen Prinzen noch gar nicht lesen konnten, nämlich im Alter von vier Jahren, nur damit sie das heilige Buch eben schon in den Fingern fühlten. Und Anna Sophie war es wohl auch, die einen streitbaren Theologen aus dem Elsaß nach Dresden rief, nämlich Philipp Jakob Spener.

Dieser bedeutende Mann ist der Schlüssel zu vielem, was sich nun ereignen wird, Schlüssel, aber nicht Werkzeug, denn die Kritik, die er an der Lebensführung Johann Georgs III. übte, kam durchaus von ihm selbst, so wie er ja die ganze Richtung, die man später Pietismus nannte, für Deutschland begründete. In Genf und Frankreich gebildet, kam Spener genau aus jener Himmelsrichtung des Protestantismus, die von den sächsischen Lutheranern im Dreißigjährigen Krieg so erbittert und so folgenreich bekämpft worden war. Nicht, daß die in allen Jahrhunderten und allen Kriegen recht bedächtigen sächsischen Soldaten den großen Religionskrieg auf deutschem Boden für den Protestantismus hätten entscheiden können, wenn sie diesem treu geblieben wären; aber die Schweden und Böhmen wären dann doch nicht so ausschließlich im ostmitteldeutschen Raum und seinen ungangbaren Rändern beschäftigt gewesen und manches hätte sich anders entwickelt.

Der Lutheraner Spener also hatte seine calvinistischen Unbedingtheiten mit ins schöne Dresden genommen und als Hofprediger, unbekümmert um Hof und Hoftheater, gegen alles zu wettern begonnen, was seiner Meinung nach überflüssig war. Man weiß ja, was solch einen strengen Herrn alles stören kann: ein schönes Kleid, ein heiteres Wesen, die ungeduckte Fröhlichkeit und natürlich erst recht das, was auch andere Sünde nannten: das Treiben bei Hof, die Liebschaften des Fürsten und des Adels, der Aufwand für Luxus, Liebe und Krieg. Was Spener von seinen puritanischen Kollegen in England und Neuengland unterschied, war die bei aller Unbedingtheit im Geistigen große persönliche Bescheidenheit, ja eine bemerkenswerte Toleranz gegenüber Calvinisten (die im lutherischen Dresden allerdings nur französische Gottesdienste abhalten durften) und gegenüber den Katholiken. Nur sein eigenes Amt, das war Spener heilig, er verstand es als Auftrag, die Seele seines Fürsten zu behüten und zu führen. In dieser Absicht und nach langem inneren Ringen schrieb er jenen schicksalhaften Brief vom 22. Februar 1689, worin er »mit Beibehaltung unterthänigsten Respects (dem Kurfürsten) den Zustand von dessen Seele beweglich (= eindringlich) vorgestellt«.

Johann Georg III. sandte Speners Schreiben mit einer Entgegnung zurück, ein abermaliges Schreiben Speners wurde bei Hof nicht mehr angenommen, ja gar nicht erst geöffnet. Der Fürst besuchte keine Predigt Speners mehr, und alle Welt war erleichtert, als 1691 ein Ruf nach Berlin erfolgte, dem Spener sich angesichts dieser Sachlage auch nicht mehr verschloß. Nicht mehr durch seinen Fürsten geschützt, hatte Spener schon 1690 heftige Fehden zu bestehen gehabt; die Lutheraner unter dem Leipziger Professor Dr. Benedikt Carpzow waren gegen die neue Richtung zu Felde gezogen, die man Pietisten nannte und die aus Halle Unterstützung fand, und auch die Gemahlin des Kurfürsten hatte für ihren Freund und verehrten Berater Spener nicht mehr viel tun können.

Es war dennoch mehr als Theologengezänk, in das die beiden Prinzen hineinwuchsen. 1668 und 1670 geboren, waren sie junge Männer, als sie den Vater nicht gerade von der Kanzel, aber doch vom Hofprediger angegriffen sahen, und es kann sehr gut sein, daß schon diese Situation sie vor schwere innere Entscheidungen stellte: Hier Religion, hier Fürstenmacht, hier christliche Lebensführung, hier politischer Auftrag zu Herrschaftsausübung und Krieg. Und in gewissem Sinn war es auch eine Wahl zwischen Vater und Mutter, die ihnen auferlegt, wenn auch nicht gerade abverlangt wurde, denn daß die Mutter an Spener und dessen Frömmigkeit festhielt, war offenbar.

Indessen war die väterliche Welt ungleich verwirrender als die schlichte Existenz der Mutter, die auf einem Gartengut bei Dresden lebte und auf Distanz zum Treiben Johann Georgs III. bedacht war. Es gab nämlich so allerlei Undurchschaubares bei Hof, und man sagte, nur einer wisse tatsächlich über alles Bescheid, das sei der Oberhofmarschall und Wirkliche Geheime und Kriegsrath Friedrich Adolf von Haugwitz, zugleich Obersteuereinnehmer. Ihm zur Seite standen nachgeordnet zehn weitere Wirkliche Geheime Räthe, weiter vierzehn General-Wachtmeister und Kammerherren, vier adelige Kammer- und Bergräthe, ein adeliger Landkammerrath und acht Hofämter, zu denen sich die »noch hoffähigen« Staats- und Militärämter gesellten, fünfundsiebzig an der Zahl, ehe mit dem Generalquartiermeister Johann Georg Starke der erste Bürgerliche auftaucht, ein hochbegabter Mann, der das schöne kurfürstliche Gartenpalais erbaute. Er eröffnet die bürgerliche Abteilung des Hofes, in der einige gute Namen etwa von bedeutenden Juristen auftauchen, die freilich allesamt gegen das Gepränge und Geschreite der großen Familien recht wenig ins Gewicht fielen. *In summa* waren es mehr als dreihundert Herren, nicht gerechnet die Armee, ganze 13 500 Mann stark und so gut wie ausschließlich von Herren aus dem braunschweigischen und brandenburgischen Adel kommandiert; die Sachsen drängten eher zum Glanz des Hofes und in die unmittelbare Umgebung des Fürsten.

In dieser, in der allernächsten und intimsten Nähe Johann Georgs III., wurde das Wetter gemacht, und zwar nicht so sehr von den Mätressen, als vielmehr vom Leibpagen. Das war sächsische Tradition und Spezialität. Der Page, er hieß in diesem Falle Pflugk, sah und hörte alles, er durfte sich zu allem äußern und er wußte, wem er was zu hinterbringen hatte. Wenn es Homoerotik war, so allenfalls im Fluidum, in der Neigung des ans Feldlager gewöhnten Kurfürsten, mit Männern zu leben, mehr wohl nicht.

Diese Pagen kamen unter jedem Kurfürsten zu Ämtern, Reichtum und Adelspatenten oder doch, wenn sie wie Pflugk aus einer alten Meißener Familie stammten, zu Erhöhungen: August Ferdinand Pflug(k) wurde der erste Graf dieses Namens und trat aus dem Pagenstand bald hinaus ins volle Licht der Öffentlichkeit als Reisebegleiter des späteren Kurfürsten Friedrich August und als dessen wichtigster und treuester Minister.

Es war also jedes Amt und jedes Ämtchen so viel und so wenig, wie man daraus machte. Die höchsten Herren gaben sich dazu her, in Dresden oder in Leipzig für Liebschaften zu sorgen und dem Fürsten junge Damen, nicht selten aus der eigenen Familie, zuzuführen, sie machten also den *Pourvoyeur*, wie man das nach französischem Vorbild nannte, und der unschätzbare Hof-Chronist Vehse sagt von einem sogar, er habe ›den Lebel gemacht‹, womit Ludwigs XV. verschlagener und vielgewandter Kammerdiener zum Begriff erhoben erscheint.

Der höchstgestellte Lebel war, wenn wir bei diesem Bild bleiben wollen, der Oberhofmarschall selbst, also Friedrich August von Haugwitz, Inhaber von einem Halbdutzend Ämtern, aber immerhin vorsichtig genug, sein großes Einkommen aus den verschiedensten Quellen in einer kostbaren Münzsammlung anzulegen (das fiel weniger auf als Paläste oder Gutshöfe). Haugwitz war ein großer Herr, ein Mann von Welt, an dessen Tafel man sich wohl fühlen konnte, gebildet, weitgereist und mit einer österreichischen Gräfin Dietrichstein vermählt, der viele den besonderen Charme dieses Hauswesens zuschrieben. Haugwitz war großzügig genug, die eigene Schwester dem Kurfürsten als Geliebte vorzuschlagen, was man nicht wörtlich verstehen sollte: bei so uralten Vorgängen waren Worte nämlich überflüssig. Die schöne junge Frau erhielt einen Offizier zum Gatten, der ohnedies gehorchen mußte, und dieser Offizier wurde dafür zum Hofobristen der Leibgarde befördert. Man blieb also unter sich...

Was sich nun anspann, hat sich als Sensation bis in den Ersten Weltkrieg hinein gehalten, ja eines der aufschlußreichsten Dokumente über die Liebesaffären Johann Georgs III. und vor allem seines ältesten Sohnes ist überhaupt erst 1914 aus der Handschrift erstmals publiziert worden – die Geschichte der Magdalena Sibylla von Neitschütz, späteren Gräfin von Rochlitz. Friedrich August – unser Held – hat sie aus nächster Nähe miterlebt, ja die Brüder sollen wegen der schönen Magdalena sogar einmal die Klingen gekreuzt haben, und der Prozeß gegen die jung verstorbene Gräfin und ihre Mutter war die erste große Staatsangelegenheit, die Friedrich August, den Kurfürsten von Sachsen, beschäftigte, als er nach dem frühen Tod seines Bruders unversehens den Thron besteigen mußte. Aber nicht nur das: Die Affäre Neitschütz scheint, obwohl man gerade das heute am wenigsten begreifen wird, das kurfürstliche Haus aus seinem angestammten lutherischen Glauben herausgelöst und in die Arme der katholischen Kirche geführt zu haben, weil die Kurie im fernen Rom für fürstliche Mätressen stets etwas mehr an Duldsamkeit an den Tag gelegt hatte als die unbeugsamen Puritaner in der Nachfolge Martin Luthers oder des noch strengeren Calvin.

Johann Georg III. hatte schon als Kurprinz ein nicht sonderlich auffälliges Verhältnis zu jener Haugwitz unterhalten, die, an den Obristen von Neitschütz verheiratet, nach und nach mehrere Kinder in die Welt gesetzt hatte. Von ihnen überlebten zwei Töchter und ein intelligenter, aber verwachsener Sohn. Ob diese Kinder und welche von ihnen den Obristen und welche den Kurfürsten als Vater hatten, konnte nach dem Stand der medizinischen Wissenschaften im Dresden des ausgehenden siebzehnten Jahrhunderts niemand feststellen, es hätte wohl auch niemand zu tun gewagt. Nur der Kurfürst selbst schien zumindest Magdalena Sibylla, die am 8. Februar 1675 geboren worden war, als seine leibliche Tochter anzusehen, aufgrund der ihm ja genau bekannten und jedenfalls zugänglichen Dienstpläne und dienstlichen Abwesenheiten des Offiziers Neitschütz. Ihnen zufolge hätte Neitschütz, ein tapferer Offizier und sehr gut aussehender

Reiter, in den in Frage kommenden Frühjahrsmonaten des Jahres 1674 jedenfalls keine Gelegenheit gehabt, die hübsche Tochter zu zeugen, da er bei der Rheinarmee stand.

Dieser Umstand erklärt hinreichend, warum Johann Georg III. mit so außerordentlicher Konsequenz und großen Zurüstungen verhindern wollte, daß einer seiner Söhne mit dem hübschen Fräulein von Neitschütz nähere Beziehungen aufnehme. Denn wenn auch der Hof, wie wir erfahren haben, etwa dreihundert wichtigere Positionen aufwies – die jungen und hübschen Sächsinnen aus mitzählenden Familien waren doch nicht allzu häufig, und sowohl der Kurprinz als auch sein jüngerer Bruder Friedrich August mußten gleichsam über die süße Magdalena Sibylla stolpern, in der offensichtlich das galante Blut der Haugwitz und die Sonne kurfürstlicher Gunst ein Wesen von besonderer höfischer Anmut hervorgebracht hatten.

Die nächstliegende Lösung, die sich dem besorgten Vater anbot, war die *Große Tour,* wie man die damals übliche Bildungsreise nannte; Kavalierstour sagte man, wenn es sich um kleineren Adel handelte. Söhne begüterter Geschlechter, deren Besitz jedoch weitab von den großen Bildungszentren lag, wurden in Begleitung des Haushofmeisters, also meist eines etwas älteren, aber ihnen im Alter noch verbundenen Pastors, auf eine Reise durch Europa geschickt. Derlei dauerte damals mindestens ein Jahr und blieb für viele junge Adelige die erste und letzte Berührung mit der Welt, mit Paris, Rom, Florenz, London und Wien, ehe sie für immer auf ihre Klitsche zurückkehrten.

Die sächsischen Prinzen freilich reisten mit größerem Gefolge: neben dem Mentor, der natürlich von Adel war, reiste ein Pastor mit, dazu ein Dutzend Bedienter und ein Arzt. Und sie wählten, wie dies bis heute üblich geblieben ist, aus der langen Reihe der sächsischen Herrschaften irgendeinen Grafentitel statt ihres fürstlich wettinischen Namens, um Etiketteprobleme zu vermeiden wie etwa die prekäre Frage, ob sich der spanische König in ihrer Gegenwart bedekken dürfe oder nicht. Dergleichen weltbewegende Zwischenfälle ließen sich nicht immer vermeiden, weil man schließlich wußte, wer jener auffallend kräftige Graf von Leisnig war und weil die Diskretion vor allem durch das Gefolge auch nicht sehr ängstlich gewahrt wurde.

Da immerhin zwei Jahre die beiden Prinzen voneinander trennten und da schließlich der Jüngere noch nicht so deutlich an der schönen Sibylla interessiert schien, reisten die beiden nicht immer gemeinsam, oder ihre Abwesenheiten überschnitten sich nur. Eine erste Reise führte, noch unter der Ägide der Mutter, zum dänischen Onkel. Dort waren beide Prinzen unter bester Obhut erstmals für längere Zeit im Ausland, und zumindest der Ältere, also Johann Georg, muß in Dänemark gesehen haben, wieviel sich ein absolut herrschender König gestatten kann: Christian V., der ältere Bruder von Anna Sophie, freute sich nicht nur über den Besuch der Neffen, er machte ihnen auch deutlich, daß sie unter Umständen gewisse Thronansprüche hätten, was vor allem den jüngeren Friedrich August interessieren mußte: Bei einer Altersdifferenz von nur zwei Jahren konnte es ja sein, daß er neben Johann Georg ein Leben ohne wirkliche Aufgaben vor sich hatte, eine angenehme, aber letztlich doch zweitrangige Existenz, die seiner Kraft, seinem Temperament und seinem Ehrgeiz ganz und gar nicht entsprach. Besonders weckten einige militärische Vorführungen Augusts Tatendrang. Das Dänemark von 1686/87 war zwar nicht mehr die Großmacht aus hansischen Zeiten, spielte aber im Konzert der europäischen Mächte noch durchaus ebenbürtig mit (die entscheidende Machtreduktion erfolgte erst 1864, als Österreich und Preußen gemeinsam gegen Dänemark Krieg führten und das kleine Land sich gegen die beiden Großmächte hartnäckig wehrte).

Die Ziele der nächsten Reise waren schon freier gewählt und sagten den Prinzen gewiß mehr zu, weil der kleine Troß, den sie mit sich führten, doch leichter zu lenken war als die fürsorglich-fromme Mutter: Johann Georg und Friedrich August besuchten – nicht zugleich, aber natürlich mit gleichen Absichten und Begegnungen – die damals wie heute beliebtesten städtischen Reiseziele, nämlich Paris und Venedig. Auf dem Parkett dieser Weltstädte werden die Unterschiede zwischen den Brüdern deutlich, und vor allem: sie werden registriert. August ist etwas gehemmt, weil er die körperlichen Übungen und das Waffenhandwerk bei seiner Ausbildung vorgezogen hat, die Sprache der Diplomatie nicht so gut beherrscht wie sein Bruder und auch beim Tanz noch keine gute Figur macht. Er wirkt still, und nur der Scharfblick zweier großer Menschenkenner dringt hinter die friedliche Fassade dieses stiergeborenen Kraftmeiers: Liselotte von der Pfalz, im Paris der Maintenon, der Bigotterie und der höfischen Heuchelei auf verlorenem Posten stehend, entdeckt in Friedrich August die verborgene Lebhaftigkeit, das zur Tat drängende Temperament hinter dem wortkargen Auftreten, und Liselottes Schwager, der Sonnenkönig, der weiß überhaupt gleich, woran er ist und gibt sich ahnungsvoll nur mit dem Siebzehnjährigen ab, der ihn noch so anhaltend beschäftigen wird.

Man kann sich unschwer ausmalen, daß einem Prinzen, der im heimatlichen Dresden stets die zweite Geige spielte, den Lehrer, Pfarrer und mütterliche Frömmigkeit durchaus gegen seine Natur gegängelt hatten, an der Seine eine neue Welt aufging. Gewiß, auch Dresden war eine Flußuferschönheit, aber August hatte die Stadt nicht so ungestört, nicht so leichten Sinnes erleben dürfen wie Paris, denn im großen Brand von 1685 war Altendresden, wie der rechtsufrige Stadtteil hieß, so gut wie völlig vernichtet worden. Alt-Paris jedoch präsentierte sich unversehrt und trotz der Hofhaltung im vorstädtischen Versailles im großstädtischen Prunk.

Natürlich hatten auch die architektonischen Interessen ihren militärischen Charakter. Die Prinzen waren beide Schüler jenes Wolf-Kaspar von Klengel gewesen, der ihres Vaters Lieblingsbaumeister war, der den Plan für die Neubebauung des brandzerstörten Stadtteils auf dem rechten Elbufer erstellt hatte, der mit seinem Theaterbau das Dresdner Barock begründete und als großer Fortifikationstechniker nicht nur Festungsbau, sondern auch Belagerungskunst zu lehren wußte. Obendrein hatte mindestens eine seiner Töchter ein Verhältnis mit dem Vater der beiden aufgeweckten Prinzen gehabt, das Klengel Gunst, Vermögen und Rittergüter eintrug, Umstände, die selbst der jüngere August gewiß nicht ignorierte. Er soll sogar selbst auch Demoiselle von Klengel nahegekommen sein...

Das hatte wohl Augusts Präzeptor Christian August von Haxthausen gemeint, als er, der verantwortliche Führer der Paris-Reise, seinem Schützling eine gewisse Heuchelei vorwarf und lediglich für die Festungsbaukunst des großen Vauban echtes Prinzeninteresse vermutete, ja zumindest August Fortschritte attestierte. Es ging eben vieles durcheinander im Kopf dieses Siebzehnjährigen, und es scheint beinahe erstaunlich, daß er sich für die Festungen, die er zu sehen bekam, tatsächlich und ernsthaft interessierte angesichts all der übrigen Aufhellungen seines elbsächsischen Weltbildes. Gewiß, Vauban war ein Mann, bei dessen Werken einem interessierten jungen Prinzen die Schuppen von den Augen fallen mußten, hatte sich sein eigener Lehrer, eben Klengel, doch ausschließlich an den italienischen Festungen orientiert, die zwar wunderschön und sehr malerisch in den Landschaften lagen, sich aber inzwischen als militärisch völlig überholt erwiesen hatten. Vauban hingegen baute Befestigungen, denen die Franzosen (allerdings zu ihrem Schaden) noch jahrhundertelang vertrauten und die um 1690 geradezu futuristisch wirken mußten.

Worin lag nun die Heuchelei, von der ein so rechtschaffener Berichterstatter wie Haxthausen ja wohl nicht leichthin gesprochen haben mag? Das Interesse Augusts für die Festungen war gewiß ehrlich und ernsthaft. Aber es war eben doch nicht das wahre und stärkste Erlebnis dieser Reise, und wäre es so gewesen, Friedrich August hätte wohl kaum je weit über Dresden hinausgeblickt. Vauban und seine Mauern deckten für Haxthausen und die Suite das zu, was August im Grunde am stärksten anzog, nämlich die Summe jener Vergnügungen, die unter dem Begriff des *Divertissements* zusammengefaßt wurden.

Die Partner und die Gefährten sind nicht schwer zu erschließen. Ein paar junge Herren von Adel waren schließlich mit von der Partie. Johann Georg III., selbst kein Kind von Traurigkeit, hatte ja keineswegs die Absicht gehabt, seinen Sohn oder seine Söhne unter den Fittichen pietistischer Weltverächter nach Paris, Madrid und Venedig zu entsenden. Und die italienische Komödie, die sie aus Dresden kannten, die gab es überall in Europa und würde es noch durch Jahrzehnte überall geben, wenn sie auch in Paris vorübergehend, durch Ludwigs Sympathie für Molière, ein wenig verdrängt gewesen war. Inzwischen jedoch herrschte sie wieder, die Spielkultur dieser Truppen, die überall zu Hause waren und doch überallhin den Reiz ihrer südländischen Munterkeit brachten. Es waren diese Komödianten, die all die kleinen deutschen Residenzen aufhellten und mit der Parfümwolke des Bühnen-Eros erfüllten, aber auch mit den schwülen Versuchungen ihrer Theatergarderoben, in denen die jungen Herren von Stand ihre Antrittsbesuche in Sachen Sex absolvierten. Auf diese Weise geschah – in Paris und anderswo – das, was August in seiner besonderen Orthographie *divertiren* nennt. Neben den Italienern gab es auch schon eine beliebte französische Truppe, die kurz vor Augusts Eintreffen in Paris in die (heutige) Rue de l'Ancienne Comédie umgezogen war. Wir können uns also den starken Prinzen unweit des Boulevards Saint-Germain in heiterer Gesellschaft denken.

Konkreter als die Fährnisse des Vergnügens waren die Gefahren, die den Reisenden durch die politischen Entwicklungen drohten. So langsam man nämlich reiste, so schnell entschloß sich der Sonnenkönig in günstigen Augenblicken zu den einzelnen Phasen seiner Reunionskriege, also zu Wiedervereinigungs-Feldzügen, die nichts anderes waren als räuberische Einfälle ins rechtsrheinische Gebiet. Als Meister dessen, was man heute politische Propaganda nennen würde, hatte Ludwig XIV. in Tournay, Metz, Besançon und Breisach Reunionskammern eingesetzt, die mit jener Umständlichkeit, in der das siebzehnte Jahrhundert exzellierte, Frankreichs Ansprüche auf eine Reihe deutscher Herrschaften, Gebiete, Stifte und Domänen kanzlistisch zu untermauern suchten – teils *nach* der Eroberung durch die französischen Truppen, teils in Hinblick auf die bevorstehenden

Aktionen. Da das Heilige Römische Reich zwar groß, aber schwach war, gab es zwischen den Fürsten dieses Reiches und Frankreich einen mehr theoretischen Kriegszustand, der die gefährdeten Gebiete schutzlos den französischen Truppen preisgab. Andererseits aber waren deutsche Reisende in Frankreich, vor allem wenn es sich um Fürsten oder Fürstenkinder handelte, durch solche Entwicklungen in Gefahr, in Haft genommen zu werden, und August, der sich ziemlich nonchalant in Spanien und Portugal bewegt hatte, entrann auf der Rückreise den Häschern des vierzehnten Ludwig nur mit knapper Not: Während Ludwigs Soldaten trotz der Tränen seiner Schwägerin Liselotte die schöne Pfalz verwüsteten, machten die glücklicherweise ziemlich schläfrigen Garnisonstruppen in Frankreichs Südosten Jagd auf Friedrich August. Savoyen, damals noch selbständig, zauderte diplomatisch und gab den Sachsen Gelegenheit, nach Mailand zu entrinnen.

Was aber war Mailand gegen Venedig! Am 11. Januar 1689 traf August mit seiner Suite in der Lagunenstadt ein, Ende März desselben Jahres hat er sie auf dringenden väterlichen Befehl hin wieder verlassen. Er hatte also, im neunzehnten Lebensjahr stehend, in Paris geweckt und die Heimkehr nach Dresden vor Augen, ganze sieben Wochen für diese Wunderstadt, in denen noch ein Ausflug in die unerläßlichen Kunststätten Florenz und Ferrara absolviert werden mußte.

Venedig war nicht mehr die allmächtige Königin der Adria, die Metropole des Osthandels, die stolze Republik, die sich gegen Großkoalitionen der Kontinentalmächte mit List und Zähigkeit behauptete; aber sie war auch noch nicht der goldschimmernde Popanz, den Napoleon mit einem Federstrich ins Museum beförderte. August traf just auf jenes Venedig, das am Vorabend seiner Entmachtung, im Heraufkommen eines neuen Europa der Militärstaaten ebenso perfide wie verlockend auf all das verwies, was es den derben Parvenüs voraus hatte: die Selbstverständlichkeit der Traditionen und Künste, die Selbstgenügsamkeit einer vornehm-korrupten Gesellschaft, die Selbstherrlichkeit einer musikalischen, literarischen und artistischen Kultur, die in dieser Dichte nicht einmal im Rom der Päpste anzutreffen war. Als Handelsstadt an Ausländer gewöhnt, von Kaufleuten verwaltet und darum zu allem bereit, was die Geschäfte erleichterte, war Venedig in allem, was Sitten und Unsitten betraf, tolerant bis auf die Knochen. Die Geheimpolizei kontrollierte nur die Venezianer, die Fremden durften, ja sollten sich amüsieren, und sie fanden dazu auch alles vor, dessen es bedurfte.

August, der im sittenstrengen Spanien Stierkämpfe ausgefochten haben soll, um seine Säfte nicht stocken zu lassen, stürzte sich in den venezianischen Karneval, in das schrankenlose Maskentreiben, und entlockte Christian August von Haxthausen, dem hier zweifellos überforderten Präzeptor, manchen Seufzer. Wie hatte die brave Liselotte an die Kurfürstin Sophie nach Hannover geschrieben? »Ich kan noch nichts recht von selbigen Printzen sagen, er ist nicht hübsch von Gesicht, aber doch woll geschaffen und hatt all gutt Minen. Scheint auch, daß er mehr Vivacität hat alß sein Herr Bruder, undt ist nicht so melancholisch...«

Melancholisch war Friedrich August in Venedig gewiß nicht, und an Vivacität, also Lebhaftigkeit, mangelte es ihm auch nicht mehr. In Bayonne war er wohl krank gelegen, ein paar Wochen lang, im übrigen aber hatte er die beinahe zwei Jahre währende Reise in bester Kondition durchgestanden, und aus Venedig mußten ihn die väterlichen Kuriere geradezu loseisen. Vielleicht gelang es überhaupt nur, weil schließlich Wien winkte, eine Stadt, in der es sich ebenfalls recht gut leben ließ.

Das letzte Stück des Weges von Wien über Prag nach Dresden wurde mit bemerkenswerter Geschwindigkeit zurückgelegt: Am 15. April 1689 war Friedrich August in Wien, am 20. bereits in Prag, wohin der Kurfürst der kleinen Gesellschaft entgegengereist war – eine auffällige Geste, sollte ein Fürst doch nach damaligem Brauch sein Land ohne Not nicht verlassen. Aber Prag und Dresden, die zwei schönen alten Städte an Moldau und Elbe, waren damals noch Schwestern, man zählte die Meilen nicht, die zwischen ihnen lagen.

In Dresden tauchten die beiden Prinzen blitzschnell wieder

in ihre Jugendabenteuer ein, denen der Vater sie hatte entwöhnen wollen, denn sie wußten, daß ein Feldzug gegen Frankreich auf sie zukam und daß die netten Mädchen von den Elbgärten zu Hause bleiben würden. Im Falle Friedrich Augusts war es Marie Elisabeth von Brockdorff, eine Hofdame seiner verwitweten Tante Wilhelmine. Augusts fromme Mutter hatte, als das Interesse des jungen Prinzen für das hübsche Hoffräulein erkennbar geworden, die Brockdorf aus Dresden entfernt, aber als August nun zurückkehrte, »von Paris völlig verdorben«, wie Liselotte von der Pfalz es genannt hatte, zum jungen Mann geworden, wie der Vater in Prag auf den ersten Blick sah, da kostete es Friedrich August nur ein Wort zum Kurfürsten, und das Freifräulein durfte den angehenden Krieger auf das zärtlichste verabschieden. Wolf Dietrich von Beichling, dem Pagen, Postillon d'amour und Gelegenheitsmacher dieser Liebschaft, wird August übrigens die vertrauten Dienste jener Jahre nie vergessen, sondern aus dem charakterschwachen Intriganten seinen Großkanzler machen.

Aber auch die Brockdorf sind eine Familie, die nicht so bald wieder aus dem Gesichtskreis des starken August entschwinden soll. Ähnlich wie die Neitschütz sind die dänischen Brockdorf durch ein paar sehr hübsche Frauen in die Geschichte dieser Jahrhundertwende eingegangen: durch unsere Marie Elisabeth, die immerhin verhinderte, daß Friedrich August wie sein Bruder unbewußt bei der Schwester die Liebe erlernte, und durch Anna Constantia, Tochter eines Obristen von Brockdorff, die als Gräfin Cosel eine der berühmtesten Mätressen Augusts werden wird, zum Zeitpunkt seiner Heimkehr aus der Fremde aber erst neun Jahre alt ist. Das Geschlecht ist holsteinisch-dänisch, in den Diensten der Kurfürstin Anna Sophie und ihrer Schwester mit nach Deutschland und Sachsen gekommen und offenbar mit einem ganzen Schwarm von Brockdorfs in diese neue Existenz eingezogen. Denn es wimmelt bald von Hofdamen und Offizieren dieses Namens, und die sächsischen Kammerherren und Hofchargen stürzen sich auf das frische Blut aus dem Norden. Diese Invasion ging nicht immer sehr friedlich vonstatten: mindestens einmal wurde ein Brockdorf im Duell erschossen, wozu sein Gegner, ein Herr von Lüttichau aus der alten meißnischen Familie, einen Austragungsort weit außerhalb von Sachsen gewählt hatte.

Ein wenig eng kommt uns die Welt des sächsischen Hofes dennoch vor, wenn nicht einmal Anna Sophie, die fromme Kurfürstin, und ihre Schwester imstande waren, den kleinen Damenflor vor der lokalen Begehrlichkeit zu retten, und vollends zum erotischen Karussell wird diese Kleinwelt, wenn wir erfahren, daß die Kavaliere die Hübschesten wie eben jene Magdalena Sibylla von Neitschütz einander solange weiterreichen, bis mit dem Kurprinzen Johann Georg dann ein übermächtiger Konkurrent auf den Plan tritt: Von der galanten Mutter und vielleicht auch ihrem französischen Sprachlehrer Salavin in den Künsten der Koketterie ausgebildet, verdrehte Sibylla von Neitschütz zunächst dem braven Haxthausen den Kopf, wozu zweifellos nicht viel gehörte. Das war eine prächtige Konstellation, nach französischen Vorbildern: ein Gatte von Rang und Namen, mit der Prinzenerziehung beauftragt, hätte dem einen oder dem andern Prinzen auch sein junges Weibchen als Lehrobjekt zur Verfügung gestellt. Johann Georg hätte im Hause Haxthausen unauffällig aus und ein gehen können, und die Generalin (wie man Sibyllas Mutter später zur Unterscheidung immer nennen wird) wäre am Ziel gewesen.

Aber außer dem Kurfürsten, der die Geschwisterliebe verhindern wollte, roch auch Haxthausen den Braten. Vielleicht hatte der Kurfürst, der ihn mochte, ihm auch einen Hinweis gegeben. Jedenfalls zog Haxthausen sich zurück, so schöne Augen ihm Sibylla auch machte, und in die Bresche sprang kein Geringerer als Friedrich Vitzthum von Eckstädt, auch einer der Getreuen des starken August, der ihn 1711 auch zum Grafen machen wird. Auch Vitzthum (der Name kommt von Vicedom, was soviel bedeutet wie Statthalter) wich jedoch ahnungsvoll, als das Interesse des Kurprinzen allzu deutlich wurde, und ein Herr von Meusebach aus dem Vogtland kam vermutlich gar nicht mehr dazu, der koketten Schönheit allzu nahezutreten, denn mittlerweile hatte sich im Rücken der Armee, in Tübingen, ein damals noch häufiges Ereignis eingestellt: eine Seuche war ausgebrochen, und Johann Georg III., Kurfürst von Sachsen und Vater der zwei weitgereisten Prinzen, war ihr erlegen.

Damit war nun das Haupthindernis beseitigt, der Mann gestorben, der ganz genau gewußt hatte, warum er sich einer Verbindung zwischen dem Kurprinzen und Sibylla von Neitschütz widersetzte, ja widersetzen mußte. Ihre Mutter, die ebenso gute Gründe gehabt hätte, die Verbindung zu verhindern, sah offenbar nicht ein, warum die Tochter es schlechter haben sollte als sie, oder aber sie wußte von einer dritten Möglichkeit – schließlich war zwar ihr Gatte im Feld gestanden, aber doch nicht alle Männer Dresdens.

Da man schon von den Liebschaften der hübschen Neitschütz munkelte, da man wußte, daß der Kurfürst sich hartnäckig dagegengestellt hatte, brauchte es nur noch ein paar vage Nachrichten über den absonderlichen Zustand des kurfürstlichen Leichnams, und das Gerücht, die Generalin habe den Kurfürsten durch Gift oder Magie aus der Welt geschafft, lief durch Dresden. Wir lächeln, wir schütteln den Kopf und erleben doch rund um uns und am Ende des zwanzigsten Jahrhunderts noch Exorzismus und anderen Aberglauben in blutigster Realität. Die Seuche im Rücken der Rheinarmeen hatte als Pest gegolten, der Leichnam des Kurfürsten sollte aber, wie die Fama wissen wollte, völlig ausgetrocknet, ja blutleer gewesen sein und die inneren Organe geschrumpft. Das war genau der Zustand, den der Volksglauben mit der Tötung *in effigie* verband, jenem Verfahren, bei dem ein Wachsbild des ausersehenen Opfers unter Zauberformeln und Räuchereien mit einer Nadel durchstochen und im Feuer geschmolzen wird. Das war nach Meinung der Dresdner das eine Faktum. Das andere war die unleugbare Verbindung der Generalin zu zwei Zauber-Milieus *par excellence*, zum Scharfrichterhaus und zum Spreewald.

Die Scharfrichter, die waren – das wußte damals jeder – als Ausgestoßene die wichtigsten Glieder einer großen, geheimen Gemeinde, die intensive Verbindungen zum Zwischenreich unterhielt. Selbst die Geister fürchteten zumindest die angesehensten, ältesten der Scharfrichterzunft, die ja ihr grausiges und geheimes Wissen wiederum nur an ihre Mitglieder, an die Söhne und Schwiegersöhne weitergab. Der berühmteste der zauberkundigen Scharfrichter lebte zwar nicht mehr, das war Mathias Grießbach gewesen, der Geisterbanner aus dem Spreewald, der 1634 in Lübben gestorben und der ihm dienstbaren Schar von Luftunholden ins Zwischenreich nachgereist war. Melchior Vogel, der Dresdener Scharfrichter, hatte in düsteren Wissenschaften auch einen gewissen Ruf, aber für die alte Neitschützin, also die Generalin, hatte er denn doch zuviel mit der Justiz des Kurfürsten zu tun. Also suchte sie durch Mittelsleute, unter denen bezeichnenderweise auch Pfarrer waren, Verbindung zum Spreewald.

Man darf sich darunter keinen simplen Forst vorstellen, in den man zum Vergnügen hineingeht und unversehrt wieder herauskommt. Der Spreewald-Bruch zwischen Lübben und Cottbus ist noch heute eine der reizvollsten deutschen Landschaften; sie war im siebzehnten Jahrhundert noch geheimnisvoll-unergründliches Sorbenland, in dem man Weiler und Gehöfte oft nur mit Booten erreichen konnte und in dem Dörfer wie zum Beispiel Burg überhaupt kein deutsches Leben und auch nicht viel Christliches an sich hatten. Es war eine Welt zwischen Wasser und Land, mit zahllosen Bächen, Teichen, Schleusen und ausgedehnten Mooren, wo sich Deutsche und Slawen ebenso mischten wie Christentum und Heidentum, Wasser und Land, Wirklichkeit und Trug. Niemand konnte mit Sicherheit sagen, wo das Land aufhörte und das Wasser anfing, niemand besaß eine zuverlässige Landkarte, und einen ortskundigen Verbrecher oder anderes Gesindel hier zu verfolgen, war völlig aussichtslos, weswegen die Scharfrichter ja die Flüchtigen auf den wenigen Brücken, über die man immer wieder kam, *festbannen* mußten. Rationale Justiz hatte im Spreewald keine Chancen, und keiner, der aus der Stadt gekommen war, wußte nachher zu sagen, was er im milchigen Spreewalddunkel nun tatsächlich gesehen hatte.

In dem Prozeß, den Friedrich August als Kurfürst, also

unmittelbar nach seiner Thronbesteigung im Jahr 1694 anstrengt, wird gegen die Generalin der Vorwurf erhoben, sowohl Johann Georg III. als auch Johann Georg IV. durch Magie oder Gift ums Leben gebracht zu haben, und die Angeklagte hat zumindest die magischen Praktiken zugegeben – ein Geständnis, das aus heutiger Sicht allerdings dadurch entwertet erscheint, daß inzwischen die lange bezweifelte Folterung der Generalin feststeht. Die natürliche Todesursache, eine im Gefolge von Feldzügen oft auftretende Cholera, die zur völligen Austrocknung durch schreckliche Durchfälle führt, war nicht erkannt worden, die rätselhafte Verfassung des Verstorbenen führte also zu der Annahme der Verhexung. Unmittelbare Einwirkungen waren ausgeschlossen, da die Neitschützin mit ihrer Tochter niemals näher als bis Schweinfurt an die Front herangekommen war, der Kurfürst aber in Tübingen das Zeitliche gesegnet hatte.

Was die sofortige Strafverfolgung hemmte, war klar: der Kurprinz, endlich der väterlichen Verbote ledig, warf sich nun, da er als Johann Georg IV. den Thron Sachsens bestieg, rücksichtslos in die Liebschaft mit der schönen Sibylla und holte mit solcher Hast alles nach, was er versäumt hatte, als ahnte er, daß ihm nur ein kurzes Leben beschieden sein würde. Es war aber wohl auch so, daß die nun sechzehnjährige Schöne, der ja schon eine ganze Reihe verwöhnter Herren eindringlich den Hof gemacht hatten, im vollen Eclat ihrer Reize schlechthin unwiderstehlich geworden war. Ihre Mutter, die noch die absurdesten Zauberpraktiken für nötig gehalten hatte, um Haxthausen als noblen Bräutigam zu gewinnen und damit den Kurprinzen decken zu können, hatte es nun eilig, die Rolle ihrer Tochter auf andere Weise zu stabilisieren, nämlich durch eine Ehe zur Linken Hand.

Damit freilich hatte sie zu hoch visiert. Johann Georg IV. sollte zwar schnell heiraten, um die Nachfolgerfrage zu lösen, die so plötzlich aktuell geworden war, aber eben darum war es unmöglich, das komplizierte Verfahren einer Standeserhebung der Neitschütz bei den kaiserlichen Kanzleien einzuleiten und die Genehmigung zu einer morganatischen Ehe in Wien einzuholen. Ja, Johann Georg wartete nicht einmal das Trauerjahr für seinen Vater ab (!), sondern verlobte sich mit der verwitweten Markgräfin von Ansbach, einer matronenhaften Erscheinung ohne jeden Reiz, die ihm, wie er sagte, beim Beischlaf den fürchterlichsten Ekel einflößte.

So und ähnlich ist es freilich den meisten Fürsten ergangen, weswegen man den tieferen Grund für diese unüberwindliche Abneigung wohl in der Bindung an Magdalena Sibylla erblicken muß. Ihre große Jugend ließ alles, was man an einer Frau bloß schön gefunden hätte, geradezu herausfordernd wirken: die vollentwickelte Brust, die freie Stirn über einem furchtlosen, oft aber sogar werbenden und lokkenden Blick, die Bewegungen, in denen sich noch kindliche Unschuld mit der frechen Sicherheit einer jungen Verführerin mengte, je nach dem Rezept, das die Generalin ihrer vielversprechenden Tochter zu befolgen aufgegeben hatte.

Diese Mutter aus einer Familie, von der August später – allerdings als Replik – behaupten wird, sie hätte Sachsen die hochgeborenen Huren gestellt, kann man eigentlich nur darum nicht als Hexe bezeichnen, weil es ja wohl keine Hexen gab und gibt. Aber wenn jemals eine Frau als Hexe wirkte, so war es die Neitschütz geborene Haugwitz, die vielleicht die eigene kurze Rolle als Mätresse, die eigene Zurücksetzung und den eigenen Verlust an Position dadurch wettmachen wollte, daß sie das Instrument zu nützen suchte, das ihr in der offensichtlich einzigartigen Schönheit der Magdalena Sibylla in die Hand gegeben war. Sie schrieb dem Mädchen die Liebesbriefe (weil die junge Pseudounschuld sich mehr mit dem Französischlehrer als mit dem Deutschen abgegeben hat) und sparte nicht mit Ratschlägen über all jene Praktiken, durch die ein weibliches Wesen den Liebhaber nicht nur verrückt, sondern völlig hörig machen kann. Man muß sich freilich fragen, ob Sibylla derlei Hinweise überhaupt noch nötig hatte, war ihre erotische Ausstrahlung doch so wirksam, daß ihr in einem noch nicht weit zurückliegenden Sommer gleich beide Prinzen auf einmal erlagen, worauf es zu einer sehr peinlichen Konfrontation in einer Laube bei Dresden kam: Johann Georg hatte seinen jüngeren Bruder mit der Angebeteten überrascht, und es bedurfte der ganzen Überredungskunst der die Prinzen begleitenden Kavaliere, um einen Waffengang zwischen den Erben des Thrones zu verhindern.

Vielleicht sind es solche und ähnliche Rivalitäten, die uns die Hast und die Obstination erklären können, die sich in allen Maßnahmen des jungen Kurfürsten erkennen lassen. Es soll auch auf der Leipziger Messe einmal eine bezeichnende Szene gegeben haben, als der Vater mit beiden Söhnen stolz durch die Budenstraßen wanderte, wo Johann Georg sich stets nur Bücher und Stiche ausbat, während Friedrich August, obwohl jünger, sich eine schöne Büchse kaufen ließ. Der Vater »sey darüber ungeheuer erfreuet gewest und habe gerufen: Prinz, Ihr sollt noch Kurfürst werden« (Johann Christian Gotthelf Budäus). Johann Georg IV., obwohl selbst nicht schwach von Körperbau und gesunden, ja zupackenden Geistes, hatte also vom ersten Augenblick seines bewußten Lebens den Nebenbuhler im Nacken, den jüngeren Bruder, dessen Körperkraft schon früh Sensation und dessen Draufgängertum die jungen Hofdamen verrückt machte, der sich vor Mainz bei der Belagerung ausgezeichnet hatte und auch sonst durch das glänzte, was man zwar Tollheiten nannte, was aber im Geschmack nicht nur jener Zeit eben doch den echten Mann zeigte.

Die schnelle Heirat Johann Georgs IV., ganz zweifellos gegen starke Widerstände der Sippe Neitschütz, läßt erkennen, daß die drängende Präsenz des Bruders kaum minder stark auf die Entschlüsse des jungen Kurfürsten einwirkte als die Neigung zu dem schönen Mädchen. Johann Georg IV. mußte ihr die morganatische Ehe verweigern, weil Nachkommen aus dieser Verbindung nicht thronberechtigt gewesen wären, so daß Friedrich August zur Herrschaft gelangt wäre, Friedrich August und seine Nachkommenschaft. Während schon so mancher Fürst einer großen Liebe den Vorzug gab und entweder auf den Thron oder doch auf die Thronfolge der Nachkommen verzichtete, beherrschte Johann Georg, den jungen Kurfürsten, die Rivalität gegenüber dem strahlenden Jüngeren offensichtlich noch stärker als die doch gewiß vehemente und tiefe Leidenschaft, die Sibylla ausgelöst hatte.

Vermutlich war es dieser Zwiespalt zwischen dem eigenen Herrschaftsanspruch und der Liebe zu einer sehr jungen Mätresse, der einem scharfblickenden und erfahrenen Weibsteufel wie der Generalin auffiel und sie zu jenen sonst kaum erklärlichen Praktiken veranlaßte, die des Kurfürsten Neigung festigen sollten. Ein Mann, der schon als Prinz und als Halbwüchsiger alles nur Denkbare anstellte, um einer Dreizehnjährigen nahezukommen, dem braucht man doch nicht Haare ins Essen zu mischen oder ihn mit Unrat aus allen Zimmerwinkeln zu behexen – der niedliche Leib der sechzehnjährigen Sibylla und das, was sie in der Horizontale damit anzufangen wußte, hatten doch bislang durchaus genügt! Es gab auch keine Anzeichen dafür, daß diese Attraktion sich abschwächen würde: Sibylla wurde siebzehn und achtzehn und von Tag zu Tag schöner und verführerischer.

Einen Grund für das aus heutiger Sicht sinnlose, für ihre Richter aber verbrecherische Verhalten der Generalin konnte das Horoskop geliefert haben, das die Mutter für Magdalena Sibylla hatte erstellen lassen. Man nannte dies damals die Nativität stellen, und es war ein Spreewald-Pfarrer, der sich dieser Aufgabe unterzogen hatte. Um der Mutter nicht sagen zu müssen, wie bald ihre Tochter sterben würde, mochte er lediglich vom Ende der hohen Liebesbeziehungen gesprochen haben, und eben dies hatte dann die Generalin mit allen Mitteln, die sie für tauglich hielt und mit deren Aufzählung man allein ein Kapitel füllen könnte, zu verhindern gesucht.

Inzwischen freilich triumphierte die sinnliche Schönheit Sibyllas so deutlich über die der anderen Hofdamen, daß niemand sich wunderte oder gar zauberische Einflüsse vermutete, als sie unmittelbar nach der Thronbesteigung Johann Georgs zu dessen offizieller Mätresse erhoben und das Mätressenwesen damit in Sachsen recht sichtbar eingeführt wurde. Da der Kaiser gegen seine Feinde im Westen und im Südosten die sächsische Waffenhilfe nicht entbehren konnte, willigte er schließlich auch in die Standeserhebung des immerhin altadeligen Freifräuleins ein und machte sie zu einer Gräfin von Rochlitz, noch ehe sie achtzehn geworden war, wobei das der jungen Gräfin zugebilligte Wappen einige auffällige Ähnlichkeiten mit jenem des Kurfürstentums Sachsen aufwies.

Was der junge Kurfürst sonst für seine Geliebte tat, wird sehr unterschiedlich bewertet. Es war, im Ganzen gesehen, für Sachsen zweifellos sehr viel, im Verhältnis zu dem, was in Frankreich und England für Mätressen ausgegeben wurde, hingegen eher bescheiden. Historisch einigermaßen unterrichtete Autoren nennen wohl die Häuser, Rittergüter und Renten, die den Damen zugewendet wurden, zeigen aber eben durch diese Konkretisierungen, daß Johann Georg IV. bei aller unzweifelhaften Leidenschaft für das schöne junge Geschöpf doch nie so weit ging, die Volkswirtschaft Sachsens zu gefährden oder das Land an den Rand des Ruins zu bringen, wie dies im achtzehnten Jahrhundert dann in der Ära Pompadour in Frankreich der Fall war.

Im einzelnen erhielt Magdalena Sibylla zwei Weinberge bei Cossebaude, von denen man sagen muß, daß sie den dort gezogenen Tropfen ganz gewiß als zu sauer empfunden hat. Besser stand es schon um die Kammergüter Gorbitz und Pennerich, zu denen noch ein hübscher Garten in einem Vorort von Dresden kam, den übrigens später der Herr von Haxthausen aus dem Nachlaß der Mätresse erwarb, vielleicht als Andenken an die junge Schönheit, die ihm nicht vergönnt gewesen war.

Die wertvollste Gabe aber war zweifellos das Rittergut Pillnitz, das Johann Georg, um es seiner Angebeteten verehren zu können, Herrn Heinrich von Bünau abgekauft hatte. Das war 1693, und niemand konnte noch ahnen, wie nahe das Ende dieser ganzen Herrlichkeit bevorstand. Pillnitz lag prächtig auf einer Elbterrasse, frei und stolz, wenn auch die Bünau nicht das Geld gehabt hatten, aus dem Besitz wirklich etwas zu machen (das besorgte um so gründlicher und prächtiger später August der Starke). Nimmt man Pillnitz mit allen seinen Möglichkeiten in die Berechnung herein, obwohl Magdalena Sibylla ja schon wenige Monate nach der Schenkung starb, dann kann Johann Friedrich Klotzsch einigermaßen recht haben, wenn er in seinem Pamphlet von 1780 behauptet, die Neitschütz hätte Sachsen insgesamt sechs Tonnen Goldes gekostet – nach *heutigem* Goldwert also zweihundertvierzig Millionen D-Mark. Pillnitz mag in dieser horrenden Summe etwa ebenso stark zu Buche schlagen wie die vielen Beförderungen, Begnadigungen, Konzessionen, Lizenzen und sonstige Gunstbeweise, die vor allem die Generalin nicht nur für den Clan der Neitschütze, sondern für alle Freunde der Familie erlangte und bald auch für jeden, der sie entsprechend bezahlte.

Ihrem mißgestalteten Sohn, einem Kammerherrn, erwirkte die Generalin durch die Androhung allerhöchster Mißgunst die Heirat mit dem schönen Freifräulein von Miltitz, also eine Verbindung zu einer der ältesten und bekanntesten meißnischen Adelsfamilien. Durch eine vertraute Kammerfrau, die kurioserweise Elisabeth Nietzsche hieß, wurde die stolze Baronesse auf das fürchterlichste eingeschüchtert: bei Fortdauer ihrer Weigerung, den Kammerherrn zu erhören, werde man sie an einen ihr unbekannten Ort bringen und dort einem Mann niedrigsten Standes ausliefern. »Sie gab dieser Konkussion (= Erpressung) nach und heiratete mit ihrem höchsten Widerwillen den ungestalten Kammerherrn von Neitschütz« (Klotzsch). Die nicht ganz so hübsche, aber doch recht ansehnliche jüngere Schwester der Favoritin, ein Backfisch namens Anna Katharina, heiratete den einstigen Pagen Wolfgang Dietrich von Beichling, der bald zum Hofrat und geheimen Referendarius aufstieg und sich bis 1703 in der Gunst Augusts des Starken sonnen durfte – danach saß er freilich weniger angenehm auf der Festung Königstein.

In den Gemächern des kurfürstlichen Schlosses, die Johann Georg IV. ihr anbot, wollte Magdalena Sibylla allerdings nicht wohnen, das heißt: sie hätte es vermutlich ganz gerne getan, war wohl auch, als das Angebot an sie erging, mit ihren sechzehn Jahren noch kaum fähig, alle Folgen zu überblicken. Die Generalin aber wußte nur zu gut, warum sie sich nicht in die stete Überwachung eines Fürstenschlosses begab. Darum wurde das sogenannte Fürstenbergsche Haus in nächster Nähe des Schlosses für die Damen und ihre Dienerschaft geräumt, ein altes, aber bequemes Gebäude nahe dem Elbtor. Johann Georg sorgte natürlich für die prächtigste Inneneinrichtung, für Gesinde, Kutschen und Geschirr, ja er ließ sogar vom Schloß über die Straße zum Fürstenbergschen Haus einen hölzernen Gang errichten, um jederzeit die Geliebte aufsuchen zu können. Obwohl er diesem Zweck nur wenige Jahre dienen konnte, prägte er sich den Dresdnern so deutlich ein, daß sie noch lange vom *Schwarzen Gang* sprachen.

Da uns all dies nur in schriftlichen Quellen vorliegt und der ganze Liebeszauber mit seinem Drumherum leider nicht in der unnachahmlichen Strieseschen Tonart erzählt wird, vermag der Skandal dieser drei Jahre nicht sonderlich zu erheitern. Waren die Neitschützischen Damen auch gewiß keine Hexen, so war doch zumindest die Mutter eine völlig bedenkenlose, ja abgefeimte Kreatur, was angesichts ihrer unzweifelhaft altadeligen Herkunft die seltsamsten Rückschlüsse auf die Traditionen einiger Familien rund um den kurfürstlichen Hof nahelegt. Und die Tochter, die war offensichtlich ein Früchtchen ohne Scham und Treue, so daß man sich auch bei ihr fragen muß, woher sie es denn hatte, waren doch die Neitschütze kreuzbrave Offiziere, die nicht einmal den Verstand zu all diesen Winkelzügen gehabt hätten.

Erheiternd ist immerhin, mit welcher Promptheit die Generalin ihren Handel organisierte. Da gab es ganz plötzlich einen Sekretarius – er hatte den biederen Namen Christoph Heinrich Engelschall –, der war dafür verantwortlich, daß alle Bittschriften entgegengenommen und von den entsprechenden Zuwendungen begleitet waren. Engelschall hatte die gesamte ausgedehnte Intrigenwirtschaft der zu begnadigenden Betrüger, der ihrer Strafe zu entziehenden Falschmünzer, der um bessere Positionen einkommenden Schranzen säuberlich aufs Papier zu bannen – was den Richtern, die August der Starke bald darauf an die Sache setzte, die Wahrheitsfindung erheblich erleichterte. Der Kurfürst war nur zum Teil im Bild, hatte aber immerhin alle Gnadenfälle und alle Konzessionserteilung im Ganzen seiner Geliebten überlassen als Kleinkram, der ihm nur lästig sei und mit dem sie ihre Privatschatulle ein wenig aufbessern könne.

Das Treiben blieb nicht allzulange unwidersprochen. Ein paar Pasquille begannen zu kursieren, und wenn auch der gestrenge und persönlich untadelige Spener nicht mehr in Dresden weilte, so gab es doch noch den unbeugsamen Carpzow, den Spener-Gegner, der seinen entschwundenen Widersacher in dieser prekären Situation sicherlich sehnlichst an die Elbe zurückwünschte. Denn es war nun einmal Tatsache, daß jedes Mitglied des Oberkonsistoriums zu Dresden zugleich ein beamteter Diener des Kurfürsten war – des Kurfürsten, der das Oberhaupt auch der Kirche im Lande war, *summus episcopus* und Landesherr in einer Person. Johann Georg IV. Vorhaltungen zu machen, mußte also notwendigerweise so ausgehen wie der Zwist zwischen Spener und dem Kurfürsten-Vater. Der Erfolg war obendrein sehr zweifelhaft angesichts einer offensichtlich tiefen und echten Liebesbeziehung, die sich mit den flüchtigen Amouren, wie man sie etwa vom Prinzen August berichtete, keineswegs vergleichen ließ.

In alten Biographien ist auf den kirchlichen Aspekt dieser seltsamen Situation noch viel Wert gelegt, aber uns fehlen dazu heute manche Verständnis-Voraussetzungen. Es will uns nicht als gangbare oder gar elegante Lösung erscheinen, daß ein Superintendent, der Doktor war und Schrader hieß, sich zwar nicht an den Kurfürsten selbst wagte, wohl aber der jungen Favoritin, weil sie im Stand der Sünde lebte, Beichte und Lossprechung verwehrte oder zu verwehren befahl.

Der traurige Mut, den die Herren gegen eine Siebzehnjährige bewiesen hatten, verließ sie blitzschnell, als der Kurfürst erklärte, er fühle sich persönlich betroffen. Er werde, wenn man ihr den Zutritt zum öffentlichen Gottesdienst verweigere, für die *Maitresse en titre* einen eigenen Hofprediger und Beichtvater aus dem Kreis des Konsistoriums bestimmen. Angesichts der Aussicht, der schönen Teufelin in vertrautem Gespräch die Sünden abnehmen zu müssen, unterwarfen sich die Herren gemeinsam allen Sanktionen, leisteten

Abbitte, nahmen zurück und mußten sich von Magdalena Sibylla fortan als *Mückenseiger und Kamelschlucker* bezeichnen lassen. Die junge Schöne »behielt aber fortan einen Stachel in ihrem Herzen, welcher sie am Ende gar zum Religionsumtritte (*sic*) verleitete, welcher als der Grund zu der Religionsveränderung des Kurhauses Sachsen überhaupt anzusehen ist« (Klotzsch). Was Anna Sophia, die fromme Mutter Johann Georgs, bei all dem mitmachte, kann man nur vermuten. Die drei Witwen – Anna Sophia, ihre Schwester und Johann Georgs IV. in erster Ehe verwitwete Frau – fanden aber immerhin Halt aneinander, wenn sie auch keinerlei Einfluß auf den völlig in seine Leidenschaft verrannten jungen Kurfürsten nehmen konnten. Ja, seine Frau, die ja schließlich für Alter und Figur nichts konnte, mußte sich wiederholt wegen ihrer wenig graziösen Kleidung beschimpfen lassen und revanchierte sich mit wütenden Szenen, in denen sie sich über die Mätressenwirtschaft beschwerte. Es ist auch nicht zu bezweifeln, daß Johann Georg IV. die Ehe, die sein aus Brandenburg stammender Berater von Schöning gemeinsam mit Anna Sophia und Spener arrangiert hatte, wieder auflösen lassen wollte, aber zu all dem kam es nicht mehr.

Zunächst klopfte das Schicksal dadurch an die Pforte, daß das Fräulein von Neitschütz schwanger wurde. Das bedeutete zugleich Glück und Gefahr, handelte es sich doch wohl um eine Erstgeburt (die Gerüchte, daß die Neitschütz schon von einem anderen Verehrer ein Kind gehabt, das ihr Französischlehrer beseitigt habe, lassen sich auf keinen konkreten Fall beziehen und müssen angesichts ihrer Jugend als haltlos gelten). Gerührt versprach Johann Georg soviel, wie er, ohne Bruder August zu kränken, versprechen durfte, nämlich: »daß, obwohl zwischen ihm und dem Fräulein von Neitschütz keine priesterliche Kopulation vorgegangen, sondern nur ein Versprechen in Gegenwart ihrer Eltern geschehen sei, er dennoch solches für eine rechtmäßige Ehe erkläret haben wolle, dergestalt, daß, woferne aus dieser Verbindung Kinder erzeuget würden, solche für rechtmäßig, nicht aber für unehelich geachtet« werden sollten. Der von uns unterbrochene Kanzlistensatz findet sein spätes Ende in der Feststellung, daß diese Kinder »um keine Zerrüttung in dem Kurhause Sachsen zu machen, keinen Teil an der Kurwürde und den sächsischen Landen haben, sondern nur (!) Grafen und Gräfinnen heißen... sollten, wozu Namen und Schild beim Kaiser von ihm erwirkt werden würden«.

Im gleichen Revers bedang sich Johann Georg allerdings aus, eine ebenbürtige Gemahlin heiraten und mit dieser für thronberechtigte Nachkommen sorgen zu dürfen. Für die Neitschütze sollte dennoch gesorgt werden, »damit selbige seiner sich zu schämen weder Ursache haben, noch für den Anspruch seines Kur- und Landesfolgers besorgt leben dürften«. Ein krauser Schluß, in dem mit dem Kur- und Landesfolger natürlich Friedrich August gemeint ist als Nachfolger in der Kurwürde und der Landesherrlichen Funktion. Kurios die vorausschauenden Dispositionen eines zu diesem Zeitpunkt erst vierundzwanzigjährigen gesunden Mannes und der Blickwinkel: der jüngere Bruder bleibt ständig im Visier zweifellos auch bei der Generalin, die ihre Pappenheimer kannte...

Die Erhebung Maria Sibyllas in den Stand einer Reichsgräfin wurde mit großer Beschleunigung betrieben, weil sie andernfalls ja als ein Fräulein von Neitschütz niedergekommen wäre; der Kaiser wiederum hatte es in diesem Fall eilig, weil Johann Georg die Stellung von sächsischen Hilfstruppen oder doch die Stärke des Kontingents von der befriedigenden Erledigung dieser Angelegenheit abhängig machte – nicht in Schriftstücken natürlich, aber in Verhandlungen, deren Zweck absolut eindeutig war. Von den Voraussetzungen für die Erhebung in den Stand einer Reichsgräfin brachte Magdalena Sibylla immerhin sechzehn makellos adelige, also nicht bürgerlich untermischte unmittelbare Ahnen mit. Die Ahnentafel mochte aber Kaiser Leopold kaum sonderlich interessiert haben, da man zweifellos auch in Wien annahm, das schöne Mädchen sei von Johann Georg III. gezeugt worden und nicht von dem nunmehrigen General Neitschütz. Damit waren zwar acht der sechzehn vorgelegten Ahnen unerheblich geworden, andererseits aber war hochadelige Herkunft aus dem Kurhaus anzunehmen. Zudem hatten die Habsburger zu allen Zeiten Tatsachensinn genug, sich zu sagen, billiger sei der Kaiser noch nie zu einer Hilfstruppe von 12 000 Mann gekommen.

Am 4. Februar 1693 wurde Magdalena Sibylla Reichsgräfin, im Mai desselben Jahres zogen die zwölftausend Mann gegen Westen, angeführt von Johann Georg IV. und gefolgt von dessen hochschwangerer Geliebten. Ihr Wagen zeigte nun das Wappen, das in der Beschreibung der kaiserlichen Kanzlei zu Wien folgendermaßen dargestellt ist: »Ein schwarzes Herzschilderl mit sieben gelb- oder goldfarbenen Balken nach zwerch (d. h. quer, schräg) durchzogen, über welche von dem hintern untern bis zum vordern obern Eck auf zwei nebeneinander liegenden grünen Stengeln drei Kleeblatt oder Rauten, über sich steigend, als dem sächsischen Wappen gleich, zu sehen.«

Dem Zug folgte auch der Superintendent zu Pirna und Doktor der Theologie Johann David Schwerdtner als Reisehofprediger, zweifellos aber vor allem, um das zu erwartende Kind als namhafter Geistlicher würdig zu taufen. Die Taufe fand in Frankfurt am Main statt, im Rücken der Front und mit beachtlichem Gepränge. Friedrich August war anwesend, da er ja den Feldzug seines Bruders mitmachte, und als Taufpaten war niemand geringerer gewonnen worden als das englische Königspaar Wilhelm und Maria, die sich allerdings durch einen hohen Offizier aus dem britischen Truppenkontingent vertreten ließen. Immerhin ein bemerkenswerter Aufwand für ein uneheliches, ja in Blutschande gezeugtes kleines Mädchen, das fortan Wilhelmina Maria (nach den britischen Paten) und Friederika nach einem häufigen dänischen Königinnen-Namen heißen sollte. Die kleine Gräfin Rochlitz blieb übrigens, das sei hier vorweggenommen, von den Verfolgungen im Zusammenhang mit dem Giftmord- und Magieprozeß gegen ihre Großmutter unbehelligt. Ohne sich um die pfäffischen Bedenken zu kümmern, die diesem Kind der Sünde einen Gutteil der Schuld aufladen wollten, entschied August der Starke mit seinem gesunden Verstand, daß eine Einjährige am Tod seines Bruders keine noch so geringe Mitschuld haben könne. Ja er besorgte später dem wohlgeratenen Mädchen, das katholisch erzogen wurde, einen ansehnlichen polnischen Kavalier als Gatten, nämlich einen Grafen von Dunin, Kastellan von Radom. Martin von Dunin, Erzbischof von Gnesen und Posen (1774–1842), der an der Seite des Kölner Erzbischofs mutig gegen die preußische Regierung auftrat, um die katholischen Regeln in der Mischehenfrage durchzusetzen, ist ein Nachfahre dieses Paares.

Da der Feldzug weder den sächsischen noch anderen kaiserlichen Truppen viel Ruhm eingebracht hatte, war man allgemein zufrieden, das französische Abenteuer schon im September 1693 wieder zu Ende gehen zu sehen. Winterfeldzüge waren damals noch eine große Seltenheit, und auch die erbitterten Großeinsätze ganzer Völker in politischen Konflikten blieben späteren Jahrhunderten vorbehalten. Nur die unmittelbaren Kampfbereiche waren bei Auseinandersetzungen wie den Reunionskriegen stärker in Mitleidenschaft gezogen. Friedrich August hatte sich in dieser Kampagne nicht in dem Maß auszeichnen können, wie wenige Jahre zuvor gegen Mainz. Er suchte, ehe er wieder in die heimatliche Enge eintauchte, noch einmal Venedig auf, gelangte diesmal aber auch nach Rom und machte auf der Rückreise nach Norden abermals Station am Lido, wo man damals angenehmer wohnte als in der Stadt Venedig selbst, die weder besonders sicher noch besonders gesund war.

Die zweite ausgedehnte Italienreise in so kurzem Zeitabstand zur ersten ist auffällig und verlangt eine Erklärung, die nicht ganz leicht zu geben ist, weil sich alle Quellen über heikle Punkte ausschweigen. Friedrich August stand nun im dreiundzwanzigsten Jahr. Die Spannungen mit dem Bruder hatten seit der Taufe in Frankfurt immer nur zugenommen, und vermutlich war Johann Georg auch gegen die Italienreise des Jüngeren, für die es keine sachlichen Gründe gab, wenn sie auch als sicherer Ausweg aufzufassen ist: Auf diese Weise konnte es nicht die Reibereien geben, die andernfalls im winterlichen Dresden und angesichts des schnell steigenden Aufwands für die Mätresse und deren Mutter kaum ausgeblieben wären.

Dazu kam, daß Friedrich Augusts zukünftiges Leben sich

eher bescheiden ausnahm, zumindest, wenn man es an den Ambitionen dieses begabten und von seiner Persönlichkeit her besonders aktiven Prinzen mißt. Er hatte vage, kaum zu realisierende Ansprüche in Dänemark, daneben bestand eine etwas besser fundierte Anwartschaft auf das Erbe des alten Askanien, wo jedoch das erstarkte Preußen als Gegner auftrat; aber die einzige sichere Position, die das väterliche Testament ihm zugewiesen hatte, war die eines Herzogs von Naumburg, der von den Erträgnissen des dortigen berühmten Stiftes leben, aber weder zu politischen noch zu militärischen Aktionen irgendwelche Möglichkeiten haben würde. Dennoch darf man annehmen, daß Friedrich August diese bescheidene, aber selbständige Stellung einem Leben im Schatten des älteren Bruders vorgezogen hätte, waren doch die 50 000 Taler, die er bei einem Verbleib in Dresden erwarten durfte, eine lächerliche Summe im Vergleich zu den Geldern, die der Mätresse zuflossen: sie hatte zur Feier der glücklichen Geburt ein Diamentengesteck geschenkt erhalten, das allein etwa 25 000 Taler wert war.

Friedrich August suchte also das Weite wie einst die Condottieri, und am liebsten hätte er wohl in dem ihm so zusagenden Italien sich eine Herrschaft erkämpft, wie es einst die Visconti getan hatten; aber die Renaissance, das war lang her, und Friedrich August hatte auch keine nennenswerte eigene Erfahrung in der Truppenführung, ganz abgesehen von der Tatsache, daß um diese Zeit keine italienischen Throne mehr frei waren: Spanien, Österreich und der Papst hatten für starre Verhältnisse auf der Halbinsel gesorgt. Also begnügte sich der Prinz mit dem, was ihm Italien schon beim ersten Kennenlernen geboten hatte, mit dem Barock und mit den Frauen, und kehrte erst im Februar 1694 nach Dresden zurück.

Hier kam es beinahe sofort, wenige Tage nach der Rückkunft, zu dem bis dahin gefährlichsten Eklat zwischen den Brüdern. Die Degenszene aus jener Liebeslaube bei Dresden wiederholte sich, nun aber im Schloß: Eleonore-Erdmuthe, die Gemahlin des Kurfürsten, machte Johann Georg vom ersten Tag der Ehe an immer wieder Vorwürfe wegen der

Mätresse. Im Gegensatz zu anderen Frauen ihrer Position hatte sie sich nie in das damals beinahe Selbstverständliche gefügt, weswegen denn auch ihre eigene Ehe keine Chance mehr hatte, wenigstens freundschaftlich-ruhig zu verlaufen. Die Überlassung des herrlich gelegenen und wertvollen Pillnitz an Magdalena Sibylla, nunmehr Gräfin von Rochlitz, aber bewirkte den bis dahin härtesten Konflikt, nicht nur des reinen Geldwertes wegen, sondern vor allem, weil die Mätresse damit eine Residenz erlangen sollte, deren Pracht und Lage sie über Eleonore-Erdmuthe gestellt hätten. Ganz Dresden, ja ganz Sachsen hätte fortan den Luxus dieses Geschöpfs und das Liebesglück, in dem sie lebte, vor Augen gehabt. Es gab harte Worte zunächst unter vier Augen, später im Beisein Friedrich Augusts, den wohl ein besorgter Lauscher geholt haben mochte, und zwar im letzten Augenblick. Johann Georg nämlich, von den scharfen Worten der Gattin bis aufs Blut gereizt, zog den Degen gegen die eigene Frau und drang auf sie ein. Friedrich August sprang unbewaffnet dazwischen, entrang dem Bruder die Waffe und zerbrach sie, wobei er sich eine Verletzung an den Fingern zuzog, die ihn sein Leben lang behindern sollte.

Dieser immerhin extreme Zwischenfall ist in seiner Glaubwürdigkeit gut abgesichert. Erstens hatte es kurz zuvor einen heftigen Streit zwischen Johann Georg und seiner Gemahlin gegeben, der im Angesicht des ganzen Hofes stattfand. Es handelte sich um eine Schlittenfahrt nach Pillnitz, bei der nach Lage der Dinge eine Begegnung zwischen der Kurfürstin und der Mätresse unvermeidbar gewesen wäre. Zweitens aber hatte der Kurfürst auch seine junge Geliebte bereits einmal mit dem Degen bedroht und war nur durch langes Zureden seiner und ihrer Vertrauten zu bewegen gewesen, die Waffe wieder in die Scheide zu schieben. Anlaß dazu war gewesen, daß ihm die Fortdauer ihrer Liebschaft mit dem Obristen Klemm zu Ohren gekommen war, einem ihrer frühesten Verehrer. Bei der Auseinandersetzung darüber hatte sie sich in so entlarvende Widersprüche verwickelt, daß Johann Georg sie auf der Stelle getötet hätte, wäre ihm nicht Beichling in die Quere gekommen (Beichling, der Intrigant *par excellence*, trug übrigens die Hauptschuld an dieser Szene, denn er hatte, um sich zu decken, dem Kurfürsten hinterbracht, daß er mit Klemm betrogen werde . . .).

Johann Georg IV. war also allerlei zuzutrauen. Sein Temperament, offenbar dem des jüngeren Bruders verwandt, ja noch leidenschaftlicher, konnte ihn von nun an jeden Tag zu einer unbedachten Handlung entweder gegenüber seiner Frau oder aber gegenüber seiner Geliebten hinreißen: die Gattin ließ von ihren Vorhaltungen nicht ab, so daß Johann Georg die Scheidung immer ungeduldiger wünschte, und Magdalena Sibylla, deren Temperament durch den hochgeborenen Geliebten offensichtlich nicht hinreichend beschäftigt wurde, setzte ihm Hörner auf, wann immer es ihr gefiel. Selbst der eine oder andere gut aussehende Diener aus dem Fürstenbergschen Hause, das sie bewohnte, soll damals, nach der Geburt des Kindes und der Rückkehr nach Dresden, in den Genuß ihrer Gunst gelangt sein.

Es war vorauszusehen, ja es war allen näher Beteiligten klar, daß die explosive Lage zu einer Katastrophe führen mußte, aber sie kam auf ganz andere Weise, als vermutet wurde, und wohl auch anders, als es der eine oder andere arrangiert haben mochte.

Magdalena Sibylla hatte sich von der Geburt ihres Kindes den ganzen Winter über nicht wirklich erholt. Die Reise nach der Niederkunft, die beschwerlichen Verhältnisse in der Fremde hatten ihr ebenso zugesetzt wie die Aufregungen zu Hause, denn wenn sie auch für die Beziehung zu Klemm schließlich die Verzeihung des Kurfürsten erlangte, von ihrer eigenen Mutter, der Generalin, konnte sie für Sentimentalitäten, die ihre ganze Position gefährdeten, keine Nachsicht erwarten. Da hatte man nun mit buchstäblich allen Mitteln einen hochgeborenen Gimpel eingefangen, und diese Achtzehnjährige, die ja wohl noch nicht das Feuer einer reifen Frau im Unterleib spüren konnte, nahm sich beinahe unter den Augen des Kurfürsten alte und neue Geliebte ins Bett.

Die Gesellschafterin der Mätresse, ein Fräulein von Kühlau, war das erste Ziel der mütterlichen Rache, einmal, weil sie für Klemm und vielleicht auch für andere die Kupplerin gemacht und günstige Gelegenheiten herbeigeführt hatte, zum andern aber, weil sie diejenige war, die am meisten, ja die alles wußte und damit eine ständige Gefahr für die Generalin und deren Tochter bedeutete. Das klassische Giftgefäß – eine jener Pasteten, bei denen bis heute niemand sagen könnte, was sie tatsächlich enthalten – mußte aufnehmen, was man im Spreewald als Marschierpulver angesehen und der Generalin gegen gutes Geld verkauft hatte. Aber entweder hatte die von Kühlau einen besonders guten Magen, oder man hatte im winterlichen Spreewald kein wirklich wirksames Gift zustande gebracht, jedenfalls wurde der Gesellschafterin lediglich speiübel, was sie vermutlich rettete. Die Mätresse, die von der Pastete – vielleicht wegen dieses Zwischenfalls – ein wenig gekostet hatte, kam mit Blähungen davon. Beide Damen vermuteten aber natürlich, daß die Gemahlin des Kurfürsten hinter dem Anschlag stecke, und Johann Georg glaubte dies sogar, was ein bezeichnendes Licht auf die Lage am Hof wirft. Keiner traute dem andern, jeder Anschlag wurde für möglich gehalten, Magdalena Sibylla wurde von ihrem Geliebten mit Ohrfeigen traktiert, wenn sie sich etwas zuschulden kommen ließ, und Intriganten-Naturen wie die Generalin oder Beichling versuchten aus dem Hintergrund die Hauptpersonen zu lenken.

Im Frühjahr 1694 gewinnen wir von der Geistesverfassung des Kurfürsten einen nicht mehr bloß zwiespältigen Eindruck, sondern müssen uns geradezu fragen, was wohl aus Sachsen geworden wäre, hätte nicht der Tod dieses leidenschaftlichen, unbedachten und in seiner Urteilsfähigkeit bereits stark eingeschränkten Fürsten das Problem zumindest der Regierungsverantwortung gelöst. Johann Georg war der achtzehnjährigen Teufelin an seiner Seite in einem Maße hörig geworden, daß er ihre Ärzte bedrängte, einen Vergiftungsversuch zu bestätigen, um dieses Attest gegen seine Frau verwenden zu können. Die Ärzte hingegen gaben wohl zu, daß die Gesundheit der Gräfin von Rochlitz angeschlagen sei; die Schwächung sei unverkennbar, und wechselnde Zustände von Schlaflosigkeit, Reizbarkeit und dem, was man damals *mauvaise humeurs* nannte, trügen dazu bei, daß die Gräfin sich nicht wohl fühle. Wirkungen eines Giftes jedoch sähen anders aus.

Die *mauvaise humeurs*, das waren jene üblen Säfte, die in der alten Medizin für sovielerlei verantwortlich gemacht wurden. Sie kämen gemeinhin erst im Alter, meinten die Medici von Dresden, die Frau Gräfin jedoch führe ein Leben, das sie deutlich überfordere, und wenn sie mit ihren Kräften nicht hauszuhalten begänne, so würden die bösen Säfte eines nicht mehr fernen Tages die Oberhand gewinnen.

Das war nun zwar nicht das, was der Kurfürst hören wollte, aber es war insofern richtig, als die Ausschweifungen und die Auseinandersetzungen, die strapaziösen Hintergehungsmanöver und das noch schwierigere Vertuschen der Kontakte mit Klemm und anderen Magdalena Sibylla in einen Zustand versetzt hatten, in dem sie keinerlei Abwehrkraft gegen Infektionen mehr besaß. Ihr langes Kränkeln mündete daher in eine richtige Krankheit, in eine Geißel des Jahrhunderts – die Pocken.

In Sachsen nannte man sie damals wie bis heute noch in Österreich Blattern, in einer grausigen Umschreibung der aufgehenden Blasen und Entzündungsherde, die diese Krankheit kennzeichnen. Ludwig XIV. hatte durch sie zweimal den Thronerben verloren, so daß es schließlich sein Urenkel war, der 1715 als fünfzehnter Ludwig für den Thron bestimmt wurde. Die Krankheit schlug in ganz Europa zu und wurde von den Nordamerikafahrern sogar nach Neuengland verpflanzt, wo sie unter den Indianervölkern aufs fürchterlichste wütete. Außerordentlich leicht übertragbar, tötete sie Hoch und Niedrig, und wenn man auch besser als bei der Pest wußte, wie der einmal Erkrankte zu behandeln sei, so fehlte es doch an der Kenntnis selbst jener Mittel, die auch damals schon zur Verfügung gestanden wären wie etwa die Rotlichttherapie, mit der zweihundert Jahre später der dänische Arzt Finsen die Sterbeziffer bei Pocken um die Hälfte senkte. Statt das Zimmer rot zu verhängen, statt warmer Bäder und Salben, versuchte man schon den Ausbruch der Pocken selbst, also die verhältnismäßig ungefährliche erste Phase, zu verhindern, schwächte die Kranke durch die Hitzetherapie noch weiter und nahm ihr damit am 4. April, in der Osterwoche des Jahres 1694, das Leben.

Am toten Leib der Gräfin zeigten sich sehr schnell grüne und gelbe Flecke, die den Kurfürsten in seiner alten Annahme zu bestätigen schienen, daß ein Giftmord vorliege. Johann Georg befahl, außer sich vor Schmerz, die Autopsie, und die Ärzte öffneten den Leib, den er so geliebt hatte, den Körper einer der schönsten Frauen ihrer Zeit. Gift oder Spuren davon fanden sie nicht, die verdächtigen Flecken mochten Prellungen und Quetschungen als Ursache haben, da die Gräfin sich in Fieber und Schmerzen, durch Spanische Fliegen und Schröpfköpfe gemartert, oft hin und her geworfen hatte.

Johann Georg hatte die letzten Stunden der Geliebten mit ihr verbracht, hatte ihr die Medikamente eingegeben und auch während der Konvulsionen bei ihr gewacht. Als sie starb, warf er sich über sie und küßte sie verzweifelt, als könnte er sie noch ins Leben zurückrufen, und die Ärzte mußten ihn mit Gewalt von der Toten wegreißen. Das neun Monate alte Kind, die kleine Wilhelmine, wurde gebracht, der Kurfürst drückte sie weinend an sich und bestellte seinen Bruder Friedrich August zum Vormund. Damit war naturgemäß auch die Sicherung und Verwaltung des mütterlichen Nachlasses verbunden, das heißt, August der Starke wurde Sachwalter der verstorbenen Mätresse und zunächst im Auftrag des Kurfürsten der Bewahrer des großen Vermögens, das Magdalena Sybilla in den letzten Jahren auf verschiedene Weise erworben hatte.

Johann Georg ordnete strikte Hoftrauer an, ließ niemanden vor, der anders als schwarz gekleidet war, besuchte täglich mehrere Male die Tote und wollte ihr ein Begräbnis von einzigartiger Pracht ausrichten. Aber der Hofmarschall Haugwitz war vernünftig genug, um Mäßigung zu bitten, und ließ das Begräbnis, den letzten Akt eines lichtscheuen Verhältnisses, folgerichtig in die Nacht verlegen. Die Glocken von Dresden hatten am 12. April 1694 zwar mittags eine Stunde lang geläutet, aber der Leichenzug setzte sich erst in Bewegung, als es dunkel wurde: zweiundfünfzig Wagen, im ersten der Kurfürst, im zweiten sein Bruder. Große Pechpfannen erleuchteten gespenstisch die Nacht, die Bürger trugen Fackeln, die Glocken läuteten abermals, und zwar bis zehn Uhr.

Die Beisetzung erfolgte, obwohl Magdalena Sibylla wenige Wochen zuvor tatsächlich den Übertritt zum Katholizismus vollzogen hatte, in der Sophienkirche, der evangelischen Hofkirche Dresdens, in einer Gruft hinter dem Altar, in der schon einige Mitglieder des kurfürstlichen Hauses ruhten. Erst um Mitternacht kehrte Johann Georg ins Schloß zurück.

Der Tod der Mätresse änderte nichts an der tiefen Abneigung zwischen dem Kurfürsten und seiner Frau, doch scheint sie in diesen Tagen ein gewisses Verständnis bewiesen zu haben, einmal, weil die Rivalin ja nun tatsächlich von der Bildfläche verschwunden war, zum andern, weil sie natürlich wußte, daß der Kurfürst immer noch an einen Giftmord glaubte. Sie bemühte sich daher, einzulenken und vor allem keinerlei Befriedigung über den frühen Tod der schönen Mätresse zu zeigen.

Ganz anders reagierte die Generalin. Durch den Tod der Tochter ans Ende ihrer Machtstellung gelangt, sann sie sogleich auf eine Lösung, die ihr neue Vorteile bringen oder doch die alten noch eine Weile weiterbestehen lassen würde. In tröstenden Gesprächen, zu denen der Kurfürst bei ihr weilte, legte sie ihm die hübsche Agnes-Dorothea von Kühlau ans Herz: diese sei die engste Freundin und Vertraute der Toten gewesen, der Umgang mit ihr werde Johann Georg trösten, wenn überhaupt etwas dazu imstande sein sollte. Die Kühlau, in Intrigen genug erfahren, scheint sich auch nicht geweigert zu haben, jedenfalls kam es zu einigen Zusammenkünften zu zweit, in denen Johann Georg immerhin die beruhigende Nähe einer jungen Frau und deren Zärtlichkeit zuteil wurde, obwohl er zweifellos vor allem von der Toten sprach und von ihr zu hören wünschte.

Ob eine neue Bindung entstanden wäre, läßt sich nicht sagen. Agnes-Dorothea von Kühlau zeigte sich zwar sogleich bereit, ihre Verlobung mit einem Herrn von Ponickau zu lösen, da die Aussicht, die neue *Maitresse en titre* zu werden, für eine junge Person, deren Familie bis dahin überhaupt keine Rolle gespielt hatte, naturgemäß sehr verlockend sein mußte. Aber zu all dem war keine Zeit mehr. Der Kurfürst hatte sich, wie kaum anders möglich, bei seiner Geliebten den Keim der schweren Krankheit geholt. Er wurde von den gleichen Ärzten mit dem gleichen Unverstand behandelt und starb wenige Wochen nach Magdalena Sibylla am 27. April 1694, gegen sechs Uhr abends. Er war noch nicht sechsundzwanzig Jahre alt, sein Bruder, der neue Kurfürst, wurde am 12. Mai dieses Jahres vierundzwanzig.

Die Ereignisse hatten sich überstürzt, und zwar, seit um 1690 Magdalena Sibyllas Schöheit dem ganzen Hof offenbar geworden war und alle Geschehnisse zunächst zwischen dem Vater und den Söhnen, danach aber zwischen den rivalisierenden Brüdern bestimmt hatte. Büsching, Vehse und andere alte Autoren sind überzeugt, daß die süße Frucht zunächst von Friedrich August und dann erst von Johann Georg gepflückt worden sei – was an sich wenig Bedeutung hat, da ja jeder der beiden eine Anzahl von Nebenbuhlern und Vorgängern hatte in Kauf nehmen müssen. Für das Verhältnis der Brüder zueinander kann jedoch auch dieser Umstand – den August dem Älteren selbst eingestanden haben soll, um ihm die Augen zu öffnen – eine gewisse Rolle gespielt haben, ja er wäre vielleicht sogar zu noch größerer Bedeutung gelangt, hätte der schnelle Tod des Kurfürsten nicht völlig neue Verhältnisse geschaffen. Friedrich August, der sich neben seinem nur wenig älteren Bruder auf ein ereignisloses Leben als Duodezfürst vorbereitet hatte, war, noch ehe er sein vierundzwanzigstes Lebensjahr vollendete, Kurfürst von Sachsen.

Wie mag einem Fürsten zumute sein, der so unversehens auf den Thron berufen wird, auf einen Thron, mit dem er kaum rechnen durfte? Sein Bruder war so selbstherrlich, so rücksichtslos und so grausam gegen seine rechtmäßige Gemahlin gewesen, daß ein Thronerbe aus dieser Ehe zwar nicht zu erwarten war. Aber Johann Georg zählte ja nur zwei Jahre mehr als Friedrich August, und er hätte zweifellos Zeit gefunden, einen männlichen Nachkommen aus seiner Verbindung mit der Gräfin Rochlitz anzuerkennen, thronfähig zu machen, weil er insgeheim den Bruder haßte und ihm die Thronfolge ganz gewiß nicht gönnte.

Das war der etwas düstere, wenn auch keineswegs übliche Hintergrund für das prinzliche Aufwachsen gewesen. Das war jene sehr begrenzte Erwartung, jene deutlich gedämpfte Hoffnung, über die Friedrich August in Sachsen selbst nichts hatte hinwegtrösten können. Da hatte es schon stärkerer Impressionen bedurft: des sonnigen Italiens, des verzaubernden Venedigs, der italienischen Architektur und der italienischen Frauen. Vor allem von der zweiten Reise, die ihn bis Neapel in den Süden geführt hatte, waren Friedrich August sehr lebhafte Erinnerungen geblieben, die für sein Leben Bedeutung gewinnen sollten. Bücherpakete trafen immer wieder ein, Prachtwerke über Architektur und über Baumeister, Stahlstiche italienischer Kunstwerke, aber auch Traktate über Geschichte, Politik und Philosophie des Regierens wie das berüchtigte Werk des Florentiners Machiavelli, das zwar nicht mehr ganz zeitgemäß war, auf den jungen Kurfürsten aber eine beinahe stärkere Faszination ausübte als die Frauen.

Dies alles verlor ein wenig an Bedeutung, ja trat plötzlich in den Hintergrund, als vierzehn Tage vor seinem vierundzwanzigsten Geburtstag Wirklichkeit wurde, was er in Gedanken so oft durchgespielt hatte. Aber welche Wirklichkeit war das! Wie lächerlich nahm sie sich aus gegenüber den Träumen. Statt mit einer Armee zu operieren, mußte er acht

Wachsoldaten unter einem Sergeanten ins Fürstenbergsche Haus legen, wo die Generalin unter Hausarrest gestellt wurde und wo die Zimmer der toten Mätresse längst versiegelt waren. Statt aufzurüsten, eine der preußischen vergleichbare Armee zu schaffen und damit die verschiedenen Erbansprüche seines Hauses in Deutschland wahrzunehmen, mußte er den Giftmord- und Magie-Prozeß führen, den sein Volk von ihm erwartete. Und statt seinen Bruder vergessen zu dürfen, statt ihm zu verzeihen, daß er ihm zweimal mit der Waffe entgegengetreten war, und das gnädige Dunkel einer Fürstengruft um ihn zu breiten, mußten nun feierliche Wochen dahingegeben werden und endlose Reden angehört, in denen die Herren der theologischen Fakultäten ihr Papierwissen vom Leben ausbreiten und Peinlichkeit auf Peinlichkeit häufen würden, stundenlang und selbstgefällig. Aller Augen würden dabei auf seinem Gesicht liegen, jede Regung in diesem neuen Fürstenantlitz beobachten und wochenlang besprechen. Zwischen Gespenstern begann er sein Amt, zwischen Geistern Abgeschiedener, Hexen und Zauberern, als greife eine Vergangenheit nach ihm mit dem Anspruch, auch ihn zum Popanz und zur Wachspuppe zu reduzieren.

Aber was gab es anderes, und was wußte er davon? Nach seinen eigenen Aufzeichnungen hatte er sich, in der Annahme, auf eine unwichtige Rolle praktisch lebenslang beschränkt zu bleiben, mit allerlei Schönem und Anregendem beschäftigt, auch Sprachen gelernt und vor allem eine Menge Kriegerisches, denn auf dem Feld der Dauerkonflikte mit den Türken hatten schließlich auch fürstliche Kollegen aus Baden und Bayern Lorbeeren gesammelt, ganz zu schweigen von einem nicht zur Herrschaft gelangten Prinzen aus dem Hause Savoyen. Staatskunst, Verwaltung, Innen- und Außenpolitik und selbst die dynastischen Interessen hatten ihn hingegen nicht sonderlich beschäftigt, bestand doch keine Aussicht, dem schnell aufbrausenden und ohnedies auf den Jüngeren eifersüchtigen Bruder in nennenswerten Missionen an die Seite treten zu dürfen.

Die politische Lage, die August der Starke 1694 vorfand, ist leicht zu rekonstruieren, stehen wir doch mitten in geschichtlichen Zeiten und in einer Phase der Diplomatie, in der die Kanzleien mehr Papiere produzierten als Ideen. Aber es ist natürlich eine Situation, an der uns nur noch herzlich wenig interessieren kann: Magdeburg von Brandenburg-Preußen zurückzugewinnen, die von Tilly eingeäscherte Stadt, die der Große Kurfürst 1680, also erst vierzehn Jahre vor Augusts Regierungsantritt, seinen Staaten einverleibt hatte – welche Bedeutung hätte dies heute? Ein paar sächsische Familien mehr in der alten Elbstadt, vielleicht ein schönes Gebäude im augustinischen Barock in einer der Baulücken aus dem großen Brand. Wichtiger war schon, wichtiger und für uns durchaus begreiflich, die Überlegung, daß nicht *beide* Elbufer preußisch werden dürften, weil die energischen Herren an der Spree Sachsen dann vom Meer hätten abschneiden können, weil der Fluß zumindest in unruhigen Zeiten nicht mehr das wichtigste Transportmittel der Zeit, die Schiffe, bis hinaus nach Hamburg und in die Nordsee getragen hätte.

August hatte sich in Italien umgesehen und auch in der Kaiserstadt Wien mit ihren vielen auftrumpfenden Palästen. Da war eine Metropole des Abendlandes gerettet worden, als er erst dreizehn Jahre zählte, sein Vater war unter den Rettern gewesen und gefeiert worden in Bildern und Balladen. Diese ganze große Stadt lag an einem Strom, der recht lang dahinfloß, ehe er ins Meer mündete, aber es war Bauernland, dünn besiedelt, friedlich, breithin gelagert, und der Kaiser wurde dort angesehen beinahe wie der liebe Gott. Mit der Elbe stand es anders, die zog sich quer durch die Eifersüchteleien deutscher Fürsten hin, der unruhigste deutsche Strom und beinahe ein Alptraum, wenn man an die lautlosmächtige und unbeirrte Weichsel dachte, die im freien Danzig mündete, in dem nicht einmal die so plötzlich erwachten Preußen viel zu sagen hatten.

War das schon Weltpolitik? Gewiß nicht. Die dynastischen Bezüge wurden zur ersten Grundlinie des politischen Denkens, denn auf ihnen basierten Ansprüche und Chancen. Man erbte Länder wie der Bauer einen Kuhanger. Man konnte als sächsischer Prinz geboren werden, für den Kaiser Krieg führen, bei einem Schuß über den Rhein durch eine explodierende Büchse einen Daumen verlieren und dann womöglich als Dänenkönig enden oder als Herzog von Jülich, Cleve und Berg oder auch als Administrator eines Stifts mit 50 000 Talern Jahreseinkommen. Das war vorbei. Er würde nicht vom zehnfachen Einkommen des Generals Neitschütz leben müssen und im Jahr nur zweimal soviel verbrauchen dürfen, wie ein Diamantengesteck an der bemerkenswerten Brust der Gräfin von Rochlitz wert war. Er gebot über den Staat, die Menschen, die Gelder – und er sollte wissen, was damit anzufangen sei.

Wußten es die anderen? Kannten sie die Welt? Vermochte der Sonnenkönig in seiner vielbeschrienen Weisheit zu beurteilen, was es bedeutete, daß die Siamesen seine Niederlassung in Bangkok geschlossen und die Franzosen vertrieben hatten? Hatte es ihn nicht stärker bewegt, daß etwa zur gleichen Zeit der große Lully gestorben war? August wußte noch, wann das gewesen war: in eben jenem Jahr, da Christian Thomasius es riskiert hatte, an der Universität zu Leipzig eine deutsche Vorlesung zu halten. Friedrich August zählte damals siebzehn Jahre, und das Thema bewegte ihn nicht so sehr wie so manches andere, das Thomasius sonst publizierte, denn es ging um die Frage, ob man die Franzosen nachahmen solle und wieweit.

Wenn jemand die Sachsen nachahmte, dann geschah dies allemal, um sich auszuschütten vor Lachen, weswegen ja schon sein Vater und sein Bruder nicht ungern Herren aus anderen deutschen Ländern in den diplomatischen Dienst übernommen hatten. Und es war ein Glück, daß der feierliche Carpzow seine endlose Predigt nicht nur mit lateinischen, sondern auch hebräischen Zitaten angereichert hatte, da verwischte sich doch dieser Singsang mit einer anderen Melodie. Die schlimmsten Perfidien freilich hatte er deutlich und deutsch ausgesprochen, in einer Coda, auf die alle gewartet hatten: »Obgleich der verstorbene Kurfürst ein kluger, tapferer, generöser und redlicher Herr war, so hat ihn doch eine gewisse adelige Familie so an sich gezogen, daß die Liebe gegen seine Gemahlin sehr erkaltete.« Danach hatte der bibelfeste Carpzow von Samson und Dalila angefangen, vielleicht, weil er vom Haarzauber der alten Generalin etwas raunen gehört hatte, war zu David und Bathseba übergegangen, wobei die Versammlung in der Sophienkirche hoffnungsvoll die Ohren spitzte, weil nun vielleicht von den Badegewohnheiten der hübschen Gräfin Rochlitz berichtet würde, aber Carpzow eilte weiter zum weisen Salomon, dem König, den all seine Größe und Klugheit nicht davor bewahrt hatte, seine besten Kräfte in den Armen seiner Gespielinnen loszuwerden. »Was Wunder«, schloß Carpzow, »daß es auch heutzutage großen Herren manchmal so ergeht.« Und dieses »manchmal«, das war natürlich schon auf den neuen Herrn gemünzt, dessen Liebschaften längst nicht mehr als zufällige Unterbrechungen eines ansonsten anständigen Lebenswandels anzusehen waren, sondern als eine durchaus neue Variante in der allerhöchsten Mätressenwirtschaft. Auf den magisch bewirkten und tragisch endenden Wahn, der Johann Georg IV. zu der einen und immer wieder derselben hingetrieben hatte, schien etwas zu folgen, was vielleicht nicht soviel Keime der Tragik in sich barg, aber das arme Sachsen nicht billiger zu stehen kommen würde – der Mätressenreigen. »Großer Herren Laster«, mahnte Carpzow, »erschallen durch die ganze Welt, und die Fama pfleget sie allezeit größer zu machen.« Und durch diese Vergrößerung ins Bedeutende entrännen sie durchaus ungerechterweise der Verurteilung. In Wahrheit ist die Sünde eines Fürsten nicht besser als die eines Bürgers und »der Ruf von unartigen Herren nichts anderes als der Stank einer ausgelöschten fetten Lampe oder ausgebrannten Fackel, den niemand vertragen kann«.

Das waren Anspielungen, die jeder verstand, vor allem, wenn er dem Fackelzug für die verstorbene Mätresse beigewohnt hatte. Und angesichts der Verfilzungen dieser juristisch und theologisch so emsig tätigen Gelehrtenfamilie mit dem Leben in Leipzig und Dresden sollten die Korrekturen, die der eine oder andere Carpzow am sächsischen Fürstenleben anzubringen hatte, niemals ganz verstummen. Anstelle des einen großen Cato, jenes Pietisten Spener, der nach Berlin gegangen war und sich nun dort mit einem allzu prachtliebenden jungen Herrscher herumschlug, waren dem sächsischen Fürstenhaus die Kritikaster gleich im Vierteldutzend erstanden und schickten sich an, auch dem neuen Kurfürsten, der noch kaum wußte, wie ihm geschah, einen Weg vorzuschreiben. Das Land, das Vaterland, es war zu klein. Wenn Zar Peter an die Chinesen ein Stück Land am Fluß Amur verlor, wen kümmerte das an der Newa? Und ob Brandenburgs Kolonie an der Guineaküste florierte, das würden selbst die gelehrten Carpzows niemals erfahren. Zwischen Leipzig und Dresden jedoch, da pfiffen die Spatzen alles von den Dächern...

Die Atmosphäre des Kleinstaats ist für uns heute ebenso schwer vorstellbar wie die kleinbürgerliche Reaktion einer ganzen, in gewissem Sinn staatstragenden adeligen Gesellschaft. Man war bei Hofe doch so sehr unter sich, daß eigentlich nur der Kurfürst selbst Rücksichten auf das Volk zu nehmen hatte, die anderen, die nahmen eben Rücksicht auf ihren Fürsten und waren dadurch abgesichert oder, wie man damals sagte, salviert.

Ein Staatsoberhaupt unserer Tage könnte es sich ohne weiteres leisten, eine ihm völlig unsinnig erscheinende Affäre kurzerhand niederzuschlagen, und es ist ja auch nicht selten geschehen. Man konzediert Staatsoberhäuptern sogar das Recht, privat Kompromittierendes nicht abzuhandeln, wenn es zurückliegt und als bedeutungslos gelten muß angesichts der Gesamtpersönlichkeit und ihrer Funktion. Im alten Dresden war das anders, ja es war beinahe umgekehrt. August der Starke durfte sich zum Unterschied von Monsieur Giscard d'Estaing ohne weiteres Diamanten schenken lassen, und hätte sie ihm auch der kurioseste orientalische oder afrikanische Potentat überreicht: diesen Spielraum gewährte jedes Volk seinem Fürsten ohne Bedenken, ja nicht selten mit einer gewissen Zärtlichkeit und in der sicheren Erwartung, am großen Amüsement auch ein kleines Teilchen zu haben. Was August bei aller Stärke aber ganz offensichtlich nicht konnte, das war die absurde Affäre Neitschütz zu ignorieren. Denn einmal war der ganze Hof in diesen Dingen, wie sich zeigen sollte, weit weniger aufgeklärt als der Kurfürst selbst, und zum anderen wartete da das breite sensationslüsterne Volk auf Enthüllungen. Der Prozeß war peinlich für den Adel, denn daß ein Halbdutzend bekannter Namen kompromittiert werden würde, das stand im Grunde bereits fest, und er war ebenso willkommen beim kleinen Stadtvolk von Dresden und beim ehrpusseligen Bürgertum, weil man endlich einen Blick hinter die Türen und Fenster jener adeligen Gesellschaft würde werfen können.

Friedrich August dachte in den ersten Wochen und Monaten nach seinem Regierungsantritt also nicht an Polen, weil Sobieski ja noch lebte, aber er dachte natürlich an eine Reihe von Fragen, die für ihn ungleich wichtiger waren als der Prozeß gegen die Generalin von Neitschütz und deren erotische Brigade, und doch mußte dieser Prozeß geführt werden und verlangte Sofortmaßnahmen. Hätte August sich in diesem Punkt anders verhalten, als das Volk es erwartete, so hätte der nächste Schritt sich gegen ihn selbst gerichtet: Konnte der jüngere Bruder, der aussichtslose Thronanwärter, nicht seine Hand im Spiele haben, wenn ein so seltsamer Tod ihm den Weg auf den Thron freimachte?

Wie ernst die Lage war und wie ernst folglich auch wir sie nehmen müssen, geht daraus hervor, daß sogar der Leibarzt der kurfürstlichen Familie, ein Doktor Pauli, vielleicht nicht gerade von der Hexerei selbst überzeugt war, aber fest an magische Wirkungen glaubte. Am nackten Leib der toten Mätresse hatten sich die seltsamsten Dinge gefunden, kleine Beutelchen aus Mäuse- und Fledermaushaut, Pflaster mit Haaren, die wohl vom Kurfürsten Johann Georg stammten, und die Erklärung, daß viele Hofdamen derlei an sich trügen, um zum Beispiel Glück im (allabendlichen) Glücksspiel zu haben, befriedigte niemanden. Die Haare Johann Georgs IV. waren zunächst von der Leiche entfernt worden, danach hatte man sie auf ausdrücklichen Wunsch des trauernden Fürsten der Gräfin Rochlitz doch noch mit ins Grab gegeben, und endlich hatte Doktor Pauli – also einer der besten Ärzte des ganzen Landes Sachsen – seiner Befürchtung Ausdruck gegeben, daß diese Haare die nun einsetzende Fäulnis, das Leichengift von der schönen Magdalena Sibylla, auf den

Kurfürsten Johann Georg hinüberleiten könnten, worauf die Haare wieder weggenommen wurden.

Als auch Johann Georg unter der Erde lag, ließ man gar keine Rücksichten mehr walten. Die schöne Gräfin Rochlitz wurde exhumiert, entkleidet und mehr als drei Wochen nach ihrem Tod am ganzen Leib auf Zaubermittel untersucht, wobei sich die Medici gewiß die Nase zuhalten mußten. Was im einzelnen gefunden wurde, ist nicht bekannt, jedenfalls aber entschied Friedrich August, daß die Dame nicht wieder in die Fürstengruft hinabgesenkt werden dürfe. In einer heimlichen nächtlichen Bestattung wurde für sie auf dem Platz des fürstlichen Hofbräuhauses, am Weg zur Sakristeitüre, eine tiefe Grube ausgehoben, der Leichnam versenkt und die Stelle unkenntlich gemacht.

Ein bürgerlicher Justizbeamter namens Johann Siegmund Leis(t)er erhielt den kurfürstlichen Befehl, in Zusammenarbeit mit den Polizeistellen des Magistrats die Untersuchung gegen die Generalin Neitschütz und ihre Helfer, Berater, Fürsprecher und Werkzeuge vorzubereiten. Und kaum war dies bekannt, als auch schon einige der Werkzeuge, also der kleinen Leute in der großen Affäre, ihre Haut zu retten suchten. Dazu gehörten vor allem die Spreewald-Boten und Hexenkuriere wie eine Frau Krapp, eine Kammerfrau wie die uns schon bekannte Elisabeth Nietzsche und die Frau eines Kornetts namens Lindner.

Sehr schnell zeigte sich, daß es einen Staatsprozeß geben würde, eine Haupt- und Staatsaktion, wie man sie erst hundert Jahre später wieder mit der Halsbandaffäre in Paris vor Augen haben wird, also in gewissem Sinn ein Jahrhundertereignis, das auszukosten die guten Sachsen denn auch entschlossen waren. Schon die ersten Verhöre liefen ja auf die Vorgeschichte hinaus und auf das Schmäuchen des armen Johann Georg III.: Die Spreewaldzauberer wußten natürlich, daß in diesem heiklen Punkt der Tod auf sie warte, denn einen Kurfürsten zu Tode zu bringen, indem man sein Wachskonterfei über dem Feuer drehte (*schmäuchte*), das war damals, als selbst ein Thomasius noch an den Teufel glaubte, ein fluchwürdiges Verbrechen.

Ging es um Mord an dem Staatsoberhaupt, dann waren vor dem Gesetz alle gleich, und niemand konnte es wagen, auch nur das kleinste Papierchen aus den Aktenstößen zu entfernen, wieviel immer von den interessierten adeligen Herren – den kompromittierten Räten Graf Callenberg, von Erdmannsdorff oder von Friese – dafür auch geboten wurde. Und hatte man sich bislang mit einem gewissen Behagen bei der Vorstellung aufgehalten, die hübsche Gräfin Rochlitz habe in hellen Mondnächten und splitternackt den Dreck aus ihren Zimmerwinkeln zusammengekehrt, um damit ihren fürstlichen Galan zu behexen, so kamen nun viel ernstere Erwägungen ins Spiel, und der Staat selbst stand zur Debatte: ihn nämlich konnte man schließlich den Hexern, Zauberpfaffen und Scharfrichtern vom Spreewald denn doch nicht ausliefern.

Einem ersten Schuldbekenntnis kam es gleich, daß die Generalin einen Fluchtversuch unternahm. Da ihr Haus besetzt und bewacht war, wählte sie den Weg durch das Fenster des ›heimlichen Gemachs‹, also des Abtritts, aber da sie sich ein Bäuchlein angemästet hatte, blieb sie in diesem Fenster stecken. Die Wachen hatten ihr Vergnügen dabei, sie bald hinauszuschieben, bald hereinzuziehen, bis sie endlich um Gnade bat, aufgab und sich in ihr Schicksal fügte. Leiser, der durch seine tüchtigen Vorarbeiten den Namen einer Familie machte, die mit Augustin von Leyser in der nächsten Generation berühmt werden wird, hatte in seiner bürgerlichen Unbeirrbarkeit inzwischen so allerlei zutage gefördert, von dem Friedrich August gewünscht hätte, es wäre im Dunkeln geblieben. Denn wenn ein ganzes Volk an Teufels- und Hexenwerk glaubt, dann tut dies in der Regel auch sein Fürst, und darum zeigte sich, daß Johann Georg IV. und seine noch lebende Witwe genau den gleichen Zaubereien angehangen hatten wie die angeklagte Generalin und deren tote Tochter. Leiser vollbrachte das Kunststück, aus dem im protestantischen Sachsen ohnedies seltsamen Hexen- und Zauberprozeß nach den päpstlichen Kriterien eine messerscharfe Anklage nach dem Römischen Recht zu zimmern, bei der Johann Georg IV. und die Kurfürsten-Witwe jene Ausnahmestellung genossen, die ihnen die päpstliche Inquisition nicht eingeräumt hätte. Dennoch war die Sache immer noch so heiß, daß sich von den prominenten Juristen Dresdens keiner bereit fand, Anklage zu erheben, so gut das Material auch vorbereitet worden war. Eine Art Pflicht-Ankläger wurde dann in einem Doktor Schrey gefunden, womit die zweite Juristenentdeckung dieses Prozesses glückte: Schrey führte das lange Verfahren nicht nur sicher und frei von jedem Tadel, ja er brachte es in seiner Souveränität sogar zuwege, den schüchternen und nicht sonderlich geschickten Verteidiger der Generalin auf die Punkte hinzuweisen, auf denen er eine wirksame Verteidigung aufbauen könne. Um die eigene Haut zu retten, hatte die ganze Phalanx der Hofhexen ebenso wie die Spreewald-Garde die Generalin belastet; neben ihr erschienen noch zwei Männer impliziert, nämlich der Dresdener Scharfrichter Johann Melchior Vogel und der Arzt Wolf Francke aus Erfurt. Eine kleine Anzahl hochgestellter Herren durfte sich schriftlich verantworten, und in der für August den Starken so wichtigen Familie von Beichling brachte der Vater, Oberkonsistorialpräsident, das Opfer für den hoffnungsvollen Sohn, indem er sich zurückzog und das hohe Amt quittierte, wonach man dem Junior zubilligte, sich in vorgeblich diplomatischer Mission aus Dresden zu entfernen, bis alles vorbei sei.

Dies hatte freilich noch gute Weile. Die Anklage warf der Generalin von Neitschütz, geborene von Haugwitz, vor, »daß sie eine Hexe sei, sich der Zauberey beflissen und dadurch die beiden Johann Georgen, Kurfürsten, den dritten und vierten dieses Namens, zum Tode, letztern aber vorhero zu einer ungemeinen Liebe gegen ihre verstorbene Tochter, die Gräfin von Rochlitz, und darneben zugleich auch zu einem unversöhnlichen Hasse gegen seine Gemahlin verleitet, ihre Tochter, welche sie anfangs durch verbotene Mittel dem Herrn von Haxthausen zu verbinden getrachtet, um schändlichen Gewinns willen dem verstorbenen Kurfürsten zu verbotener Liebe überlassen, hernach aber mit selbigem sogar als Gemahlin ehelich zu verbinden, vorhero aber darzu in den Fürstenstand erheben zu lassen, getrachtet, zu dem

Ende vor sich jedesmal die Vielweiberey eifrigst verfochten, auch deren Gültigkeit durch andere Deduktion unterstützet.«

Ein wenig widersprüchlich behauptet dann die Anklage, die Rochlitz und ihre Mutter hätten gemeinschaftlich darauf hingearbeitet, die rechtmäßige Gemahlin Johann Georgs IV. durch diesen verstoßen zu lassen, so daß Magdalena Sibylla die einzige Gattin des Kurfürsten und ihr Nachwuchs thronfähig werde. Wenn sie das wollte, vor allem aber, wenn sie das tatsächlich erreicht hatte, dann mußte die Vielweiberei, für die sie angeblich und vielleicht tatsächlich eingetreten war, ihr doch nur Nachteile durch neue Rivalinnen bringen.

Offensichtlich war sovieles zutage gekommen, das keinen Zusammenhang und keinen vernünftigen Sinn mehr ergab, daß auch die Juristen keinen Faden finden konnten. Wie sollten sie auch, zeigt sich doch die Generalin bei allem Raffinement als eine durchaus beschränkte Natur, die an die zum Teil lächerlichen, zum Teil geradezu widerlichen Techniken ihres Liebeszaubers selbst glaubte, so daß man eine nennenswerte Intelligenz eigentlich nicht annehmen kann: mußte ihre eigene Tochter doch eine bestimmte, vorher besprochene Muskatnuß nicht nur einmal verschlingen, sondern noch zweimal, nachdem sie auf natürlichem Wege wieder zum Vorschein gekommen war!

Friedrich August und die von ihm beauftragten Juristen taten also zweifellos das Richtige, wenn sie diese Praktiken im Prozeß nicht breittraten, der dadurch ja zur Farce geworden und höchstens die primitivsten Gemüter fasziniert hätte; wichtiger war unstreitig, was die Neitschützin, ihre Tochter und die kleine Brigade williger Hofdamen aus dem kurfürstlichen Hof hatten machen wollen – nämlich ein einträgliches Bordell, das ihnen zudem die Herrschaft sicherte: »Nicht weniger ihrer Tochter, ungeachtet, selbige eine fürstlich Gemahlin werden wollen, nachgelassen (= nachgesehen), daß selbige mit anderen gehuret und geehebruchet, ein aus unzüchtigem Beischlafe von selbiger erzeugtes Kind heimlich ermordet, statt des von dem Kurfürsten erzeugten, bald nach der Geburt verstorbenen Kindes ein anderes untergeschoben, nach ihrer Tochter Tode dem Kurfürsten, sich zu andern Weibspersonen zu halten, so stark angeraten, ihm hierzu die Kühlauin selbst zugeführet, übrigens die Gewalt und das Ansehen, worein sie mit ihrer Tochter sich gesetzet, gemißbrauchet, von Handels- und andern Leuten durch Concussiones große Geldsummen erpresset, Abolitiones (Nachsicht) für Missetäter ausgewirket, diejenigen von welchen sie Geschenke bekommen, in Beförderung zu setzen gesuchet, andere hingegen, welche sich darzu nicht verstehen wollen, gedrücket, endlich aber die von ihrer Tochter hinterlassene Barschaft, Juwelen und andere Pretiosa, worunter eine kostbare, in den kurfürstlichen Schatz gehörige Schnure Perlen gewesen, heimlich fort und auf die Seite geschaffet.«

Angesichts eines so ausgebreiteten und komplizierten Sachverhaltes, der vom Allerprivatesten bis zur simplen Korruption reichte, wurde dem Schöffenstuhl zu Leipzig die ganze juristische Fakultät zur Seite gestellt, und das Urteil über Ursula Margarete von Neitschütz, die sogenannte Generalin, füllte denn auch nicht weniger als sechsunddreißig Buchseiten. Es ist in einzelnen Teilen so belastend für Johann Georg IV., daß diese Passagen nicht ohne stillschweigende Billigung Friedrich Augusts ausgearbeitet worden sein können. Hat die Exhumierung der Gräfin von Rochlitz noch einige eher rührende Züge seiner Neigung ergeben – den Herzdiamanten-Ring, den er ihr an den kleinen Finger gesteckt hatte, den kindlichen Galanteriering, den er außerdem der Toten mitgab –, so beleuchtet das Urteil grell und unmißverständlich, mit welcher Promptheit sich der junge Kurfürst, kaum daß die Geliebte beigesetzt war, schon ihrer Freundin und Gesellschafterin, der hübschen Baronesse Kühlau zuwandte. Auch daß diese zweifellos ein Kind desselben Geistes war wie die Generalin und ihre Tochter, daß sie nach den ersten vertrauten Stunden mit Johann Georg sogleich bat, man möge auch ihr mit einem Liebeszauber zu Hilfe kommen, spricht gegen den Kurfürsten: Er war eben kein souveräner Geist, der sich die Frauen wählt wie andere Potentaten, sondern er war durch all den Humbug und die schwüle Spukerotik im Fürstenbergschen Haus bereits um ein Gutteil seiner Geisteskräfte gebracht worden. Von diesem Mann hätte Sachsen – zumindest solange solche Verstrickungen andauerten – nichts Gutes zu erwarten gehabt.

In der Literatur über August den Starken findet sich da und dort die Behauptung, es hätte in diesem Prozeß gegen die Neitschütz Todesurteile gegeben. Das war nicht der Fall. Der von den Folterknechten hart angefaßte Scharfrichter Melchior Vogel starb im Gefängnis; wann hat ein Henkersknecht schon Gelegenheit, einen Meister der düsteren Zunft selbst auf die Streckbank zu legen, und das wurde offenbar ausgenützt. Vogel jedenfalls sah die Freiheit nicht wieder. Er wird im Prozeß bald als Scharfrichter von Dresden und bald als solcher von Greiz genannt, doch war es damals üblich, zu Hinrichtungen auch auswärtige Scharfrichter hinzuzuziehen, vor allem, wenn es um ganze Banden ging, die ins Jenseits befördert werden sollten. Die differierenden Ortsangaben sind also nicht unbedingt ein Widerspruch.

Auch von den Kräuterhexen aus dem Spreewald starb eine im Gefängnis; die munteren Dresdner Intrigantinnen aber, Fräulein Elisabeth Nietzsche und Anna Margarete, Frau des Kornetts Lindner, kamen glimpflich davon: die eine erhielt die Strafe der leichten Mädchen, war sie doch im Grunde eine Kupplerin gewesen. Sie wurde öffentlich mit Ruten gezüchtigt und dann auf Lebenszeit aus Sachsen verwiesen. Die Lindnerin kam mit ihrem Mann an den Pranger. Dieses Gattenschicksal wirft die Frage nach dem Generalleutnant von Neitschütz auf, nach dem Gatten der Hauptangeklagten. Er brachte das Kunststück fertig, sich dumm zu stellen, obwohl er das schnelle Avancement und die Soldzulagen doch bemerkt haben mußte. Er ließ seinen weiblichen Anhang ungerührt foltern und einsperren und kam ungekränkt aus der Affäre, als hätte er nichts damit zu tun gehabt.

Die Teufelsbotin Krapp wurde gestäupt und des Landes verwiesen, ein Kammerdiener und vertrauter Berater der Generalin namens Gebhardt mußte die ersten Grade der Folter aushalten wie auch der korrupte Sekretär Engelschall.

Als dieser darauf noch öffentlich mit Ruten gestrichen wurde wie die kompromittierten Hoffräulein, da kannte der Jubel in Dresden keine Grenzen. Engelschall war vermutlich die beim Volk am wenigsten beliebte Figur aus der ganzen Kamarilla. Der dicken Generalin und ihrer schönen Tochter hätte man eher das eine oder andere nachgesehen.

So richtig in die Nesseln gesetzt hatte sich das appetitliche Fräulein von Kühlau, denn man hört nichts davon, daß jener Herr von Ponickau, der durch ihre Untreue so öffentlich bloßgestellt worden war, die Verlobung geflickt und sie geheiratet hätte. Doch ihre Vorladung und Befragung zu einer ganzen Reihe wichtiger Punkte der Untersuchung wurde, wie es bis heute vorkommt, schlicht vergessen, so gern der schneidige Anklagevertreter das hübsche Fürstenliebchen auch nach Zaubermittelchen untersucht und gefoltert hätte. »Es geschahe solches aber nicht« (Klotzsch), ohne daß man wüßte, warum es unterblieb. Gerissen, wie sie war, oder auch von berechtigten Ängsten getrieben, flüchtete sie in den Schutz eines berühmten Geschlechts und heiratete einen Herrn von Arnim. Möglicherweise wurde sie damit brandenburgischer Untertan und war die Verfolger aus Dresden los.

Es wurden also kaum Gefängnis- und schon gar keine Todesstrafen ausgesprochen, obwohl die den Angeklagten zur Last gelegten und von ihnen überwiegend auch zugegebenen Vergehen nach damaligem Rechtsbrauch wohl in allen europäischen Ländern durchaus zu Todesurteilen hätten führen können. Der Grund dafür ist einmal in der Tatsache zu suchen, daß Sachsen praktisch keine Gefängnisse besaß. Natürlich gab es den Gemeindekotter und in den Rathäusern der Städte ein paar Verliese für Untersuchungshäftlinge; daneben sind der Königstein und einige andere Burgen als Haftanstalten für Staatsgefangene bekannt, also für Männer, die man wegen der politischen oder militärischen Risiken, die sie mit ihrem Wissen bedeuteten, nicht einfach des Landes verweisen konnte. Im übrigen herrschte der Grundsatz, unliebsame Elemente nach entsprechender Abstrafung *coram publico* dem ungewissen Schicksal auf der Landstraße zu überantworten, wozu wir uns heute fragen, warum sich die Nachbarstaaten – etwa das wohlgeordnete Brandenburg-Preußen – dies eigentlich gefallen ließen.

Erstaunlich an dem Monsterprozeß ist auch das Tempo, mit dem er durchgezogen wurde, denn schon am 17. März 1695, also wenige Monate nach Prozeßbeginn, kam es zu der entscheidenden Schlußphase, über die sich das Blatt *Mercurii Relation* zu München berichten läßt:

»Auß Dreßden, den 17. Martii. Es seind auffs Neue wegen der X-Sach einige gefangen eingebracht (*worden*), darunter eine Frau namens X und noch eine Vornehme ist mit ihrem Gesinde arrestiret, so daß die Sach noch viel Weitläufftigkeit abgeben dörffte. Die inhafftirt gewesene Spreewaldische Hexe ist diser Tage verrecket unnd von dem Büttel auff dem Pestilentz-Kirchhof begraben worden. Ein gewisser Cornet, ein Bauren-Doctor, die Planeten-Leserin und noch ein Weib seynd diser Tagen am Pranger gestanden und danach wegen des bewußten Complots deß Landes verwisen.«

Man hielt also selbst den Namen von Neitschütz geheim, was auf Friedrich August selbst zurückzuführen war, der seinen Generalleutnant nicht bloßstellen wollte. Er stak ja zu diesem Zeitpunkt noch tiefer im Militär als im Staat, und die Offiziere, mit denen er im Feld gestanden hatte und bald wieder ausmarschieren würde, waren ihm durch die widerlichen Intrigen des Hofes zweifellos noch näher gerückt.

Man gewinnt den Eindruck, daß Friedrich August, obwohl selbst zweifellos kein Kostverächter, sich nach dem Bekanntwerden so vieler scheußlicher Einzelheiten nicht nur von dem ganzen Prozeß abgewendet hatte, sondern auch den Hof als einen Sumpf erkannte, in dem er als junger Mann, ohne Arg und ohne Routine, fehl am Platze sei und keine gute Figur machen würde. Was ihn trug, war die Sympathie des Volkes, das aus dem Prozeß auch über den verstorbenen Kurfürsten genug erfahren hatte, um sich von ihm abzuwenden, und das Vertrauen der Armee, mit der er in den letzten Jahren ja mehr und enger zusammen gewesen war, in Feldlagern und in Schlachten, als mit jedem anderen Milieu Sachsens.

Friedrich August I.,
König von Polen und Kurfürst von Sachsen.
Kupferstich von C. A. Wortmann nach einem Gemälde von
Louis de Silvestre d. J.

Magdalena Sybille Reichsgräfin von Rochlitz.
Stahlstich von V. Froer.

Hans Adam von Schöning (1641–1696).
Brandenburg. Feldmarschall.

Christine Eberhardine, Gemahlin August des Starken.
Kupferstich von Schenk.

Aus diesen Überlegungen wird verständlich, warum Friedrich August, trotz einer gewissen Abneigung gegen die Familie Haugwitz, der die Hauptangeklagte entstammte, die Generalin von Neitschütz nicht zum Tode verurteilen ließ. Sie hatte die ersten Grade der Folterung erdulden müssen und war, nach den Kerkerbüchern auf der Festung Stolpen, in der Nacht zum 19. Juli 1697 »mit Daumenschrauben, Schnüren und spanischen Stiefeln heftig angegriffen worden, habe jedoch nichts bekannt, als was man schon vorher gewußt und auch nicht geklagt und gejammert, sondern nur immer gesungen ›Stärk mich mit Deinem Freudengeist in meiner Marterstunde...‹«

Die Verbringung aus dem Dresdner Rathaus nach Stolpen ist als ein Übergang zur späteren Freilassung anzusehen, und die Folter in Stolpen (an der man bezeichnenderweise lange zweifelte) war wohl keine Phase der Ermittlungen mehr, sondern bereits die eigentliche Strafe. Friedrich August hatte zu diesem Zeitpunkt schon ganz andere Sorgen und Interessen, und es scheint, daß die Neitschütz schon bald nach einer ruhigen Haft auf Stolpen mit Auflagen freigelassen wurde. Sie lebte fortan, ohne sich in Dresden oder Leipzig zu zeigen, ruhig auf dem Vorwerk eines Gutes bei Bautzen, das ihrem Sohn, dem Generalmajor Rudolf Heinrich von Neitschütz gehörte. Daumenschrauben und Schnüre hatten an ihren Händen und Armen Spuren hinterlassen, die sichtbar blieben, weswegen sie stets hochreichende Handschuhe trug. Als das Herrenhaus errichtet wurde, in dem sie viele Jahre darauf ihr Leben beendete, hatte sie ihre volle Aktivität wiedererlangt, saß im Freien an einem Spinnrad und beaufsichtigte dabei die Arbeiter am Bau. Ein Gemälde, das sie so zeigte, wurde bis ins neunzehnte Jahrhundert auf dem Schloßgut Gaussig aufbewahrt. Als sie 1713 starb, hatte man sie und ihren zehn Jahre zuvor verstorbenen Gatten bereits so gut wie vergessen.

Einen der größten Drahtzieher im Hintergrund des Prozesses nennt weder die Anklageschrift, noch wurde er der großen Öffentlichkeit bekannt: der Kammerdirektor und Geheime Rat Ludwig Gebhard von Hoym, seit 1676 kaiserlicher Freiherr auf Droyssig, Hoym, Kirch- und Burgscheidungen und anderen Gütern, engster Vertrauter und Berater des verstorbenen Kurfürsten Johann Georg IV. Hoym hatte seine eigene Position dazu ausgenützt, wohlhabende Adelige und Bürger auf dem Umweg über die Mätresse seines Herrn anzuschwärzen und danach, wie es in seinen Papieren genannt wird, »zu ducken«, das heißt unter der Androhung allerhöchster Ungnade zu erpressen.

Friedrich August hatte das Verfahren gegen Hoym sofort vom Hexenprozeß abtrennen und den korrupten Kammerdirektor schon am 15. August 1694 auf die Festung Königstein bringen lassen, die, auf steilen Sandsteinfelsen hoch über der Elbe gelegen, als sicheres Gefängnis gelten durfte. Im März 1696 freigelassen, erhielt er gegen eine Buße von 200 000 Talern später die Zusicherung, daß gegen ihn »niemahlen *inquisitorie*, sondern stets nur *civiliter* verfahren werden solle«, daß ihm also ein Strafprozeß erspart bleiben würde. Die Summe entsprach fünfzig Generals-Jahresbezügen, wäre also in der Kaufkraft- oder Geldwertumrechnung mit fünf Millionen DM ungefähr gleichzusetzen. Hoym muß sich demnach ganz kräftig bereichert haben, was ihm schließlich Leben und Gesundheit rettete – denn Friedrich August brauchte das Geld dringend für seine polnischen Ambitionen. Von einer Rückgabe an die Geschädigten hat man darum auch nichts gehört. Sie wäre unvermeidlich gewesen, hätte man Hoym tatsächlich einen richtigen Prozeß gemacht.

Adolf von Hoym, der Sohn dieses Großgeldbeschaffers, erbte die Talente seines Vaters, auf umstrittene Weise große Summen für seinen Herrn flüssig zu machen, aber auch das Geschick im Umgang mit Mätressen: Er sollte, wenn auch widerwillig, dem starken August die interessanteste und intelligenteste seiner Freundinnen zuführen, die später so berühmt gewordene Gräfin Cosel. Die erstaunliche Vitalität des Vaters hat er freilich nicht geerbt. Der alte Hoym, der die Basis zu Vermögen und Geltung des späteren Grafengeschlechts – wenn auch auf sehr ehrenrührige Weise – gelegt hatte, wurde beinahe achtzig Jahre alt und ist, 1711 verstorben, noch eine rechte Kraftnatur aus dem rauhen siebzehnten Jahrhundert. Er überlebte nicht weniger als drei Gattinnen, die er natürlich aus so reichen Häusern wie von Taube, von Schönfeld und von Haugwitz gewählt hatte, und vermählte sich noch als hoher Siebziger mit der reichen Witwe eines Obersten von Bünau. Von ingesamt einundzwanzig Kindern überlebten ihn nur sechs.

Der alte Freiherr, seine Lebensführung, sein Vermögenserwerb und die Schicksale seiner Nachkommen würden ein eigenes Buch verdienen, das sich mit seinen Geschichten durch das ganze alte Deutschland hindurchziehen müßte, unter anderem zu den Vitzthum, zu den Grafen Taube und zu seinem bemerkenswerten Schwiegersohn Johann Caspar Grafen Bothmer, später Hannoverscher Premierminister.

Wie eine große Spinne liegt die absurde Aktivität der Generalin von Neitschütz über dem Ende eines Jahrhunderts, das dem Glauben und dem Aberglauben furchtbaren Blutzoll entrichtet hat. Altes steigt auf, wird zum Wahn und zum Verbrechen und braucht doch schon die legitime, natürliche Urkraft, wie sie nicht aus dem Verstand und der Intrige kommen kann, sondern nur aus der Liebe zwischen zwei jungen Menschen. Wohl nicht aus Edelmut und auch nicht aus Takt, sondern in der nüchternen Erkenntnis seiner Interessen verzichtet August der Starke auf die großen, blutigen Eingriffe, auf den Monsterprozeß vor aller Augen, einmal, weil ihm Geld wichtiger ist als die Rache für einen Tod, dem er den Thron verdankt, zum andern, weil er die Familien, die mit ihrem *Savoir-Faire* die Fäden in der Hand hielten, nicht alle auf einmal entbehren kann. Aber Sachsen scheint die Lektion verstanden zu haben; die schwarze Intrige aus dem nächtigen Weltverständnis des hinabgegangenen Jahrhunderts ist tot, ein neues Jahrhundert kommt verstandeskalt und nüchtern herauf. Was als Menschlichkeit und Größe Friedrich Augusts gelobt worden ist, das erscheint im Rückblick als ein erstaunlicher Beweis für frühe Einsichten eines jungen Fürsten: Sachsen, das kleine Vaterland, kann nur eine Basis abgeben für mehr und für Größeres. Diese Basis muß tragen; wie sauber sie ist, hat wenig zu besagen...

Es gab ein seltsames Schauspiel am Ende des siebzehnten Jahrhunderts, ein Schauspiel allerdings, das sich auf verschiedene Bühnen verteilte: Die Landesherren selbst, die von Gott über ihre Länder gesetzten Fürsten und Herzöge, schienen es in ihren doch recht ansehnlichen Wohnungen nicht auszuhalten. Sie setzten sich an die Spitze ihrer Truppen und kämpften bald im Westen, bald im Südosten und schließlich, wenn selbst dort Ruhe eingetreten war, gar im Norden unseres kleinen Erdteils. Es gab einen Markgrafen von Baden, der den Ehrennamen *der Türkenlouis* führte, weil er so todesmutig in die Schlachten gegangen war; es gab den tüchtigen Max Emanuel von Bayern, den selbst der Prinz Eugen als großes Feldherrntalent anerkannte; Max Emanuel, auch der *blaue Kurfürst* genannt, ließ eine wunderschöne junge Polin, die ihm angetraut war, ebenso allein wie eine nicht minder schöne französische Geliebte und kämpfte, wo immer sich Gelegenheit dazu bot. Und es gab schließlich unseren Friedrich August, Kurfürsten von Sachsen, dem der Kaiser gar den Oberbefehl über alle kaiserlichen Kriegsvölker anvertraute, weil der Bologneser Feldmarschall des Kaisers, der Graf Caprara, der großen Aufgabe einfach nicht gewachsen war. Diese Betrauung war eine späte Rechtfertigung für das Haus Wettin, denn schon Augusts Vater, Kurfürst Johann Georg III., hatte sich mit Caprara ganz und gar nicht vertragen und sich damit in bester Gesellschaft befunden. Der Mann nämlich, den Caprara auf den Tod nicht ausstehen konnte und dessen Hauptwidersacher er wurde, erwies sich schnell als der größte Feldherr seiner Zeit – Prinz Eugen von Savoyen. Wenige Jahre älter als Friedrich August, war auch er ein jüngerer Sohn; er hatte in Frankreich unter dem Vorurteil gelitten, dem seine schöne Mutter, die allzu lebenslustige Olympia Mancini, am Hof Ludwigs XIV. begegnete. Und als sie wegen einer Giftmordaffäre, in die sie vermutlich unschuldig hineingeraten war, früherer Freundschaft mit dem König wegen nur des Landes verwiesen wurde, da war

Eugen gerade sechzehn Jahre alt und im Grunde auch schon all seiner Hoffnungen ledig.

Dieser Eugen aus dem Hause Savoyen-Carignan, mit dem Blut der lebhaften Nichten des Kardinals Mazarin ausgestattet und mit dem Genie begabt, das so oft in jüngsten Kindern unversehens aufwacht, wurde das Schicksal des so ganz anders gearteten Friedrich August von Sachsen und in gewissem Sinn auch des sächsischen Volkes. Die beiden Soldaten kannten einander seit geraumer Zeit, sie waren gemeinsam vor König Sobieski von Polen erschienen und sie teilten auch die Meinungen über die Feldzüge im Südosten und den Grafen Caprara, der sich in seinem langen Feldherrnleben eigentlich nur vor der Festung Neuhäusel an der Neutra einigen Ruhm erworben hatte.

Dennoch hatte August zunächst wiederum Caprara an der Seite, man schätzte nämlich den Prinzen Eugen, obwohl er älter war als Friedrich August, noch als erheblich zu jung ein: ein Kurfürst durfte jung sein, selbst wenn er eine Armee kommandierte; ein militärisches Genie aus fürstlicher Familie, aber unbehaust und unansehnlich von Figur, mußte dagegen zurückstehen, auch wenn die Kundigen längst wußten, daß dieser Dreißigjährige dem österreichischen Kaisertum vom Himmel gesandt worden war, genau im richtigen Augenblick.

August, der den Türken einigen Respekt einflößte, konnte dennoch keine spektakulären Erfolge erzielen, sosehr er sich zu Hause auch bemüht hatte, achttausend Sachsen aus seinem braven Land herauszupressen. 1696 holte er ein letztes Aufgebot von noch einmal viertausend Mann zusammen, weil die reichen Verbündeten, nämlich Holland und England, ihm dafür nicht weniger als 400 000 Taler auf den Tisch legten. Das wäre ein simpler Schacher gewesen, wäre er zu Hause geblieben und hätte nur seine Landeskinder gegen die Türken geschickt. Um sich solche Vorwürfe zu ersparen, zog er auch 1696 wieder selbst mit und schlug sogar im August dieses blutigen Jahres eine große Schlacht an der Bega, einem Nebenfluß der Theiß.

Es gab viele Tote auf beiden Seiten, die Kaiserlichen aber

verloren zudem, was die Türken besonders gerne eroberten, nämlich Geschütze, und das warfen die zungenfertigen Generale aus Wien dem jungen sächsischen Kurfürsten vor. Gewiß, an seiner persönlichen Tapferkeit gebe es keinen Zweifel, er war überall zugleich und scheute nicht das feindliche Feuer. Aber am Abend vor der Schlacht, da habe er mit den Herren seiner Umgebung so wacker gezecht, daß ihm am nächsten Morgen der Schädel gebrummt habe, weswegen der Befehl zum Angriff eben im falschen Zeitpunkt gegeben worden sei.

Man wird es nicht mehr ergründen, und einige Jahrhunderte lang werden die Feldherren, die wie Napoleon oder Moltke stocknüchtern in die Schlacht gehen, weiterhin erhebliche Vorteile gegenüber jenen Haudegen erzielen, die dem ächten Manne auch das große Gelage vor dem Kampf zubilligen. Der Kaiser jedenfalls trug August nichts nach, ja er bot ihm sogar für die nächste Kampagne abermals den Oberbefehl an. August nahm an unter dem Vorbehalt, daß er nicht mehr Caprara neben sich habe, sondern einen zum Befehlshaber aufgerückten Prinzen Eugen oder, wenn gegen diesen etwas spräche, seinen Landsmann Anton Egon von Fürstenberg. Den Rest der Versöhnung besorgten die Wiener Damen, eine Comtesse Lemberg und einige andere, die weniger hochgeboren, aber ebenso wohlgestaltet waren, und Friedrich August, der sich mit dem ältesten Sohn des Kaisers angefreundet hatte, blieb in bester Laune einige Wochen an der Donau, bis der Winter von 1696 auf 1697 hereinbrach, der Winter der großen Entschlüsse.

Was uns an dieser ersten Phase von Augusts Regierungszeit so besticht, ja überrascht, ist die außerordentliche Schnelligkeit aller Entwicklungen. Im April 1694 ist er auf den Thron gelangt, sechsundzwanzig Monate später stirbt Jan III. Sobieski und August tritt zum Kampf um den polnischen Königsthron an. In dieser Spanne von wenig mehr als zwei Jahren begibt sich so gut wie alles, was man heute gemeinhin von August dem Starken noch weiß: der Prozeß gegen die Mutter der Gräfin Rochlitz, Zusammentreffen und Liebschaft mit der Gräfin von Königsmarck, wodurch August in die

Mordaffäre um den Grafen Königsmarck verwickelt wird, und die Neuordnung des Kurfürstentums, seiner Verwaltung, seiner Steuern und der Rolle des Adels in Sachsen.

Jeder dieser drei Punkte hätte einen mit normaler Tatkraft gesegneten Fürsten jener Zeit vollauf beschäftigt; Friedrich August, später August der Starke genannt, absolvierte das ganze erstaunliche Programm, obwohl ihn die Feldzüge gegen die Türken die meiste Zeit des Jahres von Dresden fernhielten. Und eben dadurch ergibt sich die Frage nach seinen Statthaltern in der sächsischen Metropole, die dort in seinem Sinn tätig wurden, wenn auch natürlich nicht bei der schönen Aurora Gräfin von Königsmarck: die behielt der Kurfürst seiner eigenen hohen Person vor.

Nach der Meinung der Zeit waren die Könige und regierenden Fürsten aus einem besonderen Stoff geschaffen, den der Herrgott ausschließlich für sie in Gebrauch nahm, eine ganz außerordentlich kostbare *Materi*, wie der Staatsrechtler Spattenbach dies 1668 in seiner *Politischen Philosophie* aller Welt verkündet hatte. »Das ist«, kommentiert Ernst Bloch aus der Distanz von dreihundert Jahren, »zweifellos eine wundersame Ergänzung zur Schöpfungsgeschichte, gleichsam eine Porzellanmanufaktur für Fürstenleiber statt des Erdenkloßes, woraus der gemeine Adam geschaffen.« Die Zeitgenossen hätten Friedrich August also durchaus all das zugetraut, was er im Geschwindschritt der ersten Jahre hinter sich brachte. Indes gibt es noch eine zweite, wesentlich näherliegende Erklärung für den Sturmangriff auf das alte Sachsen und seine Relikte, Schwächen und Nöte, nämlich die Rückkehr eines besonders hochgestellten brandenburgisch-preußischen Feldmarschalls nach Dresden in sein hohes Amt.

Dieser Mann war Hans Adam von Schöning, 1641 auf dem Familiengut Tamsel bei der Festung Küstrin zur Welt gekommen und nach diplomatischen Verwendungen seit 1665 einer der erfolgreichsten Heerführer in den Kriegen des Großen Kurfürsten. Mit 36 Jahren war er bereits Generalmajor, mit 43 Gouverneur von Berlin und Kommandeur der Kurfürstlich brandenburgischen Leibgarde. 1686 war er an der glorreichen Erstürmung der türkischen Festung Ofen (Budapest) beteiligt, und 1688/89 kommandierte er als Feldmarschalleutnant die brandenburgischen Truppen, die am Rhein gegen Frankreich standen. Hier kam es im August 1689 zu der entscheidenden Wendung in der bis dahin glänzenden Laufbahn Schönings. Man lag vor Bonn, die Situation war schwierig, weil die Franzosen im Besitz der Festung geschickt ausschwärmten und um ein Haar den Kurfürsten (Friedrich III., später als König von Preußen Friedrich I.) gefangengenommen hätten. Feldmarschall Schöning, als Oberkommandierender in der Suite seines Souverains, nahm nach kurzem Kampf die Verfolgung der Angreifer auf und trieb sie in die Festung zurück. Weitere Verwirrung schufen französische Truppenbewegungen bei Mainz, und der Kurfürst ordnete den General von Barfuß mit 6000 Mann dorthin ab. Noch ehe Barfuß dort eintreffen konnte, wurde Mainz genommen; Barfuß kehrte um und stieß wieder zu den Truppen vor Bonn, wobei er sich von Schöning vorwerfen lassen mußte, daß er sich und sein Detachement beim Oberkommandierenden abzumelden versäumt hatte. In dem Wortwechsel, der vor dem Zelt des Kurfürsten schnell an Lautstärke gewann, kam viel aufgestaute Eifersucht an die Oberfläche. Die beiden Offiziere waren schon über die Belagerung von Bonn, die Beschießung und die Angriffsrichtung entzweit gewesen, und schließlich zog der leicht aufbrausende Schöning den Degen. Der Kurfürst selbst mußte zwischen die Kampfhähne treten, die beide Arrest erhielten; Schöning jedoch wurde danach auf seine Güter verbannt und trat 1691 in die Dienste Kursachsens.

Als Berater der Kurfürsten versuchte der tief verletzte, ehrgeizige und energische Mann, Sachsen als Militärmacht gegen Preußen aufzubauen, womit er die Basis für die späteren militärischen Aktivitäten August des Starken legte. In seinem Bestreben, Preußen einzukreisen, schoß er jedoch über das Ziel hinaus und knüpfte Verbindungen mit Frankreich an, dem Gegner, den er vor Bonn bekämpft hatte. Damit hatte er sich in kaiserliche Kompetenzen gemengt, hatte Reichsinteressen geschädigt und war für Wien gefährlich geworden. In unbegreiflicher Sorglosigkeit begab er sich dennoch im Sommer 1692 in das böhmische Bad Teplitz, einen reizenden Ort, der bis 1918 vor allem sächsische Gäste hatte. Der Kaiser fackelte nicht lange: In der Nacht vom 3. auf den 4. Juli 1692 wurde der ehemals brandenburgische Feldmarschall im vollen Wortsinn gekidnappt und gefangengesetzt. Erst im August 1694 durfte er nach Sachsen zurückkehren, wo sein Landesherr Johann Georg IV. inzwischen gestorben war und ein junger, energischer Fürst die Regierung übernommen hatte.

Für Friedrich August kam Schöning gerade im rechten Augenblick. Da er zwei Jahre lang in Österreich in Haft gewesen war, konnte er an den Rochlitz-Händeln nicht beteiligt gewesen sein. Und als Preuße – die Schöning stammen aus Pommern – war er im sächsischen Adel und Hofleben weder verfilzt noch überhaupt im Besitz engerer Verbindungen. Er war also der Herkules, dessen Friedrich August bedurfte, um den Augiasstall zu reinigen, und es war nach einer Reihe glücklicher Ereignisse die erste negative Fügung, die sich August in den Weg stellte, daß Schöning erst fünfundfünfzigjährig Ende August 1696 in Dresden starb.

Über die beinahe triumphale Rückkehr an die Macht, die Schöning in Dresden zu verzeichnen hatte, berichtet der brandenburgische Gesandte Chwalkowski von Chalkowa in einem Geheimschreiben: »Sein Credit (d. h. sein Einfluß) ist seit vierzehn Tagen dergestalt gestiegen, daß alles vor ihm zittert und zaget und er ganz *absolute* in allem verfähret, und zwar hat er unter anderem durch die Intriguen der Königsmarckin, so den Churfürsten gantz possediret (= besitzt), es soweit gebracht, diejenigen, so ihm böse Dienste haben thun wollen und nicht Finesse und Adresse (= Geschicklichkeit) genug gehabt, es auf gute Manier zu bewerkstelligen, haben ihn vielmehr immer besser und fester bey seinem hohen Principal (d. h. dem Kurfürsten Friedrich August) gesetzet, da sie ihre Sachen *mal à propos* (d. h. im falschen Augenblick) vorgebracht und alle ihre Passiones (in diesem Fall: ihre Abneigung gegen Schöning) gezeiget haben.«

Zu dem sächsischen Kurfürsten und seinem preußischen Berater stieß, da die Sachsen allesamt diskreditiert waren, noch ein Balte, was niemanden verwundern wird, der die geselligen Talente dieses Stammes kennt. Er hieß Erich Theodor Freiherr von Rosen, hatte für Venedig gegen die Türken gekämpft und entstammte dem livländischen Zweig dieses Geschlechts. Und da die Königsmarck aus Schweden kamen, gewinnen seltsamerweise die nordischen Einflüsse an Boden in Sachsen, das in den nächsten Jahren keinen härteren Gegner haben wird als eben die Schweden.

Die schöne Frau zwischen diesen drei so unterschiedlichen Männern ist bis heute ein Begriff geblieben, leidtragende Schwester eines ermordeten Grafen, würdige Mutter jenes Marschalls von Sachsen, der des fünfzehnten Ludwig größter Feldherr wurde, Ahnfrau endlich der Dichterin George Sand. Wenn man mitschwingen läßt, was bei diesen Namen anklingt, Adrienne Lecouvreur etwa, die große Schauspielerin und schöne Geliebte des Marschalls, oder Frédéric Chopin, den Geliebten der George Sand, so schließt sich der schwedisch-sächsisch-polnisch-französische Kreis zu dem schönsten erotischen Märchen des alten Europa, in dem die Degenmänner tapsig herumtaumeln und die Frauen an den Fäden ziehen.

Der erste Krieger war der alte Königsmarck, im Dreißigjährigen Krieg zu beträchtlichem Vermögen gekommen, zunächst durch Plünderungen, später durch Dotationen, so daß er endlich als Grandseigneur auf seinem Schloß bei Stade lebte. Neben seiner schönen Tochter waren die beiden Söhne sein Stolz, prächtige Kavaliere, gut aussehend, kühn, Helden der Schlachtfelder und der Schlafgemächer, die sich letztlich als gefährlicher erweisen sollten. Der eine von ihnen, Karl Johann, hatte sich im Dienst der Malteserritter so tapfer geschlagen, daß er in diesen exklusiven Orden aufgenommen wurde – und zwar als erster Protestant. Als nun ganz Europa von seinen Heldentaten gegen den Glaubensfeind sprach, verfiel der fromme Ritter auf den Gedanken, seine schöne Geliebte, eine entzückende junge Engländerin, in Hosen zu stecken, um sie mit sich führen zu können. Die Reize der Kleinen waren allerdings so beschaffen, daß niemand durch das Pagenkostüm getäuscht wurde.

»Ich habe einen Grafen Königsmarck gekannt«, schreibt Liselotte an ihre Vertraute, die Markgräfin von Ansbach, »dem war eine junge englische Dame in Pagenhosen nachgelaufen. Er hatte sie bei sich zu Chambord, und weil kein Platz für ihn im Schlosse war, hatte er ein Zelt im Walde aufschlagen lassen und logierte darinnen. Ich hatte Curiosität, den Pagen zu sehen, und ritt zu seinem Zelte. Er rief den Pagen und präsentierte ihn mir. Ich habe in meinem Leben nichts Artigeres als das Mädchen in Pagenkleidung war, gesehen; sie hatte schöne, große braune Augen, ein artiges Näschen, einen schönen Mund voller schöner Zähne, denn sie lachte, wie sie mich sah; sie merkte wohl, daß der Graf mir alles erzählt hatte. Sie hatte ihre eigenen Haare, braune mit großen Bouklen. Wie er von Chambord wegzog und nach Italien reiste, kam die Wirtin in einem Wirtshause gelaufen und schrie: ›*Monsieur, courez vite la-haut, votre Page accouche!*‹« (Monsieur, gehen Sie schnell hinauf, Ihr Page bekommt ein Kind.)

Das war der eine Bruder der Aurora von Königsmarck, er sorgte für das Mädchen, das die hübsche Engländerin ihm geboren hatte, bis er, noch nicht dreißig Jahre alt, in Griechenland bei einer Belagerung einer Seuche zum Opfer fiel. Der andere, Philipp Christoph, war nach kurzer sächsischer Karriere und Kriegsdiensten gegen die Türken in Hannover in Liebeshändel verwickelt worden. Man sagte ihm eine Liaison mit Sophie Dorothee, der unglücklichen, später als Prinzessin von Ahlden bekannten Gemahlin des hannoverschen Erbprinzen nach, ja sogar einen gemeinsamen Fluchtplan, und sicherlich ist diese Beziehung die Ursache seines in den Einzelheiten bis heute ungeklärten Todes im Juli 1694. Der Erbprinz, dem Sophie Dorothee angetraut wurde, war ein kalter, verschlossener und geistig wenig regsamer junger Mann, der sich von vornherein darauf eingestellt hatte, seine schöne, zarte und hochgebildete Gemahlin zu ignorieren.

Königsmarck war im Statthalterschloß zu Stade zur Welt gekommen und hatte einige Jugendjahre als Junker am Hof von Celle zugebracht. Ob er schon damals etwas für das noch sehr junge Prinzeßchen Sophie Dorothee empfunden hatte, ist unbekannt. Sie aber scheint den schmucken Junker schon zu jener Zeit angeschwärmt zu haben, und als sich die Erbprinzessin und der Oberst nun nach Jahren wiedersahen, vermochte Sophie Dorothee ihre freudige Erregung nur schlecht zu verhehlen. Klatschsüchtige Hofdamen begannen eine weit zurückliegende Romanze zu vermuten, gegen die allerdings wenig einzuwenden gewesen wäre. Nur stand der Junker von damals nun als hochdekorierter Offizier inmitten einer Hofgesellschaft, in der sein Ruf als Herzensbrecher nicht unbekannt war.

Das Spiel der Damen hatte damit unversehens einen neuen Akzent erhalten: Es war an jenen kleinen Höfen wie in einem großen Salon. Man kannte sich schon allzugut, man wußte, was jeder zu sagen hatte, und aufregende Tage waren nur noch jene, in denen ein interessanter Neuling eingeführt wurde. Die Königsmarcks waren zwar erst im Dreißigjährigen Krieg zu größeren Ehren und beträchtlichem Reichtum gelangt, aber die beiden Marschälle der Familie und das Gerücht von großen schwedischen Besitzungen gab ihrem Auftreten, wohin immer sie kamen, die nötige Resonanz. Philipp Christoph und seine Geschwister – zwei Schwestern und der in Griechenland früh ums Leben gekommene Bruder – waren zudem mit so hohen geistigen Gaben und körperlichen Vorzügen ausgestattet, daß ihnen überall die Herzen zuflogen.

Soviel dies auch dem jungen Obristen schon geholfen hatte, in Hannover wurde es sein Verderben. Denn während er nur Augen für seine Jugendfreundin, die stille Erbprinzessin, hatte, war eine stolze Gräfin von Platen offensichtlich entschlossen, diesen allgemein begehrten Mann nicht an sich vorübergehen zu lassen. Königsmarck zierte sich nicht; auf eine Gräfin mehr oder weniger kam es in seinem Leben schließlich nicht an, und Sophie Dorothee hatte damit zu ihrer alten Feindin, der Kurfürstin Sophie, eine zweite erhalten. Gut war sie mit der Gräfin übrigens nie ausgekommen, ja auf einer gemeinsamen Italienreise hatte sich zwischen den beiden Schönen aus Hannover sogar ein vielbesprochener Auftritt ereignet. Die Platen hatte eine Anspielung auf Sophie

Dorothees uneheliche Geburt gemacht, und die Erbprinzessin hatte sich damit revanchiert, die Platen als Dienstleute zu bezeichnen, die man jederzeit entlassen könne.
Die schwelende Abneigung der beiden Frauen, die vielleicht auch um den Ruhm der Schönsten am Hof rivalisierten, bekam nun aktuelle Akzente. Die Platen hatte unschwer erkannt, daß sie für den Grafen Königsmarck nur ein Abenteuer sein und bleiben würde, vielleicht sogar nur ein höfliches Intermezzo; zwischen Königsmarck und Sophie Dorothee, aber ging es um mehr.

Wann die Platen, die einen kleinen Negerknaben als Spion beschäftigte, hinter diese Beziehung kam, läßt sich heute, da die wichtigsten Unterlagen verschwunden oder absichtlich vernichtet worden sind, nicht mehr genau sagen. Jedenfalls gab es vor dem großen Drama noch eine Atempause, die sprichwörtliche Ruhe vor dem Sturm.

Königsmarck war längere Zeit von Hannover abwesend gewesen. Er hatte in den kaiserlichen Armeen gegen die Türken gekämpft, auf der Rückreise aus dem Südosten Dresden besucht und sich vergewissert, daß er seinem Freund Friedrich August, dem Kurfürsten von Sachsen, als Offizier willkommen sein würde. Sein Besuch in Hannover sollte offiziell nur den Zweck haben, sein vor dem Feldzug zurückgelassenes Gepäck nach Dresden zu holen und sich zu verabschieden. Nur zwei Damen wußten es besser: Sophie Dorothee, die mit Königsmarck fliehen wollte, und die Gräfin Platen, die inzwischen so viele Briefe aus Sophie Dorotheens Privatschränkchen gelesen und wieder an ihren Platz gelegt hatte, daß ihr der Fluchtplan auf Tag und Stunde genau bekannt war.

Nun erst, da sie handeln mußte, weihte sie ihren Mann ein, aber zu ihrer Überraschung weigerte Platen sich, das üble Spiel mitzumachen. Einen Königsmarck zu verraten, den Schergen für seine doch nur eifersüchtige Gemahlin abzugeben, das war nichts für einen Platen. Die intrigante Gräfin an ihrem Vorhaben zu hindern, so weit ging er allerdings nicht – das hätte ihn nämlich all die schönen Hofämter kosten können, ja vielleicht hätte man einem Mitwisser der

Entführung den Kopf ähnlich prompt vor die Füße gelegt wie dem reichen Oberjägermeister von Moltke, der sich allzusehr um die Interessen einiger jüngerer Prinzen angenommen hatte.

In einer Julinacht des Jahres 1694 war es soweit. Eleonore von dem Knesebeck, aus alter märkischer Familie, war Sophie Dorotheens Ehrendame und ihre einzige Vertraute; sie half bei den letzten Vorbereitungen. Aber kurz nachdem Königsmarck heimlich das kurfürstliche Schloß betreten hatte, ließ sich die Gräfin Platen bei Ernst August melden.

Der gealterte Fürst, mitten in der Nacht geweckt, begriff nur langsam, geriet dann in fassungslose Wut und billigte alle Vorschläge der Platen. Was alles sie ihm in diesem Augenblick gesagt, ob sie ihm ihr ganzes Vorhaben entschleiert hatte, ist allerdings nie an den Tag gekommen. Daß sie Handlungsfreiheit erhalten haben mußte, zeigte sich freilich sehr schnell. Sophie Dorothee, die treue Knesebeck und der Graf Königsmarck wurden verhaftet. Während die Damen nur in sicherem Gewahrsam gehalten wurden, verschwand der Graf in dieser Nacht spurlos, und echte wie gefälschte Zeugnisse, Vermutungen und Gerüchte ließen für seinen Tod zunächst drei Möglichkeiten offen.

Am wahrscheinlichsten war, daß er bei seiner Festnahme den Degen zog und der Übermacht kämpfend erlag. Er war nicht der Mann, sich gefangenzugeben. Eine zweite Version lautete dahin, daß er eingekerkert und in seinem Verlies wenige Tage darauf getötet oder dem Verhungern überlassen wurde. Aber es gab auch Stimmen, die wissen wollen, daß die gekränkte, verschmähte Platen in ihrem Haß den Grafen foltern ließ, bis er starb. Wogegen allerdings sprach, daß dazu doch gewisse Zurichtungen und mehr Zeit nötig gewesen wären, als in diesen bewegten Tagen zur Verfügung standen; auch hätte diese Art des Todes kaum völlig unbemerkt bleiben können.

Da der Graf tatsächlich nicht mehr auftauchte, da alle Zeugen, die in jener Nacht irgend etwas bemerkt haben wollten, sofort durch Haft oder Ausweisung mundtot gemacht oder eingeschüchtert wurden und da auch die vertraute Freundin der Prinzessin, die Hofdame von dem Knesebeck, ins Gefängnis geworfen wurde, stand bald für alle Welt fest, daß hier sogar die Obrigkeit kein reines Gewissen habe. Darum machte sich knapp 240 Jahre nach dem Verschwinden des Grafen ein besonders fleißiger und kundiger Historiker erneut an die Arbeit, in den hannoverschen Archiven nach Hinweisen zu suchen. Denn wenn der Staat und die regierende Familie mit im Spiel waren, mußten solche Hinweise doch da oder dort auftauchen.

Dieser Unermüdliche war Professor Dr. Georg Schnath, der nach arbeitsreichen Jahren im Staatsarchiv Hannover den Göttinger Lehrstuhl für Landesgeschichte innehatte. Nur einem Archivdirektor konnte es gelingen, die zahllosen Zettel, Belege, Billetts und Notizen zu sichten und zu ordnen, die Licht in diese düstere Affäre bringen konnten. Der wichtigste Fund waren wohl die wenigen Zeilen, in denen sich die Kurprinzessin Sophie Dorothee selbst, in eigener Handschrift, über das Verschwinden des Geliebten äußert. Sie sind in französischer Sprache an den Geheimen Rat Albrecht Philipp von dem Bussche gerichtet und lauten auf deutsch: »Ich zittere bei dem Gedanken, daß der Graf K. sich in den Händen jener Dame – Sie wissen, welche ich meine – befinde und daß sein Leben in Gefahr sei. Warten wir eben einige Tage, bis wir Genaueres über das Schicksal des armen Grafen wissen; in dem Zustand, in dem ich mich befinde, kann ich ohnedies keinen klaren Gedanken fassen.« Reckten die Mörder noch im 20. Jahrhundert ihre Hände aus dem Grab? Das Billett, das Professor Schnath 1930 sah, in der Hand hielt und für echt erkannte, ist nämlich heute nicht mehr auffindbar. Vielleicht hat ein Sammler makabrer Kuriositäten, vielleicht aber auch ein um seine Vorfahrin und ihren Ruf besorgter Sproß des Hauses Platen die erschütternden Zeilen verschwinden lassen.

Dafür aber entgingen einige auf den ersten Blick kaum verdächtige Kassenbelege dem geheimnisvollen Zugriff des Vertuschers: Bestätigungen der hannoverschen Staatskasse aus dem Jahr 1694, denen zufolge Don Nicolò Montalban, ein geistlicher Hofmann aus Norditalien, dem Staat zwei Darlehen von zusammen 15 000 Talern gewährt hatte, wofür ihm die Zinsen ausbezahlt wurden. Anlagen dieser Art waren damals nicht selten: Man vertraute Ersparnisse der Staatskasse an und gewann damit den Lebensunterhalt in Form von Zinsen. Nachdenklich muß einen nur stimmen, daß jener Herr Montalban damals als ein Schuldenmacher übelster Sorte bekannt war, ein Monatseinkommen von nur 200 Talern bezog und selbst diese kleine Summe bei Behrend Lehmann, dem damaligen hannoverschen Hofjuden, auf vier Jahre hinaus verpfändet hatte. 15 000 Taler entsprachen dem Gehalt des Ministerpräsidenten für sieben Jahre, weswegen Professor Schnath jene Summe (schon nach Jahren) mit 360 000 DM umrechnet und daraus folgert: Montalban, den schon dänische Gesandtschaftsberichte und andere Quellen als Werkzeug der Platen bezeichneten und des Mordes verdächtigten, habe diese ungeheure Summe als Belohnung für die Beseitigung eines Mannes erhalten, der die Pläne der Regierung empfindlich stören und am Hof selbst nachhaltige Unruhe stiften konnte.

Die Form des Scheindarlehens, die auf den ersten Blick absonderlich wirkt, war ungemein geschickt gewählt. Damit vermied Hannover, daß der Mörder die Summe an sich nahm, in seine Heimat zurückkehrte und alles ausplauderte. Man bezahlte ihm nichts aus als die Zinsen. Solang er schwieg, erhielt er sie, man sparte und hatte ihn zudem an der kurzen Leine.

Nach dem Gesandtschaftsbericht im Kopenhagener Reichsarchiv waren es vier »Kavaliere«, die Königsmarck in jener Nacht auflauerten: die Herren Wilken von Klencke und Philipp Adam Freiherr von der Eltz, die an sich nichts gegen den Grafen hatten und nur einen Befehl ausführten, und die Herren Johann Christoph von Stubenvol und Graf Montalban, die wegen Beleidigungen von seiten Königsmarcks eine persönliche Rechnung mit ihm zu begleichen hatten und auch beglichen.

So ist, zwar mit einer Verspätung von fast einem Vierteljahrtausend, das Rätsel Königsmarck zumindest aktenmäßig doch noch gelöst worden. Ein Geständnis freilich hat es nie gegeben. Wir wissen, daß sogar Königsmarcks Schwester Aurora, die den Kurfürsten von Sachsen auf ihrer Seite hatte, keine Aufklärung, ja nicht einmal eine offizielle Todeserklärung des Grafen in Hannover erlangen konnte. Um so sicherer hingegen ist die Kunde von den weiteren Begebnissen. Sophie Dorothee war durch Briefe und Zeugen des Ehebruchs und des Fluchtvorhabens überführt. Ihre Ehe mit dem Erbprinzen wurde geschieden und sie selbst im väterlichen Herzogtum Celle in das alte Wasserschloß Ahlden gesetzt, das sie nie mehr verlassen durfte.

Von allen Menschen, die sie liebte, durfte nur ihre Mutter Eleonore d'Olbreuze zu ihr, und das Schicksal war doch nicht ganz erbarmungslos mit der Prinzessin: die Mutter starb nur vier Jahre vor der Tochter, so daß Sophie Dorothee während des größten Teils ihrer Haft den täglichen Brief aus Celle oder Lüneburg und die häufigen Besuche der Mutter erhielt. Ihre Kinder aber durfte sie nie mehr sehen, ihr Geliebter war tot, und ihr Vater, Herzog Georg Wilhelm, rührte unbegreiflicherweise keinen Finger für seine Tochter, sondern ließ sie in seinem eigenen Herrschaftsgebiet ihr Leben als Prinzessin von Ahlden, aber als Gefangene beenden.

Diese heute halbvergessene Tragödie vollzog sich nur scheinbar am Rand der Geschichte: Schon im nächsten Jahrhundert, dem achtzehnten, avancierten die Intrigen von Hannover in den Rang weltgeschichtlicher Ereignisse, denn der Erbprinz von Hannover, Sophie Dorothees ehemaliger Gatte, wurde als Georg I. König von England und Stifter einer neuen Dynastie. Der Sohn Sophie Dorothees und Ernst Augusts wurde mit dem Namen Georg II. ebenfalls König von England, und die Tochter, die auch Sophie Dorothee hieß, wurde die Gemahlin des Soldatenkönigs und Mutter Friedrichs des Großen. Die Gefangene von Ahlden hat allerdings den Aufstieg ihres Enkels zum größten König Preußens nicht mehr erlebt; sie starb im November 1726, als Friedrich noch ein junger Prinz war und zu mancher Sorge Anlaß gab.

Don Nicolò Graf Montalban, der sehr weltlich gesinnte Priester, Hofmann und Erzbösewicht dieser Geschichte, lebte nur sechs Monate länger als sein Opfer, der schöne Graf von Schweden. Dieser Umstand könnte uns versöhnen, er birgt aber ein neues Rätsel: Warum starb Montalban so bald, und wer trug an seinem Tod die Schuld? Da es sich hierbei aber um keinen edlen Toten und um keine tragische Liebesgeschichte handelt, hat man sich bisher mit diesem echten oder vermeintlichen Rätsel nur wenig beschäftigt.

Aurora von Königsmarck liebte ihre beiden Brüder sehr. Was sie aber vor allem nach Dresden trieb, war die Notwendigkeit, den Tod Philipp Christophs zu klären, da nach dem Ableben dieses letzten Grafen komplizierte Erbschaftsregelungen beginnen mußten. Die Königsmarck waren in ihrer Heimat nicht sonderlich begütert, hatten aber durch die kriegerischen Leistungen zweier Feldmarschälle aus ihrem Mannesstamm bedeutende, nur ziemlich verstreute Besitzungen in Schweden und Norddeutschland. August, der den verschwundenen Königsmarck gut gekannt hatte, sollte in Hannover zumindest erreichen, daß man den Tod des Grafen offiziell bekanntgab. Aber die deutschen Fürsten hatten auch um 1700 noch nicht die Desinvoltura der Renaissance-Italiener, die sich zynisch zu ihren Morden bekannten, und so erlangte Friedrich August I. trotz allen Drängens keine verbindliche Auskunft.

Allerdings interessierte ihn, den Tatsachenmenschen, die lebende Gräfin sehr viel mehr als der tote Graf, und so begann er allerlei in Szene zu setzen, was ihr die Wartezeit verkürzen sollte.

Die Gräfin hat als lange Zeit schön gebliebene Frau ihr Geburtsjahr so erfolgreich verschleiert, daß nur der ungalante »alte Meyer«, das in allen genealogischen Fragen unübertreffliche große Lexikon, sie bei jener Dresdner Demarche schon als Dreißigerin bezeichnet. Freundlichere Schätzungen messen ihr sechsundzwanzig Jahre zu, und sicher ist, daß sie, Tochter eines Königsmarck und einer Wrangel, eine jener sieghaften Schönheiten war, denen die Jahre lange Zeit nichts anhaben können. Einer ihrer Bewunderer schildert sie mit der Emphase der Zeit erst, nachdem er seine Indiskretion entschuldigt hat:

»Es zeugt nicht eben von gutem Geschmack... die Reize eines schönen Gesichts herzuerzählen; dennoch müssen wir bemerken, daß ihr Auge von einem in Deutschland und im Norden überhaupt seltenen Schnitt, lang und ziemlich weit gespalten, das Email vom reinsten, schönsten Weiß war, und der Stern in jenem braunen Lichte schimmerte, das am meisten geeignet ist, die Süßigkeiten einer zärtlichen Seele in sich aufzunehmen, ohne dabei dem Strahl des Geistes Eintrag zu tun... Die Nase war schön geformt, der Mund graziös und unendlich beredt, in jeder Wendung durch neue Reize überraschend... Ihr Haar war von einem gewissen Blond, das man lange nach ihr ›Schwedisch Blond‹ nannte, obgleich gerade in Schweden diese Farbe selten vorkommt...«

Mit größerer Sicherheit als ihre äußere Erscheinung sind uns ihre Geistesgaben bekannt, denn während alle Worte uns eine hohe nordische Erscheinung schildern, der Kupferstich von Schenk aber eine sogenannte pikante Brünette, ist das Urteil über Geist, Bildung und Begabung der Gräfin durchaus einhellig. Als Gouverneur von Bremen hatte einer der Marschälle Königsmarck ein Schloß bei Stade erworben, wo Aurora aufwuchs. Ihre Begabung für Sprachen war auffallend; sie lernte mühelos und beherrschte während ihres ganzen Lebens Deutsch, Französisch, Schwedisch, Italienisch und Latein, schrieb Dramoletts und Singspiele, war Mitglied der *Fruchtbringenden Gesellschaft*, der zeitweise auch Opitz und Logau angehört hatten, komponierte kleine Stücke, spielte virtuos Viola da Gamba und hatte einen so köstlichen und erfrischenden Briefstil zumindest im Französischen, daß zweifellos auch ihre Memoiren berühmt geworden wären – sie hatten nur, ganz wie die Casanovas, das unverdiente Schicksal, auf einem Speicher zu verstauben. Aber während die Lebensgeschichte des Venezianers dann doch gerettet wurde, gingen die Aufzeichnungen der Aurora von Königsmarck bei einem Hausabbruch zugrunde.

Trotz aller Gaben, die man auch Friedrich August I. nachrühmt, war Aurora nicht nur ihm, sondern auch seinem Hof zweifellos überlegen. Sie hatte, als sie in Dresden eintraf, bereits Verehrer in ganz Deutschland. Zwei Herzöge legten ihr abwechselnd in Briefen ihre Liebe zu Füßen, und man konnte sie mit Recht eine Frau von Welt nennen, vielleicht auch eine Abenteurerin großen Stils; jedenfalls hatte sie das Format jener Damen des *grand siècle*, die gemeinhin größeren Höfen als dem von Dresden Glanz und Bedeutung verliehen.

Diese Überlegenheit erklärt ihr sicheres Auftreten in Dresden, wo sie sogleich die Freundschaft gerade jener gewann, die ihre natürlichen Gegenspieler waren: der Mutter und der Gemahlin des Fürsten. Nie griff sie an, nie verletzte sie, nie verlangte sie etwas für sich, und diese Kunst der Menschenbehandlung rechtfertigt vielleicht noch deutlicher als ihre unbestreitbaren Geistesgaben Voltaires etwas überraschendes Urteil, Aurora von Königsmarck sei die bemerkenswerteste Frau zweier Jahrhunderte.

Diese echte Aristokratin, deren Vornehmheit aus den Adelstraditionen Schwedens und Deutschlands herkommt, trat einem Fürsten gegenüber, der zwar Silberteller rollen und Eisenrohre mit zwei Fingern aufheben konnte, im übrigen aber mehr Courage als Conduite zeigte, wie die unübertreffliche Liselotte von der Pfalz ihm bescheinigt.

Die Art, in der Friedrich August sich Aurora von Königsmarck näherte und sie schließlich eroberte, scheint dieses Urteil zu bestätigen, denn August benahm sich absolut nicht wie ein Kavalier, der sich um eine Dame bemüht, sondern manövrierte sie – da sie ihrer Erbschaftsinteressen wegen ja nicht kurzerhand abreisen konnte – in eine Situation, in der er wohl oder übel triumphieren mußte.

Pöllnitz hat uns in seinem oft ausgeschriebenen und immer wieder neuaufgelegten Bericht über das galante Sachsen die Tage von Moritzburg mit so vielen Einzelheiten geschildert, daß man ihm im Wesentlichen wohl glauben darf. Merkwürdig ist nur, daß er standhaft behauptet, Aurora sei von ihrer Schwester, einer Gräfin Löwenhaupt, begleitet gewesen, für deren Anwesenheit in Dresden und Moritzburg sich sonst keine Belege finden lassen.

August war erst wenige Wochen zuvor von einer sehr jungen, aber kapriziösen und anspruchsvollen Mätresse freigekommen, von Eleonore von Kessel, die ihm die entsetzlichsten Auseinandersetzungen mit Gattin und Mutter eingetragen hatte. Des Gezänks müde, schwor er ingrimmig, sich fortan nur noch der niederen Minne zu widmen und begab sich, um diesen Vorsatz wahr zu machen, gleich zwei Wochen lang auf die Leipziger Herbstmesse. Als er nach Dresden zurückkehrte, fand er dort aber Aurora von Königsmarck. Der stets zu allem bereite ewige Unterhändler Beichling ebnete die Wege zu der Schönen, und kurze Zeit darauf begannen die Maskeraden von Moritzburg.

Gemahlin Eberhardine mit dem langen Gesicht und die Fürstinmutter wurden nicht eingeweiht; sie blieben zunächst ahnungslos in Dresden. Auch eine Base Auroras, eine Gräfin Steenbock, die unentwegt zur Zurückhaltung und zur Tugend gemahnt hatte, wurde vorsichtshalber gar nicht erst nach Moritzburg eingeladen. Im übrigen aber fehlte niemand von der vergnügungssüchtigen Gesellschaft, die der junge Kurfürst um sich gesammelt hatte.

Als Aurora und ihre Schwester im Wagen vor Schloß Moritzburg anlangten, wurden sie schon von einer Schar Nymphen empfangen, deren Führerin als Diana gekleidet war, wenn man die schleierleichten Gewänder als Kleider bezeichnen wollte. Diana hielt eine zierliche Ansprache, in der auf das Schloß angespielt wurde, das im Volksmund den zweiten Namen Dianenburg führt, und auf Aurora, die Göttin der Morgenröte. Darauf folgte die Bewirtung in dem großen, mit galanten Gemälden stimulierend dekorierten Saal, den kurz vor Beginn des Mahles auch August als Gott Pan mit seinem Gefolge von Satyrn betreten hatte.

Nach improvisierter Hirschjagd und Gondelfahrt fand sich Aurora auf einer Insel des Schloßteichs in einem Haremszelt neben dem Sultan, der niemand anderer war als Gott Pan. Nach diesen überdeutlichen Verkleidungen als Waldgott und Haremsbesitzer hielt August weitere Umschweife nicht mehr für nötig und ging beim Abendessen dann sehr direkt vor: Aurora fand an ihrem Platz an der Tafel ein Diadem von solcher Kostbarkeit, daß über die Absichten des Gebers keine Zweifel mehr walten konnten. Noch während des Tanzes verließ das Paar die Gesellschaft, die so tat, als bemerkte sie nichts. Tags darauf aber wußte ganz Dresden, daß August der Starke eine neue Mätresse habe.

Die vierzehn Moritzburger Tage und Nächte mögen trotz beträchtlicher Strapazen die schönste Zeit dieser kurzen und heftigen Beziehung gewesen sein. Aurora war bei aller Klugheit keine Intrigantin und unfähig, August mit Listen zu halten. Vor allem aber war sie zu fein und zu feinnervig, sich allen Herrscherlaunen zu beugen. Sie war für ihn daher bald nicht mehr als eben eine schöne Frau, die er schon besessen hatte. Als ein weiterer Grund für das verhältnismäßig baldige Ende dieser Liaison bietet sich das gute Verhältnis an, in dem Aurora zur Gemahlin des Kurfürsten stand. Obwohl Mätresse, wurde sie die Freundin der Gekränkten und hob sich damit deutlich von dem weiblichen Gelichter ab, das den Kurfürsten umgarnte, um ihn gegen seine Frau und seine Mutter ausspielen zu können. »Ich kann nun nicht mehr unglücklich sein, eine Rivalin zu haben«, soll die Fürstin eines Tages von der Gräfin Königsmarck gesagt haben, »denn sie ist wirklich eine Dame.«

Immerhin geriet die Dame, neun Monate nach den Winterfreuden von Moritzburg, in die prekäre Lage, ein Kind heimlich zur Welt bringen zu müssen. Warum dafür die alte Kaiserstadt Goslar gewählt wurde, ist bis heute niemandem klargeworden, und am geheimnisvollsten gebärdete sich der lutherische Pastor, der in die Kirchenbücher nur eintrug:

»Heute, den 28. Oktober, wurde einer vornehmen und hochgeborenen Dame im Hause des Heinrich Christoph Winkel ein Kind männlichen Geschlechts geboren und auf den Namen Moritz getauft.«

Später scheint noch der Name Hermann hinzugekommen zu sein, und Moritz Hermann Graf von Sachsen, späterer Marschall von Sachsen und *Maréchal de France*, wurde als Arminius-Maurice de Saxe einer der glänzendsten Feldherren seiner Zeit. Er brach unzählige Frauenherzen, entzückte die Empfindsamen durch seine Liebschaft mit der Schauspielerin Adrienne Lecouvreur und beendete sein Leben nach sehr viel Kriegsruhm schließlich als Mann von Kultur und Mittelpunkt eines Musenhofes wie Johann Matthias von der Schulenburg, wie der Prinz Eugen und einige wenige andere Feldherren von höherem als Schulbuchrang; er starb in Chambord, einem der schönsten Loireschlösser (eben jenem, in dessen Park sein Onkel Königsmarck mit der jungen Engländerin kampiert hatte), umgeben von Frauen, Büchern, Hunden und sehr viel gutem Wein. Seine Urenkelin, ein spätes Reis am Abenteurerstamm der Königsmarck, ist die Dichterin George Sand...

Aurora selbst war freilich noch nicht soweit. Sie hatte nach dieser Geburt die schwierige Aufgabe vor sich, einen Rückzug anzutreten, in dem sie das Gesicht wahrte. Dazu gehörte zunächst, das in Dresden wie in Paris üblich gewordene Verfahren der Verheiratung abgetretener Mätressen zu umgehen. Eine Königsmarck kroch nicht bei irgendeinem dieser sächselnden Barone unter, nur weil August bereit war, eine dicke Mitgift herauszurücken. Sie bat ihn um ihre Einsetzung als Äbtissin in Quedlinburg, sobald die alte Dame, die diese sehr angesehene Position innehatte, das Zeitliche gesegnet haben würde.

Immer wieder erinnert Aurora an die Montespan, die auch zunächst die Königin der Feste war, in denen sie sich dem König ergab und, als es für sie Abend wurde, Zuflucht in jener Abtei suchte, deren fürstlich geehrte Äbtissin ihre Schwester war. Aurora hatte es nicht so leicht, denn August war eben doch kein Sonnenkönig, mochte er es sich auch immer wieder zum Ziel gesetzt haben. Noch ehe die Nachfolge in Quedlinburg bindend abgesprochen war, mußte er Stadt und Umland an Preußen verkaufen, denn der Dresdner Hof und die ehrgeizigen Ziele Augusts verschlangen große Summen.

Aurora hatte zwar auch in Preußen viele Freunde, aber die Lage hatte sich dadurch doch sehr verschlechtert, denn August war schließlich der einzige gewesen, der an ihrer Schwangerschaft und heimlichen Geburt keinen Anstoß nehmen durfte. »Der Verkauf von Quedlinburg ist eine abgemachte Sache«, schrieb Auroras Schwester, die Gräfin Löwenhaupt, in einem Brief vom 15. 1. 1698, »und der Äbtissin durch einen brandenburgischen Gesandten bekanntgemacht... Die arme Fürstin nimmt daran großes Ärgernis und protestiert in allen Formen wider diesen unerhörten Handel... Sie mag nun immerhin schreien, sie ist mit ihrem ganzen Kapitel verkauft. Am meisten bringt es sie auf, daß ein Jude (Augusts Bankier Lehmann) das Geschäft gemacht hat. Meine Schwester ist in den Vertrag mit aufgenommen, und der Kurfürst von Brandenburg hat ihr sehr verbindlich die Versicherung gemacht, daß er sie in ihren Rechten schützen und ihre Wahl eifriger als von hier (d. h. Dresden) aus geschehen, unterstützen wolle.«

Aber der neue Herr galt noch nicht viel bei den vornehmen Damen von Quedlinburg, und Aurora, die für das Gelübde der Keuschheit ja doch etwas weit gegangen war, mußte sich mit dem Rang einer Pröpstin begnügen.

Unter den vielen Ehen, die ihr alte und neue Verehrer antrugen, scheint sie, zumindest in dieser bedrängten Lage, eine als immerhin möglich angesehen zu haben: die Verbindung mit dem verwitweten Herzog Christian-Ulrich von Württemberg-Öls. Andernfalls hätte sie kaum ihre Schuldenlast um weitere 10 000 Taler vermehrt, um das Rittergut Wilksen bei Öls zu erwerben, das gerade zum Verkauf stand. Da Aurora wenig Lust hatte, sich in dem kleinen schlesischen Fürstentum zu vergraben, stieß sie das Gut einige Jahre später wieder ab.

Übrigens blieb sie auch nicht in Quedlinburg, als die Nähe anderer Mätressen den Aufenthalt in Dresden unmöglich machte. Sie fiel zurück in das ein wenig zu bewegte Leben, das sie vor ihrer Verbindung mit August dem Starken geführt hatte. Sie war, wenn sie ihn traf, immer noch freundlich und liebenswürdig – selbst gegen ihre Nachfolgerin, die Gräfin Esterle von Chodau, obwohl diese eine verheiratete Frau war und erst um 1700 geschieden wurde. Aber man wird, wenn man das Leben Auroras verfolgt, doch den Eindruck nicht los, daß es mehr als die alte Königsmarckische Unruhe war, was sie von einer Stadt zur anderen trieb und keinen Hafen, nicht einmal die traurige Resignation einer Vernunftehe, finden ließ.

Vorwände, ja selbst Gründe zu diesen Reisen gab es mehr

als genug: die immer noch unerledigten oder neuerlich komplizierten Vermögensverhältnisse der Königsmarck, die frühe und unglückliche Heirat ihres Sohnes, seine Versuche, den Thron von Kurland zu gewinnen und andere Kabalen.

Von Preußens König immer wieder an ihre Quedlinburger Pflichten gemahnt, setzte sie sich schließlich, zu Jahren und Leibesumfang gekommen, im alten Städtchen Quedlinburg als Pröpstin zur Ruhe. Sie schrieb weiterhin ihre wunderbaren Briefe, verfaßte die leider verlorengegangenen Memoiren, pflegte Musik und machte auch noch ein bißchen Schulden.

1727 erkrankte sie, und in der Nacht vom 15. auf den 16. Februar 1728 ging es mit ihr zu Ende. Daß sie an ihrem Leben noch sehr gehangen hätte, ist nicht anzunehmen, es war für sie mit der Schönheit dahin, und sie machte sich aus den verordneten Medikamenten weit weniger als aus ihren kosmetischen Utensilien.

Die wenigen nach ihrem Tod eintreffenden Verwandten enteilten schneller, als sie gekommen, als sich herausstellte, der Nachlaß bestehe nur aus einer großen, veralteten Garderobe, einigen Noten und ganzen 52 Talern, zuwenig also, um die Begräbniskosten zu decken.

Für Sachsen, ja für ganz Deutschland begann mit der Erscheinung der Gräfin Aurora von Königsmarck ein neuer Abschnitt in der Entwicklung der Hofsitten. Man begann auch östlich des Rheins sich mit der Erscheinung der Mätressen vertraut zu machen und zu begreifen, daß diese Frauen nicht von vornherein als Hexen anzusehen seien. Noch im Fall Rochlitz waren zumindest die Untertanen des Kurfürsten überzeugt gewesen, ihr armer Landesvater sei eben das Opfer einer besonders raffinierten Zauberintrige geworden. Gegenüber der Gräfin Königsmarck waren solche Argumente nicht mehr anzubringen. Sie lebte, auch nachdem die Gräfin Esterle von Chodau ihre Nachfolge angetreten hatte, mit der größten Selbstverständlichkeit weiter in Dresden, verließ die Hauptstadt, wenn sie sich nach Quedlinburg, Berlin oder Stade begeben wollte, kehrte aber zurück, sooft es ihr paßte.

Sie verkehrte weiter mit allen Damen des Hofes und war unverwandt höflich und liebenswürdig, ob sie nun Gräfinnen, Prinzessinnen, Fürstinnen oder Schauspielerinnen in der Gunst des Monarchen antraf.

Die Königsmarck war keine Hexe, sie war nicht einmal eine jener dirnenhaften Intrigantinnen, wie sie sich gelegentlich im Gefolge deutscher Fürsten gezeigt hatten, sie war eine Hofdame, die eine Phase ihrer Existenz in besonderer Intimität mit dem Herrscher zugebracht hatte, punktum. Und statt der Hexenriecherei von Professor Carpzow und Genossen pries man nun die aufgeklärte Weisheit dreier Herren von der juristischen Fakultät der Universität Halle, die gemeinsam zu folgendem Schluß in Sachen Mätressen gekommen waren:

»Das Odium in Concubinas muß bei großen Fürsten und Herren cessieren, indem diese den *legibus privatorum poenalibus* nicht unterworfen (sind), sondern allein Gott von ihren Handlungen Rechenschaft geben müssen, hiernächst eine Concubina etwas von dem Splendeur ihres Amanten zu überkommen scheint.« Das Gutachten der Professoren Thomasius, Gundling und von Ludewig, mehr höflich als stichhaltig, sagte also im Wesentlichen nur *quod licet jovi, non licet bovi,* und Jupiter war es auch, mit dem man den armen Grafen Esterle, Kammerherrn Seiner Apostolischen Majestät in Wien, allgemein tröstete, als er eines Morgens August den Starken in den Armen der schönen Gräfin gefunden hatte. Die beiden hatten verschlafen...

Mit der Wiener Gräfin, die unter dem Namen Lamberg bekannter wurde, begann dann der lange Mätressenreigen, der August nicht viel weniger kostete als sein polnisches Abenteuer, ihm aber sicherlich mehr Vergnügen bereitete. Dennoch werfen ihm alle Historiker die Mätressen vor und finden es durchaus natürlich, daß dürftigen Erbfolge-Ansprüchen zuliebe an die dreizehn Millionen Taler an Bestechungsgeldern und Kriegskosten aufgewendet wurden, die keinem anderen als dem eo ipso sinnlosen Bestreben dienten, dem polnischen Volk einen fremden Monarchen aufzuzwingen. So viel Geld und Blut fließen zu lassen, ohne mehr zu erringen als einen Titel, den die Sachsen ja doch nicht behalten konnten, war zweifellos weniger sinnvoll, als einem hochbegabten Musikus wie Johann Adolf Hasse sechstausend Taler jährlichen Gehalts zu bezahlen, sich die beste italienische Oper in deutschen Landen zu leisten und einen sehenswerten Karneval zu inszenieren.

Aber Kraftnaturen hassen eben die Beschränkung. August der Starke scheint sich tatsächlich als ein spätgeborener Renaissancemensch gefühlt zu haben, und da war es mit Opern und Mätressen allein, mit all dem liebenswürdig-unschuldigen höfischen Auftrumpfen nicht getan, da mußten Länder und Kronen errungen werden und der Kurfürst sich auch als Feldherr beweisen!

In unserem zwanzigsten und angeblich so schnellebigen Jahrhundert ist eines doch erstaunlich stabil – die Verteilung der politisch-militärischen Macht. Die zwei großen Blöcke, die sich 1945 gebildet haben, beherrschen auch vier Jahrzehnte später das Weltbild, und eine Änderung ist nicht abzusehen. Darum ist es für uns schwer vorstellbar, wie in ihrem Rahmen bedeutende Mächte an der Wende des siebzehnten zum achtzehnten Jahrhundert binnen weniger Jahre immer wieder wechselnde Bündnisse eingingen und die politisch-militärische Situation in Europa gleichsam über Nacht veränderten. Und da dies in Zeiten geschah, da die Nachrichtenübermittlung ebenso schleppend vor sich ging wie etwa die Bewegungen von Heeresteilen oder gar ganzen Armeen, ergab sich ein verblüffendes Mißverhältnis zwischen der faktischen Trägheit der wirklichen Macht und dem erstaunlich beweglich, bedenkenlos und meist heimlich agierenden diplomatischen Korps.

Das muß man wissen, wenn man Aufstieg und Regierung des Feldherrn Johann Sobieski beurteilen will, der als Jan III. von 1674 bis 1696 über Polen herrschte. Er war 1629 zur Welt gekommen, aus einer Sippe mit starken kriegerischen Traditionen geboren. Der berühmte Feldherr Stanislaw Zolkiewski war einer seiner Urgroßväter, Jakub Sobieski, sein Vater, hatte als Woiwode von Rotreußen (etwa dem späteren Galizien entsprechend) eine politisch-militärisch ungemein verantwortungsvolle Position inngehabt und als Kastellan von Krakau einen der ehrenvollsten Posten, den das Königreich zu vergeben hatte.

Sobieski hatte in Kriegen, die uns im einzelnen nicht mehr zu beschäftigen brauchen, Feldherrentalente und Führungsqualitäten bewiesen, nicht das umstürzende Genie, aber Härte, Tüchtigkeit, Sachkenntnis und beweglichen Verstand. Ein stärkerer Geist, ein Mann mit echter Herrschaftsambition, hätte in jenen bewegten Zeiten Polen zur Großmacht machen können. Das gelang Sobieski nicht, weil Preußen den Großen Kurfürsten hatte, Schweden seine starken Positionen aus dem Dreißigjährigen Krieg zäh verteidigte und die Türken als Bundesgenossen nicht zu gebrauchen waren, trotz ihrer ungeheuren, bis tief in den europäischen Mittel- und Mittelostraum vordringenden Militärmaschinerie.

Eine gewisse zweckdienliche Primitivität, selbstmörderischer Mut und große Entschlossenheit hatten Sobieski zum erfolgreichsten Feldherrn in allen Tataren- und vor allem Türkenkämpfen gemacht, und als er 1665, erst einunddreißig Jahre alt, Krongroßmarschall wurde, sah Polen in ihm einen Stern aufgehen, der das Schicksal dieses zwischen überlegenen Mächten stets bedrängten Landes zum Guten wenden konnte. Diese Hoffnungen haben sich weitgehend, aber doch nicht vollständig erfüllt. Sobieski siegte zwar am 11. November 1673 in der mörderischen Schlacht bei Chotin über ein türkisches Heer, das dort den Übergang über den Fluß Dnjestr zu erzwingen suchte. Die polnische Macht reichte also sicher und schlagkräftig bis nach Bessarabien. Ein zweiter Sieg über die bis Lemberg vorgedrungenen Türken sah Sobieski bereits als König, er war 1674 mit französischer Hilfe zum König gewählt worden und lehnte sich fortan auch stark an das glanzvolle, wenn auch ferne Reich des Sonnenkönigs an. Seine Frau, eine Tochter des Marquis d'Arquien, war fünfzehn Jahre jünger als Sobieski und hing noch mit allen Sympathien an Frankreich, was sie nicht hinderte, gelegentlich mit dem polnischen Adel gegen den eigenen Gatten zu konspirieren. Während Sobieski sie jedoch zärtlich Marysienka nannte, womit ihre komplizierten Vornamen Maria-Kazimiera glücklich zusammengezogen erscheinen, strafte Ludwig XIV. die ehrgeizige Dame aus dem Hause La Grange-d'Arquien ihrer Meinung nach mit Nichtbeachtung. Das und Ludwigs Bündnis mit dem schnell erstarkenden Brandenburg-Preußen trieben Sobieski schließlich in die Arme Habsburgs, eben rechtzeitig, um im September 1683 mit einem starken polnischen Kontingent entscheidend zur Befreiung Wiens von den Türken beizutragen.

Wenn jemand die Türken, die bekanntlich ihr ganzes Raubgut stets im Troß mitschleppten, so oft geschlagen hatte wie Sobieski, durfte man sicher sein, daß er seine eigene Schatztruhe nicht leer gelassen hatte. Sobieski galt als einer der reichsten Herrscher Europas, und das hatte den Ausschlag gegeben, als Max Emanuel von Bayern, dem blauen Kurfürsten, die erste Frau starb und er eine zweite suchte. Da ihm die erste nicht sonderlich gefallen hatte, sollte die zweite nicht nur reich, sondern auch jung und hübsch sein. Die Räte in Brüssel, wo Max Emanuel als Kaiserlicher Statthalter der Niederlande residierte, hatten ihre liebe Not mit diesen Wünschen des hochverschuldeten und erotisch hochaktiven Kurfürsten, brachten aber doch schließlich nicht weniger als siebenundfünfzig (!) Damen von Stand und Vermögen aus regierenden Häusern zusammen, eine beträchtliche Auswahl also, wie sie heutigen Potentaten kaum mehr geboten wird. Nach Aussonderung einer hübschen Sächsin, die den Makel des falschen Glaubens hatte, und einiger anderer Damen, die auf der politischen Bühne zu wenig einbrachten, blieb Sobieskis temperamentvolle und außerordentlich hübsche Tochter Teresa übrig, die eine ungeheure Mitgift verhieß und erhebliche Freuden in den allerprivatesten Bereichen.

Durch diese eben erst zustande gekommene Ehe war der kriegerische und ehrgeizige Kurfürst von Bayern einer der ersten Anwärter auf den polnischen Thron geworden, als Sobieski am 17. Juni 1696 in Willanow, seiner Sommerresidenz unweit Warschau, zweiundsiebzigjährig starb. Ein weiterer Thronbewerber kam aus Frankreich, nämlich Prince François-Louis de Conti, der sich auf Feldzügen in Ungarn und den Niederlanden solchen Ruhm erworben hatte, daß man in ihm einen neuen Sobieski vermutete und ein Teil des polnischen Adels unter der Führung des polnischen Primas Radziejowski diesen Prinzen zum König von Polen proklamierte. Das war im Juni 1697, und die Wahl galt als entschieden, da der dritte mächtige Kandidat um die Königswürde, der Kurfürst von Sachsen, ja Protestant war und darum den meisten Polen als nicht tragbar erschien.

Aber Sachsen war wesentlich näher an Polen als Frankreich, und Friedrich August konnte allerlei unternehmen, wovon man in Paris zunächst gar nichts zu erfahren brauchte. Er hatte mit dem Kaiser wieder anknüpfen können, trotz gewisser Verärgerungen aus den letzten Feldzügen gegen die Türken. Er hatte angeboten, was jedem Habsburger freundlich in den Ohren klang – nämlich ein katholischer Fürst zu werden, und danach hatte der Kaiser eigentlich kaum eine andere Möglichkeit gehabt, als Friedrich Augusts Kandidatur zu unterstützen, brach damit doch Sachsen, die Heimat Martin Luthers, aus der protestantischen Front aus und wurde mit dem erzkatholischen Polen zumindest in einer Personalunion vereinigt. Und der Prince de Conti, der hätte ganz im Gegensatz dazu eine starke französische Klammer um Deutschland geschaffen, als ein Dauerverbündeter des ohnedies angriffslustigen Sonnenkönigs, was im schlecht geschützten Osten des Reiches, im Bereich der großen Ebenen, doppelt gefährlich geworden wäre.

Augusts Bewerbung war also nicht eigentlich sächsische Politik, sondern kaiserliche, aber vor allem war sie wohl seine persönliche Chance oder doch das, was er für eine Chance hielt. Wäre der kluge Schöning nicht am 28. August 1696 gestorben, der einzige ehrliche Berater, den der Sachsenfürst in dieser Zeit hatte, so hätte sich Friedrich August vermutlich auf eine innerdeutsche Expansion konzentriert. Schönings sicherer militärischer Blick mußte die unlösbare Aufgabe einer Großraumpolitik im Osten erkennen. Friedrich August hingegen sah wohl nur die Königswürde, nach der zu dieser Zeit eingestandenermaßen zwei weitere deutsche Fürsten verlangten: der Kurfürst von Brandenburg, der zu Beginn des

Jahres 1696 Friedrich August ganz offen zugegeben hatte, daß er sich zum König in Preußen erheben lassen wolle, und des Kaisers Liebling, der elegante Max Emanuel von Bayern. Die Braunschweig-Lüneburger Linie des Hauses Hannover hatte soeben die Kurwürde erlangt – trotz der Königsmarckschen Blutschuld, so kleine Zwischenfälle spielten schon damals keine Rolle –, und Friedrich August, zwei Jahre zuvor noch ein hoffnungsloser Prinz mit guter Gesundheit, aber sonst nichts, empfand plötzlich den Druck der großen Woge, die ihn emportragen konnte, jenen einzigartigen Rausch, wie er den Erfolg begleitet.

Angesichts einer so imposanten Körperlichkeit, wie sie dieser Fürst auf die Waage brachte, hat man sich mit seiner Psyche bis heute niemals eingehender beschäftigt. Darum liegt auch im Dunkeln, wie dieser große, ja lebenswendende Entschluß reifte, der dem großen Genießer das Leben versalzen und das schöne Deutschland schließlich den trockenen Preußen ausliefern sollte. War es die schöne Gräfin aus Stade, die das zuwege brachte, was Christiane Eberhardine trotz ehrfurchtgebietender Doppelkinnansätze nicht gelungen war, nämlich das sogenannte Große in diesem sinnlichen Rundkopf zu wecken? Auf seinen Jugendbildnissen sieht er nicht unbedeutend, aber ein wenig harmlos aus, so wie ein eleganter Sportsmann, von dem man durchaus zu Unrecht politischen Weitblick oder hochfliegende Ideen erwartet. Die Büste von Guillaume Coustou dem Älteren (1678–1746) scheint uns das treffendste aller Bildnisse zu sein, vielleicht, weil der nur wenig jüngere Bildhauer aus der berühmten Lyoneser Familie auf den Apparat der Staatsporträts verzichtet und der Mensch August dominiert, mit guter Stirn, einem bereits ein wenig skeptischen Blick und um den Mund der gleichwohl genießerische Zug, der zum Leben sagt *Merci quand même*.

Die Eindrücke der zwei Italienreisen, vor allem aber die plötzliche Öffnung des eigenen Lebens ins Große fanden in diesem Königstraum nun ihre Fortsetzung. Es hatte doch so herrlich begonnen. Der Glücksstern war über ihm aufgegangen, diesem Stiergeborenen der dritten Dekade, der die

Venus über sich wußte und den hilfreichen Jupiter unter den Schwingen spürte – so oder ähnlich mögen seine Hofastrologen, die nun freilich christlichere Bezeichnungen führten, es ihm ins Ohr geraunt haben. Und die nächsten, die zärtlicher und nicht minder wirkungsvoll schmeichelten, das war die elegante Wiener Gräfin Lamberg, das war aber wohl auch die kühle Schönheit mit dem schicksalsträchtigen Namen, Aurora von Königsmarck, die in diesem Fürstenleben tatsächlich aufgegangen war wie eine Morgenröte und die ihre noch wenig strapazierten Reize nur einem hinbreitete, der zum König berufen war.

War er das? Vielleicht hätte er gezweifelt, wäre im nahen Preußen noch eine Kraftnatur wie der Große Kurfürst am Werk gewesen; aber der war ja nun dem sanfteren, ebenfalls kunstsinnigen und ins eigene Ich verliebten Friedrich III. gewichen, und was man aus Brüssel oder auch München über Max Emanuel hörte, seine polnische Gemahlin, seine wunderschöne, aber bürgerliche Mätresse, die Kinder, welche die Damen etwa gleichzeitig zur Welt brachten, das war doch von den Begebenheiten in Dresden nicht allzu verschieden. Und vor allem mußte man bedenken, um welchen Thron es ging und wessen Nachfolger er werden wollte. Kam es nicht für dieses dürftige Volk im Osten und dessen geldgierigen Adel einem Kompliment, ja einer Erhebung gleich, wenn sich ein Prinz mit Bourbonenblut wie Conti und ein Kurfürst aus dem alten askanischen Stamm um einen Thron bewarben, der schließlich nicht erblich besetzt, sondern im Wahlgeschrei und somit nach einigen Runden mehr oder minder kunstvoller Bestechung vergeben wurde?

Diese Überlegungen, das waren nun die Einflüsterungen von der dritten Art. Sie hatten weder Astrologen noch Beischläferinnen zum Urheber, sondern den Mephisto in diesem faustischen Reigen, genannt Jakob Heinrich von Flemming, Neffe des brandenburgischen Feldmarschalls gleichen Namens und selbst in britischen und brandenburgischen Diensten erfahren, was damals keineswegs als unehrenhaft galt: da der Informationsfluß nocht recht zäh, stockend und obendrein dürftig war, gab es auch für die Offiziere kaum eine andere Bildungsmöglichkeit, als in verschiedenen Armeen Dienst zu tun. Vor allem aber beschleunigte dies das Avancement. Man konnte bei einiger Geschicklichkeit und dank der Differenzen zwischen den nationalen Dienstgraden über die Grenze wechselnd eine Stufe überspringen. Flemming also war in Augusts Schicksalsjahr erst neunundzwanzig Jahre alt, aber schon Oberst, und was in diesem Fall mehr bedeutete: er hatte sich als Gattin nicht irgendein landfreiherrliches Jungfräulein gewählt, sondern eine junge Witwe mit den allerbesten Verbindungen, eine Radziwill aus jenem polnisch-litauischen Adelsgeschlecht, das an Macht, Geltung, Reichtum und Gefolge selbst mit einem Sobieski wetteifern konnte. Über Konstantia Radziwillowa lief Flemmings wichtige Beziehung zum polnischen Krongroßschatzmeister Przebendowski, dem Kastellan von Kulm.

Da der polnische Adel niemals einig gewesen war, genügte es durchaus, daß eine Reihe von Familien sich um den Primas und dessen Kandidaten Conti scharte: damit war bereits der Grundstein für eine oppositionelle Gruppierung gelegt, die nur einen Kristallisationspunkt gebraucht hatte. Friedrich Augusts Kandidatur kam also keineswegs ungelegen, denn der einzige erwähnenswerte polnische Thronbewerber, der ungeschlachte Sobieski-Sohn Jakub, hatte gegen den groß auftrumpfenden Prince de Conti von vornherein keine Chance.

Im Grundgesetz des Königreiches Polen stand freilich ein Satz, der Augusts Berater Flemming mehr Kopfzerbrechen bereitete als dem Kurfürsten selbst; er enthielt nämlich die Forderung, »daß zu ewigen Zeiten kein anderer als welcher der römisch-katholischen Kirche zugetan sei, zu einem König von Polen erwählt werden solle«.

Dieser Satz war denkwürdig und für das Jahrhundert der großen Glaubenskriege gewiß unumstößlich, vor allem aber auch dadurch unantastbar geworden, daß Polen viel Blut geopfert hatte, um die Türken im Osten und Südosten zu schlagen. Schließlich waren auch die Zeiten noch nicht allzufern, da in Litauen die alten Heidengötter und ihr Hexenanhang verehrt wurden, so daß Polens Katholizität zugleich

Polens Kultur und Zugehörigkeit zur europäischen Völkerfamilie bedeutete, weil sie Mohammedaner und Mongolen, die schwedischen Lutheraner und die Flurgötter der Randvölker gleichermaßen aus den Reichsgrenzen wies. Flemming, als wackerer Brandenburger, mochte seine Zweifel gehabt haben, ob ein sächsischer Kurfürst, aus jenem Land, das dem Protestantismus so eng anhing, daß selbst die helvetisch-hugenottische Spielart verfolgt wurde, sich nun gar in die Arme des römischen Erzfeinds werfen würde. August selbst schwieg sich zu diesem heiklen Punkt auffallend lange aus, vielleicht gerade, weil es für ihn selbst vom ersten Augenblick an keine Zweifel gegeben hatte und weil er das nur scheinbare Opfer in seinem Wert steigern wollte.

Die Wettiner nämlich hatten, wir haben es erfahren, schon seit Generationen ihren Ärger nicht mit dem Glauben, der paßte ihnen recht wohl, aber mit den Herren Theologen. Spener, die Carpzows und die kleineren Geister hatten nämlich dem jungen Protestantismus die Spanischen Stiefel angezogen, hatten ihm eine Form zu geben gesucht, weil für den Inhalt ja Luther selbst reichlich genug gesorgt hatte. Dieser große Mann und seine großzügige Natur waren mit dem sechzehnten Jahrhundert hinabgegangen. Das siebzehnte nun, das war für die Lutheraner die Phase des Erstarrens und Erkaltens, der Festigung und der Kodifizierung, und die Kämpfe, die zwischen den verschiedenen Lagern des Protestantismus ausgetragen wurden, erinnern in ihrer wütenden Intoleranz ein wenig an das Zeitalter der Gnosis, als spätantike und nachjüdische Philosophie gemeinsam das Christentum schufen. Die Fürsten waren in diesem Prozeß eigentlich nur störende Fremdkörper, der Protestantismus war auf sie keineswegs vorbereitet und hatte keine Erfahrung im Umgang mit ihnen, während die katholische Kirche gerade dieses Kapitel ihrer Existenz in nunmehr fünfzehn Jahrhunderten bewunderswert kultiviert hatte.

Schon Friedrich Augusts Großvater und Vater hatten ihren Ärger mit Professoren und Hofpredigern gehabt, man hatte bei Johann Georg III. von heimlichem Übertritt gemunkelt, und daß er Spener nach Berlin geschickt hatte, war schließlich offenkundig. Johann Georg IV. nun war vermutlich gemeinsam mit seiner schönen Mätresse, der Gräfin Rochlitz, innerlich sehr nahe an den Katholizismus herangekommen, wenn auch den Übertritt nur sie vollzogen hatte. Friedrich August war also zumindest nicht strikt und unmißverständlich lutherisch aufgezogen worden, er hatte die Zweifel und Diskussionen in der kurfürstlichen Familie schon in jungen Jahren mitangehört und einzig dem bescheidenen, menschlichen und toleranten Spener eine gewisse Verehrung entgegengebracht, sich über die versteckten Zensuren eines Carpzow aber erheblich geärgert, als er sie beim Begräbnis Johann Georgs IV. stundenlang mitanhören mußte. Mithin war er vielleicht noch nicht neutral, als die Notwendigkeit zum Übertritt an ihn herantrat, aber doch im Ganzen gesehen eher distanziert, was alle Glaubensdinge betraf. Das hat einer seiner klügsten Beurteiler mit einer den Zeitgenossen noch nicht anzuratenden Schärfe herausgearbeitet, nämlich der Erzähler und Publizist Johann Freiherr von Loën (1694–1776), unsterblich als Goethes Großoheim (der er durch seine Verschwägerung mit Goethes mütterlicher Familie, den Textor, tatsächlich war). Dieser Weltmann und Toleranzapostel, im ersten Regierungsjahr Augusts geboren und den Monarchen mit dem scharfen Blick eines Hallenser Studenten beobachtend, schreibt zu diesem Problem:

»August, sagt man, habe die Religion verändert. Ich würde es zugeben, wenn ich gewiß wüßte, daß er zuvor eine gehabt hätte. Es ist bekannt, daß er von Jugend auf ein kleiner Freigeist war, der nichts mehr glaubte, als was viele unserer Fürstenkinder insgeheim zu glauben pflegen: nämlich, daß ein Gott im Himmel sei, sie aber als Fürsten auf Erden tun könnten, was sie wollten. August hatte demnach, als er zu der römischen Kirche überging, eigentlich noch keine Religion; man kann also nicht von ihm sagen, daß er die seinige verändert (= gewechselt) hätte; er nahm nur zum Scheine eine an.«

Wie Loën dachte diese ferne Zeit freilich nicht. Der reiche Frankfurter *homme de lettres*, durch das Erbe nach einem Bruder noch viel reicher geworden, stand über dem Zank und war in seiner Vornehmheit maßlos verblüfft, als er mit seinen Episteln für die Toleranz auf wütende Professoren-Repliken stieß. Das trieb ihn schließlich aus der angeblich so freien Reichsstadt ins angeblich so straff geführte Preußen, wo er sich ein Leben lang mit dem großen Friedrich prächtig verstand. Durch die protestantische Welt jener Jahrhundertwende freilich ging ein entsetztes Aufstöhnen: Nach der abgrundtiefen Schlechtigkeit Johann Georgs IV., der sich eine Mätresse gehalten, kam nun die noch abscheulichere Tat des Nachfolgers, der Übertritt eines regierenden Monarchen zum Katholizismus. Begreiflich war die Bestürzung immerhin, war doch der Grundsatz aus dem Westfälischen Frieden noch nicht außer Kraft gesetzt, der da besagte, daß der Landesherr die Religion seiner Landeskinder zu bestimmen habe, was bei einigem fürstlichen Fanatismus – wie zum Beispiel wenig später in Salzburg – furchtbares Unglück über ein Volk bringen konnte.

Andererseits spielte in dem verhältnismäßig spät christianisierten polnischen Volk der römische Katholizismus eine ungeheure Rolle, die stärkste, die ihm irgendwo außerhalb der romanischen Sprachfamilien zugefallen ist. Wir erleben es heute noch, und ganz Europa erlebte es an jener Wende zum Jahrhundert der Aufklärung: Dem kleinen polnischen Volk, das im Grunde sehr wenige Rechte hatte und Volksvertretungen, die nicht das Volk, sondern Cliquen vertraten, dieses aus seinen Gefühlen und Ängsten lebende Volk hatte keinen anderen Halt als die Religion, und für sehr viele war sie auch der einzige Besitz. Wer immer die polnischen Verhältnisse kannte, mußte Friedrich August sagen, daß er als Protestant sein Geld sparen könnte – er würde keine Chance haben.

Der Übertritt vollzog sich nicht in Wien, wo die Diplomaten aller Länder akkreditiert waren und Späher aller Parteien mit Nachrichten handelten, sondern in dem verschwiegenen Badeort Baden, am Rand des Wienerwalds, eine Reitstunde vor den Stadtgrenzen gelegen. In einem Gasthausgarten mit einem Pater promenierend, empfing der Kurfürst Unterweisungen in jener Religion, die ja schon verschiedenen Mitgliedern seiner Familie zur Versuchung geworden war, und legte am 1. Juni 1697 in der Kaiserlichen Hofkapelle der kleinen Kurstadt sein katholisches Glaubensbekenntnis ab – vor den Ohren eines Vetters, wie das bei hohen Herrn damals so war: irgendeiner in der Familie gelangte immer auf einen Bischofstuhl oder wurde gar Kardinal. In diesem Fall handelte es sich um Christian-August von Sachsen-Zeitz, Bischof des nahen Donaustädtchens Raab, der mit diesem Entgegenkommen für den glücklicheren Vetter höchst weltliche Hoffnungen verband. Er wollte nämlich, war August erst König von Polen, das verlassene Sachsen als Statthalter regieren und träumte bereits von dem Tag, an dem er die kleine alte Festung zwischen den Dämmen, deren größtes Ereignis die Pferdemärkte waren, mit dem Glanz von Dresden vertauschen könnte.

Der erste Junitag war der letztmögliche für den Übertritt: Auf dem großen Wahlfeld zwischen Warschau und Wola waren schon die ersten Adeligen aus den weiter entfernten Teilen Polens eingetroffen und hatten ihre Zelte aufgeschlagen, wobei die Frauen und Töchter oft in der Stadt Warschau Wohnung nahmen, bei Verwandten oder in Klöstern, deren Vorsteher man kannte. Flemming und sein Schwager, der Krongroßschatzmeister Przebendowski, waren hier bereits an der Arbeit, und als August in Baden bei Wien endlich die Bestätigung über den erfolgten Übertritt in Händen hielt, mußte sie eilends vom päpstlichen Internuntius zu Wien gegengezeichnet und vervielfältigt werden. Die kostbaren Handzettel brachte ein Kurier in halsbrecherischen Ritten nach Warschau, damit auch der dortige Nuntius sein Signum geben könne, und doch wäre beinahe alles vergeblich gewesen: Bei der Vorwahl am 25. Juni erhielt nämlich Frankreichs Kandidat, der katholische Prinz Conti, beinahe zwei Drittel aller Stimmen!

Flemming und sein Schwager hatten nur noch einen einzigen Tag Zeit, dieses Verhältnis umzukehren oder wenigstens eindrucksvoll zu verändern. Wola ist der Vorort, der Warschau im Westen, also an der von der Weichsel abgewandten

Seite vorgelagert ist; am östlichen Weichselufer liegt Praga. Heute verbaut, vor hundert Jahren militärisches Terrain mit Schanzen, war der Raum zwischen Warschau und Wola in jenem Sommer des Jahres 1697 ein weites Feld und dennoch der eigentliche Mittelpunkt des polnischen Königreiches. In einer Zeit beschränkter Kommunikationsmöglichkeiten wurde die Königswahl, so selten sie auch stattfand, zum größten Fest der Polen, zum festlich begangenen Treffen der Familien und Sippen aus allen Teilen der Nation von den Litauern bis zu den Ruthenen, von den Weißrussen bis zu den Grenzen Schlesiens. Daß ein neuer König gewählt werden sollte, blieb natürlich das Hauptereignis für das Volk im Ganzen. Die einzelne Sippe jedoch erledigte bei solchen Gelegenheiten Dinge, die ihr mindestens ebenso wichtig, wenn nicht wichtiger waren: man traf sich mit Freunden und Verwandten, man schob Söhne und Töchter einander entgegen, besprach Verlöbnisse und Heiraten, schacherte um Erbverträge, schloß private Allianzen. Menschen und Zelte, Pferde, Wagen und Haustiere waren auf dem ungeheuren Wahlfeld versammelt und boten ein Bild, das dem Besucher aus den westlichen Monarchien höchst ungewohnt sein mußte. Streng genommen befand man sich in Polen auch nicht in einer Monarchie, sondern in einer Adelsrepublik, die sich ihren Präses aus den eigenen Reihen wählte, einen Wahlkönig als Oberhaupt, nicht mehr. Und eben, weil sich die Herrschaft des Volkes auch schon in diesem Wahlakt erschöpfte und vorher wie nachher nur auf dem Papier stand, wurde der ganze Vorgang, die Anreise, das Treffen, die Wahl und die Heimkehr, zu einem gewaltigen Fest. Es minderte die Festesfreude nicht, daß die verschiedenen Bewerber Truppen in Bereitschaft hielten, um dem Wahlglück bei Bedarf ein wenig nachzuhelfen: Friedrich August hatte in der nahen Lausitz achttausend Mann einsatzbereiter Truppen zusammengezogen, mit Marschgepäck, Munition und Proviant versehen und wartete nur auf das Signal, sich notfalls mit Gewalt über einen ungünstigen oder unentschiedenen Wahlausgang hinwegzusetzen.

Inzwischen freilich arbeiteten seine Emissäre in Warschau

mit den traditionellen und noch als friedlich geltenden Mitteln der Bestechung und des Betrunkenmachens. Beim Volk und beim kleinen Adel war dies nicht allzu schwierig: ein blinkender Taler und ein Krug Branntwein sicherten die Stimme für den nächsten Tag, da mochten noch so viele gedungene Schreier durch die Zeltreihen rennen und den Lutheraner, den Ketzer aus Sachsen beschimpfen. Schwieriger war es beim Militär. Da taten zwei prächtig aussehende Kompanien Samogiten wahre Wunder, wie sie die Radziwill auf den litauischen Kastellen unterhielten, aber auch 40 000 Taler im letzten Augenblick eintreffender Barmittel, die der kaiserliche Gesandte, aber auch Brandenburg und sogar Venedig zugeschossen hatten. Dies wirkte sich vor allem auf die Anhänger des Jakub Sobieski aus, die für den Königssohn gestimmt hatten, aber nun mit fliegenden Fahnen zu August übergingen, aus Trotz: Wenn schon nicht Jakub Sobieski, so sollte auch nicht der Prinz Conti König von Polen werden.

Die mächtigen Sippenhäupter waren natürlich schwerer zu gewinnen, was heißt: hier mußten größere Mittel fließen und Zugeständnisse gemacht werden, die weder Flemming noch August in diesem Augenblick zu beurteilen vermochten, so wie ihnen ja auch die tieferen Ursachen der polnischen Traditions-Zwiste verborgen blieben. Da der Radziwill-Klan sich für August entschieden hatte, war es klar, daß seine Hauptrivalen in Litauen, die mächtigen Sapieha, treu an der Seite des Prinzen Conti standen. Ähnliche Klüfte zogen sich kreuz und quer durch ganz Polen; aber wer, der nicht in diesem Adel lebte, sein Schicksal teilte und seine Verflechtungen kannte, wollte all dies im entscheidenden Augenblick im Kopf haben?

Wir haben es heute viel leichter. Wir ziehen die Bilanz und stellen fest, daß Friedrich August mit diesem Engagement zwar dem Kaiser gedient und auch den Brandenburgern einen Dienst erwiesen, daß er aber die eigentliche Chance seines Lebens dabei verspielt hatte. Um den Wahlfeldzug und das militärische Abenteuer Polen zu finanzieren, hatte August der Starke wichtigste Territorien und Rechte in der Heimat für immer abgegeben: Der größte Brocken war (Sachsen-)Lauenburg, am rechten Elbufer zwischen Hamburg und mecklenburgischem Gebiet gelegen, von Dänemark, Brandenburg, Braunschweig und anderen beansprucht. Statt sich mit ihnen allen anzulegen, verkaufte Friedrich August seine Rechte an diesem wichtigen meernahen Gebiet an Braunschweig für 1,1 Millionen Taler, vielleicht auch nur für eine runde Million, die Quellen nennen beide Summen. Nach der Kaufkraft-Umrechnung wären dies 12 bis 13 Millionen DM; da das Geld aber knapp war und die Volkswirtschaften noch nicht annähernd soviel produzierten wie heute, muß man den Erlös wohl höher veranschlagen.

Tiefer in private Bereiche schnitten die Veräußerungen der Erbvogtei Quedlinburg, der Reichsvogtei Nordhausen und einiger Ämter, zu denen 1698 noch das Amt Petersberg bei Halle kam: Auf dem Petersberg war 1124 das Stammkloster der Wettiner gegründet worden, die Abtei bestand zwar zu Friedrich Augusts Zeiten schon nicht mehr, aber seine Vorfahren ruhten noch dort. Brandenburg bezahlte für den Berg 13 Kilometer von Halle mit den dazugehörenden Ländereien den hohen Preis von 400 000 Talern. Da dies alles noch nicht reichte – ein Historiker des vergangenen Jahrhunderts spricht vom *Schlund der sarmatischen Unersättlichkeit* – drängte Friedrich August in Wien auf die Bezahlung der noch ausstehenden Subsidiengelder aus dem französischen Feldzug.

Damit waren die offiziellen Geldquellen vollständig ausgeschöpft, der ungeheure Geldbedarf des leichtlebigen und schlecht wirtschaftenden polnischen Adels jedoch noch keineswegs gestillt. Offenbar dachten sich die Herren an der Weichsel, August II., König von Polen, werde schon Möglichkeiten finden, sich die großen Bestechungssummen irgendwie zurückzuholen, schließlich war ja auch Sobieski als reicher Mann gestorben. Aber diese Zukunftschancen halfen im Augenblick noch recht wenig, und Friedrich August mußte sich die dunklen Geldquellen der Zeit erschließen, das heißt er mußte zu den Juden gehen und zu den Jesuiten. Während das Gerücht, Friedrich August habe den Familienschmuck der Wettiner bei den Wiener Jesuiten verpfändet, doch recht abenteuerlich klingt und man sich die Realisierung dieser Transaktion in angeblicher Millionenhöhe nur schwer vorstellen kann, ist die Mitwirkung eines der größten jüdischen Finanziers der Zeit verhältnismäßig gut bezeugt. Es handelt sich um Isachar Halevi Bermann, geboren 1661 in Halberstadt, der nach einigen wirtschaftlichen Erfolgen und nachdem er sich den Höfen in Hannover, Dessau, Braunschweig und vor allem Dresden angenehm gemacht hatte, seinen Namen in Behrend Lehmann ändern durfte. Lehmann, der später als ›polnischer Resident‹ bezeichnet wird, also das Niederlassungsrecht im nunmehr von August II. regierten Polen erhalten hatte, mußte schon vor der Wahl ausgezeichnete Verbindungen zum polnischen Adel besessen haben, der ja besonders geldbedürftig war, aber auch zum polnischen Judentum, das ja nicht durchwegs mit jener armen galizischen Dorfbevölkerung gleichzusetzen ist, die uns Karl Emil Franzos und Joseph Roth als gottergeben und einflußlos schildern. Was Lehmann an dem großen Abenteuer lockte, war zweierlei: einmal konnten seine schlechten polnischen Schuldverschreibungen, die unter einem Sobieski als uneinbringlich gelten mußten, in bessere sächsische umgetauscht werden, zum andern aber bot ein ihm vertraut verbundener Monarch wie Friedrich August von Sachsen als König August II. von Polen die große Chance, das Schicksal der Juden in Polen erheblich zu bessern, und das tat dringend not.

Seit den mittelalterlichen Judenverfolgungen am Rhein war es nämlich vor allem Osteuropa gewesen, wo sich die großen Judengemeinden allerlei Drangsalen ausgesetzt sahen. Um die Mitte des siebzehnten Jahrhunderts kam es zu einer Reihe von Verfolgungsaktionen, von denen einzig das Gemetzel von Nemirow (1648) noch gelegentlich erwähnt wird. Kosaken und Tataren waren in der Ostukraine zu Raubzügen aufgebrochen, hatten sich bis nach Ostpolen hinein gewagt und hier, als König Wladislaw IV. von Polen plötzlich starb, das Interregnum zu Plünderungszügen von fürchterlicher Grausamkeit ausgenützt. Während die Tataren vor allem jene Juden am Leben ließen, die sich ihnen ergaben und sie nach Konstantinopel verschifften, wo die reichen Glaubensgenossen sie dann loskaufen konnten, hatten die Kosaken in ihrem Blutrausch nichts anderes im Sinn als die Vernichtung der großen Judengemeinden des ganzen östlichen Polen. Wenn man auch nicht verallgemeinern darf, was der Chronist und teilweise Augenzeuge Nathan Hannover berichtet, weil eben die herausragenden Greueltaten sich im Gedächtnis länger erhalten als das Gemeinschicksal, so steht doch fest, daß damals mindestens sechs-, vermutlich aber zehntausend Juden auf polnischem Boden einfach abgeschlachtet wurden. Man weiß aber auch, daß viele Juden Schulter an Schulter mit den schwachen polnischen Garnisonen der kleinen Städte heldenhaft gegen Kosaken und Tataren kämpften, bis die anstürmende Übermacht siegte.

Lehmann war damals zwar noch nicht auf der Welt, aber da das ganze europäische Judentum ja stets zusammenhielt, da selbst in Amsterdam Gelder gesammelt wurden, um den Tataren gefangene Juden abzukaufen, hatte man in seinem Elternhaus in Halberstadt ganz bestimmt davon gesprochen und die vielen Episoden erzählt, die sich Nathan Hannover eingeprägt hatten: die jungen Jüdinnen, denen niemand ans Leben wollte, weil sie zu schön waren, die aber ins Wasser sprangen, statt sich taufen zu lassen, oder die den Kosaken einredeten, sie seien kugelfest (was die abergläubischen Reiter einer Jüdin ohne weiteres abnahmen), um unter den Kugeln einen schnellen Tod zu finden.

Sieben Jahre später brachen Russen und Schweden zugleich ins vielgeplagte Polen ein, und es war nur der Raum zwischen Litauen und Weißrußland, wo ein Radziwill Truppen genug zur Verfügung hatte, um die Städte und damit auch die Juden einigermaßen zu schützen. Im übrigen Polen hatten die Juden unter der schwedischen Besatzung zwar nicht zu leiden, sondern nur hohe Kriegsentschädigungen zu bezahlen. Das wurde ihnen, als König Jan Kasimir zur Befreiung seines Landes ansetzte, als Kollaboration mit dem Gegner ausgelegt, und nun metzelten die Polen jene Juden nieder, die den Kosaken und Tataren entgangen waren. Von dieser Verfolgung waren einzelne Städte mit besonders alten und großen Judengemeinden betroffen wie etwa Kalisch,

Posen oder auch Gnesen, Lissa, Leszno und Lenczyka. »Mit dem ganzen polnischen Reiche tritt nunmehr auch die polnische Judenheit aus der Phase ihres frühen in die ihres späten Mittelalters, in eine Periode der Mißgeschicke und des erbitterten Kampfes ums Dasein. Seit dieser Zeit zeigt Polen in immer ausgeprägterer Form die bedenklichsten Wesenszüge mittelalterlicher Staatlichkeit: neben grenzenlosem kirchlichen Fanatismus und seiner Begleiterscheinung, dem rohesten Aberglauben, die endlosen, den Staat unterwühlenden Zwistigkeiten« (Dubnow VII). Es kam, wie immer, wo Menschen verzweifeln, zum vertieften und aktivierten Glauben in Gestalt des Messianismus, also der Überzeugung, daß dieses elende Leben bald zu Ende sein und das Volk der Juden dem wiedergekehrten Messias ins Gelobte Land folgen werde.

Erst Jan III. Sobieski hatte Autorität genug gehabt, um mehr als der eine oder andere Adelige, mehr als die Radziwill oder Potocki für die Juden zu tun. Er hatte als obersten Zolleinnehmer den Juden Bezalel bestellt, der Sepharde Emmanuel ben Jona war sein Leibarzt, und bei Zusammenstößen, die sich zwischen Juden und Jesuiten in Krakau und Wilna ergaben, erwies sich die Obrigkeit nun als objektiv. All das war in dem Augenblick gefährdet, als Sobieski starb, und es ging für die großen und reichen Juden wie Lehmann nun darum, sich den neuen Herrn von vornherein deutlich zu verpflichten. August II. würde dem polnischen Adel Zugeständnisse machen müssen. Es war lebenswichtig, zu verhindern, daß es Zugeständnisse zu Lasten der Juden wurden.

Der Einsatz eines Behrend Lehmann auf dem großen Wahlfeld bei Warschau, das Zusammenwirken der jüdischen Geldleute von Mitteldeutschland mit den Juden Wiens und Polens kennzeichnet besser als manches Kanzleigerücht die Bedeutung des Augenblicks. Polen sollte endlich einen Herrscher erhalten, der seinem Wesen nach nicht mehr ein Hetman war, sondern aus einer der alten zentraleuropäischen Fürstenfamilien stammte. Vielleicht gelang es in diesem Übergang und mit Hilfe eines starken Mannes, große Menschengruppen in Polen, die Masse der Unterdrückten und Rechtlosen, in eine bessere Zukunft zu führen.

DER ERSTE UND DER ZWEITE

Friedrich I. August wurde als August II. König von Polen, und es gibt in der neueren Geschichte wohl wenige Ereignisse, die uns die Nachbarschaft von Tragödie und Komödie, von bitter-blutigem Geschehen und lächerlich-absurden Inszenierungen so deutlich vor Augen führen wie das, was sich zwischen 1697 und 1703 in und um Polen begab. Und das Schlußwort zu den krausen Peripetien sprach just 1703 der kaiserliche Feldmarschall Fürst Montecucculi in seinen Memoiren, in denen er als Ratio den Satz variierte, daß zum Kriegführen vor allem Geld gehöre, Geld und nochmals Geld.

August dem Starken brauchte dies freilich niemand zu sagen, er erfuhr es leidvoll am eigenen Leibe, und wenn er in diesen Wochen und Monaten nicht von all seinen Verstandeskräften verlassen gewesen ist, muß er sich zumindest nächtens gelegentlich gesagt haben, daß er mit den Millionen, die er in den sarmatischen Schlund geworfen hatte, aus seinem braven und fleißigen Heimatland das Paradies auf Erden hätte machen können. Aber auf manche Menschen übte das Paradies eben zeit ihres Lebens keine sonderliche Anziehungskraft aus, weil sie meinten, es sich jederzeit selbst zugänglich machen zu können.

Zunächst hatte Augusts vieles Geld eine durchaus besänftigende Wirkung. Er gewann damit die Königswahl auf unblutige und einfache Weise. Da man den Fürsten Lubomirski nicht kurzerhand bestechen konnte (womit er eine Ausnahme bildete), erhielt seine Gemahlin einen entzückenden Toilettentisch in hervorragender handwerklicher Arbeit, und in einer Lade dieses Wunderwerks lagen 20 000 Dukaten. Um die Witwe des großen Johann Sobieski mit dem Wahlpech ihres Sohnes zu versöhnen, gingen 380 000 Reichstaler an die immer noch ansehnliche Marysienka, und auch der Bischof von Kujavien wurde mit der gegenüber geistlichen Herren angebrachten Diskretion davon überzeugt, daß Sachsen die bessere politische Lösung sei.

Als der Primas von Polen seine Front gegen August abbröckeln sah, entschloß er sich zu einer Art Handstreich und ließ auf dem Wahlfeld in einem Vorgang, den man heute Blitzumfrage nennen würde, seinen Kandidaten, also Conti, zum König von Polen wählen. Daraufhin legten die Samogiter der Radziwill die Hand an den Säbel, der Fürstprimas zog mit seinen Getreuen schnell vom Wahlfeld ab und hinein in die Stadt Warschau, wo ihn Wälle schützten, und Flemming hatte das Wahlfeld für sich. Die nun veranstaltete zweite Königswahl brachte den einstimmigen (!) Beschluß, den am Vortag noch als Ketzer ausgeschrienen Kurfürsten von Sachsen zum König von Polen zu erheben. Allerdings hatte Bischof Stanislas Dombski von Kujavien dreimal umfragen müssen, bis die Einstimmigkeit feststand. Sie war für die Königswahl zwar nicht vorgeschrieben, aber da Polen nun einmal das Land jenes *Liberum Veto* war, in dem eine einzige adelige Gegenstimme einen Beschluß der gesetzgebenden Versammlung verhindern konnte, machte es sich natürlich besser, wenn die Königswahl *nemine contradicente*, also ohne Gegenstimme, erfolgt sei – wie immer dieses Ergebnis auch herbeigeführt worden war.

Da im Warschauer Dom bereits die Conti-Partei mit einem feierlichen Tedeum für eine ebenfalls einstimmige Wahl dem Himmel dankte, konnte das Tedeum für August II. nur auf dem Wahlfeld, unter freiem Himmel, erschallen. Tags darauf beschwor Flemming im Namen und in Vollmacht seines Herrn die siebenunddreißig Artikel, die der Adel dem König abgetrotzt hatte, die sogenannten *Pacta Conventa*. Behrend Lehmann scheint sie nicht gelesen zu haben, denn sie enthielten unter anderem die Bestimmung, daß alle Posten in der Zoll- und Finanzverwaltung dem großen und dem kleinen Adel des polnischen Reiches vorzubehalten seien. Aber das hatte zwei Jahrzehnte zuvor auch Johann III. Sobieski beschworen und dann doch gemacht, was er wollte...

Man kann dem viel geschmähten und vor allem später geradezu als Mephistopheles bezeichneten Flemming das Lob nicht versagen, daß er in diesen entscheidenden Tagen mit soviel Intelligenz und Umsicht agierte wie kaum ein anderer Diplomat seiner Zeit. Die berühmte französische Diplomatie jedenfalls erwies sich als viel zu umständlich: Während August sofort losmarschierte und über Breslau und Tarnowitz mit bemerkenswerter Schnelligkeit polnisches Gebiet erreichte, schaukelte das Staatsschiff des Prinzen Conti noch immer auf dem Wasser, weil François-Louis de Bourbon, Prince de Conti offensichtlich erst an Land zu gehen gedachte, wenn die roten Teppiche ausgebreitet worden waren.

August hingegen zog in Tarnowitz weitere tausend Mann an sich, gewann den Bischof von Krakau für sich und stellte den Grafen Wielopolski, der die Zitadelle der Stadt befehligte, vor die Wahl, gegen gutes Geld sächsisch zu werden oder arm zu sterben. Der Graf, ein Mann von Welt, nahm die Dukaten, die Tore öffneten sich, und August war Herr der Krönungsstadt. Danach fehlte nun nur noch der Leichnam des toten Königs Sobieski. Das polnische Ritual verlangte die Aufbahrung des toten Königs vor der Krönung des neuen Landesherrn, eine höchst weise Bestimmung, die einem Gegenkönig bei Lebzeiten des Monarchen die regelrechte Institution verweigerte.

Wer den Ausweg mit dem leeren Sarg erfand, Flemming, der Bischof von Kujavien, Behrend Lehmann oder gar der gerissene Wojwode von Tarnowitz, wird sich heute nicht mehr klären lassen. Jedenfalls wurde, da der Leichnam Sobieskis fest in der Hand der Conti-Partei war, neben August ein mächtiger Staats-Sarg aufgestellt, der jedoch so leer war wie die Schatulle des französischen Prinzen. Und damit niemand den Deckel aufheben könne, wurde der große Sarg am 13. September mit Prunk und Ehren in die Königsgruft hinabgesenkt.

Nun brach an, wofür August soviel Geld gegeben, soviele Zurüstungen getroffen und sogar einen anderen Glauben angenommen hatte: die eigentliche Krönung. Sie begann mit der Vorführung des neuen Monarchen in einem Phantasiegewand, das sich August angeblich selbst ausgedacht, bei dem er jedoch offenbar des Guten zuviel getan hatte. Die altrömischen und deutschen Ritterkostüme waren in ihrer Kombination nämlich bereits so schwer und stickig, daß die darübergelegte polnische Nationalkleidung selbst dem starken August die Chance nahm, die endlose und monotone Zeremonie durchzustehen. Harnisch, Hermelin und Königsmantel drückten während all der Litaneien, Gebete, Segnungen, Kniebeugen und Salbungen unbarmherzig. Luft kam überhaupt nicht mehr an den mächtigen Königsleib, und so tat es denn mitten in der Zeremonie einen dumpfen Fall, und August II. war, gerade als man ihm das katholische Glaubensbekenntnis wieder einmal zur Unterschrift vorgelegt hatte, auf die Fliesen des Gotteshauses gesunken. Erst als man ihm den Harnisch abnahm und feurigen Wein aus Ungarn einflößte, kam er wieder zu sich und konnte nun auch ohne Fährnis bis zum Ende weitermachen: er ließ sich die Krone aufsetzen und schritt schließlich zur großen Abendtafel, bei der man sich nicht so sehr am polnischen Vorbild als an den Bräuchen der Kaiserkrönung in Frankfurt orientierte. Dabei war August wieder in seinem Element, und der Zwischenfall wurde künftig so wenig erwähnt, daß manche Biographen an ihm zweifeln zu müssen glauben.

Eine andere, weitverbreitete Krönungsanekdote wurde hingegen bereits durch Cornelius Gurlitt, also vor mehr als einem halben Jahrhundert, als pure Erfindung entlarvt. Die gute Liselotte von der Pfalz im fernen Paris hatte nämlich berichtet, daß man August, nach dem Abendmahl in beiderlei Gestalt, auch noch den goldenen Krakauer Hostienteller zum Kusse gereicht habe, worauf er unwillig gemurmelt (nach anderen Quellen: überlaut gesagt) haben soll: »Man hat mir zu fressen und zu saufen gegeben, jetzt macht man mich auch noch die Schüssel lecken.« Inzwischen hat es sich als sehr unwahrscheinlich herausgestellt, daß August bei der Krönung das Abendmahl in dieser Ausführlichkeit gereicht worden sei, womit auch der kernige Ausspruch zumindest einer anderen Gelegenheit zugeschrieben werden muß. Schließlich hatte August schon auf dem Anmarsch nach Krakau sorgfältig darauf geachtet, sich bei den Jesuiten der wichtigsten Städte zu zeigen und dort öffentlich die Messe zu hören.

Es ist eine Zeit der blitzschnell wechselnden Absprachen, der flugs geschlossenen und ebenso schnell gebrochenen Koalitionen, der echten Geheimabmachungen und der von allen Seiten gekauften Diplomaten. Wenige Jahrzehnte nach Augusts Krönung wird es sich ereignen, daß ein Truppenkontingent vor der Schlacht mit klingendem Spiel zum Gegner hinübermarschiert und sich dort einreiht, nicht als Überläufer, sondern auf Befehl des neuen Landesherrn, und ehe noch Schüsse fallen, wird ein neuer Kurier den Befehl zur Neutralität bringen, weil dieser Landesherr schon nicht mehr der Herr ist, sondern nun seine Frau herrscht. Über diesem Faustrecht der Fürsten steht der Kaiser in Wien, steht in gewissem Sinn auch der Papst in Rom. Aber den Papst anerkennen längst nicht mehr alle Nationen wie zu jenen Zeiten, da er mit einem langen Strich die Neue Welt zwischen Spaniern und Portugiesen aufteilen konnte, und der Kaiser kann die Reichsfürsten nicht verärgern, weil sie ihm sonst keine Soldaten gegen die Türken stellen. Darum ist jeder etwa so stark, wie seine Nachbarn es zulassen, und der angeblich so starke August – mag er auch Ketten zerreißen und Zinnteller verbiegen können – ist zwischen Peter dem Großen, Karl XII. von Schweden, den wohlgerüsteten Preußen und dem aus den Türkenkriegen ruhmreich hervorgegangenen Österreich doch zweifellos der Schwächste. Daß er den polnischen Thron besteigen konnte, verdankt er einem Augenblick der Weltpolitik, in dem die großen Mächte gerade Atem holten; verdankt er der unglaublichen Mißwirtschaft in Frankreich, wo eine bigotte Mätresse für neuen Religionsunfrieden sorgt und die emsig-tüchtigen Hugenotten aus dem Land treibt; verdankt er aber auch der unglaublichen Verkommenheit des polnischen Adels, der in Jahrzehnten ohne Frieden seine Güter noch schlechter bewirtschaftete als bisher, der aus den berannten und verbrannten Städten keine Gelder mehr ziehen, die vielfach ausgepreßten Bürger und Juden nicht neuerlich zur Ader lassen konnte.

Der Prince de Conti hatte den kürzeren Atem gehabt, weil Ludwig XIV. ihm in diesem Augenblick nicht helfen konnte. Das französische Landvolk hungerte, und der alte Sonnenkö-

Aurora Königsmarck.
Gemälde von Johan David Swartz (1678–1740).
Östergötlands Stads Museum.

Jakob Heinrich Graf von Fleming.
Sächsischer Minister und Feldmarschall.

Gräfin Lubomirska, Fürstin von Teschen.
Pastellgemälde von Rosalba Carriera (1675–1757).

Friedrich August I.
Reiterstandbild auf dem Neustädter Markt in Dresden.
Um 1730 und 1732/34 von J. J. Vinsche und
L. Wiedemann geschaffen.

nig hatte weder Mut noch Freude am Leben, seit ihm die Maintenon täglich die Höllenstrafen, die seiner harrten, vorhielt. So war Conti auf die Juwelen der Familie angewiesen gewesen und, als diese dahingeschmolzen waren, auf die letzten Barmittel. Die hatten ihm die Sapieha abgenommen, 460 000 Livres noch im letzten Augenblick für eine bereits verlorene Sache. Denn Zar Peter hatte nur ein wenig mit dem Säbel rasseln müssen, und der Kardinal-Primas hatte den Prince de Conti fallenlassen wie eine heiße Kartoffel. Es gibt auch eine zweite Erklärung für diese Kehrtwendung des Oberhirten von Polen, sie ist nicht ganz so vornehm, weswegen wir sie vorsichtshalber zitieren: »Des Kardinal-Primas Herzensdame, die Kastellanin von Lowicz, wurde übrigens durch Diamanten gewonnen, und damit auch der würdige Primas selbst«, so zu lesen in Konrad Sturmhoefels treuherzig illustrierter *Geschichte der Sächsischen Lande und seiner Herrscher* von 1908.

Zunächst sah also alles recht gut aus für August; die Mächtigen standen Gewehr bei Fuß, und der ohnmächtige Conti hatte sich angesichts der feindseligen Haltung der Danziger Bürgerschaft wieder eingeschifft. Der Kaiser hatte, als Lohn für tapferen Einsatz bei dem großen Sieg von Zenta, die sächsischen Kontingente mit anerkennenden Worten in die Heimat entlassen, und August konnte in Sachsen zurückgebliebene Truppenteile nach Polen nachziehen, weil ja die Türkenkämpfer in die Garnisonen einrückten. Im Januar ergab sich Warschau dieser militärischen Machtdemonstration, und August II. hielt am 15. Januar 1698 Einzug in seine Hauptstadt.

August mochte es ahnen, aber mit Sicherheit gewußt haben kann er es nicht: Jener Tag im Januar war der Höhepunkt seines Lebens, noch nicht ganz die Mitte, aber doch die Wende, und es war zugleich der Augenblick, in dem man eigentlich aufhören sollte, im Zusammenhang mit diesem König und Kurfürsten von Stärke zu sprechen. Zar Peter, den man bald den Großen nannte, soll wenig später dem von ihm protegierten August geraten haben, mit dem unbotmäßigen Adel kurzen Prozeß zu machen, ein paar Dutzend Bäume mit

Schlachtschitzen zu behängen, wie Peter selbst es mit den Strelitzen gemacht hatte, und sich in seinem neuen Reich Respekt zu verschaffen. Aber erstens war es leichter, zweitausend Gardisten hinzurichten, die gemeutert hatten und in offener Feldschlacht geschlagen worden waren, als den polnischen Adel zu züchtigen, der den König eben durch das lähmte, behinderte und schließlich schwächte, was er nicht tat und was er nicht geschehen ließ. Die Schlachta, das war die Adelsversammlung, aber wann trat sie schon zusammen, und wenn sie zusammentrat – faßte sie irgendwelche Beschlüsse? Und die Schlachtschitzen? Darunter verstand man beinahe nur noch die kleinen barfüßigen Adeligen des flachen polnischen Landes, armselige Provinzler mit ungewissen Adelspatenten, denen man nachsagte, daß sie in manchen Gegenden gerade soviel besäßen, um eine Ziege auf den Markt treiben zu können – soferne sich sieben von ihnen zusammentaten.

Aber jeder dieser Hinterwäldler durfte den König mitwählen und, was schlimmer war, er konnte durch eine einzige Vetostimme einen Entschluß blockieren, den er womöglich gar nicht verstanden hatte. (Die Zahl der Schlachtschitzen nahm später, in Polens russischer Zeit, sofort radikal ab, als man die Vorlage der Adelsurkunden und ihre Erneuerung verlangte...)

August ging gegenüber diesen Leuten, die er in Warschau nun aus der Nähe kennenlernte, einen Weg, der ihm sehr zusagen mochte, der aber vollkommen falsch überlegt war. Statt sich am Erfolg eines Sobieski und an den Ratschlägen des Zaren Peter zu orientieren, versuchte er, den adeligen Kleinbauern seines Reiches durch luxuriöse Hofhaltung, persönliche Pracht und schöne Frauen zu imponieren, kurz ihnen zu zeigen, daß er ein richtiger, echter, schöner, dicker König sei, mit dem sie nun auch zufrieden sein sollten. Zufrieden aber war vorerst nur August selbst, denn Eberhardine mit dem langen Gesicht hatte sich standhaft geweigert, ebenfalls katholisch zu werden, die Polen wiederum weigerten sich, eine Protestantin als Königin zu akzeptieren und boten dem König dafür die Schar schöner Frauen an, die

Polen in allen Gesellschaftsschichten aufzuweisen habe: dies werde ihm den zeitweisen Verzicht auf Eberhardine doch gewiß erleichtern.

Nun, das war so neu nicht. Es gab nämlich einen französischen König aus dem Hause Valois, der, noch ehe er einen heimatlichen Thron besteigen konnte, in Polen König geworden war. Es gefiel ihm nur überhaupt nicht. Er brachte seine Tage im schönen Krakau zu, ging aber nicht aus, sondern spielte unentwegt mit drei oder vier schönen Polinnen Karten, die dabei nichts auf dem Leib tragen durften. Als ihn auch das nicht mehr mit seinem Schicksal versöhnte, floh er eines Tages von Polen nach Wien, wurde schließlich in Frankreich König und sogar – weil es dort keine Polinnen mehr gab – homosexuell.

Von all dem mußte August der Starke wissen, denn es begab sich in für ihn naher Vergangenheit, nämlich 1573/74. Hundertzwanzig Jahre nachher hatten die Polen nun also wieder einen Herrscher aus dem Westen. Man konnte ihm nicht nachsagen, daß er der schönen Polinnen wegen gekommen sei, denn die Gräfin Königsmarck und auch die Gräfin Lamberg waren zweifellos unter die schönsten Frauen ihrer Zeit einzureihen und nahmen es selbst mit dem berühmten Charme der Polinnen auf. Aber August machte sich – da man es ihm schon nahelegte – natürlich mit größter Begeisterung daran, den polnischen Damenflor für seine privaten Zwecke zu mustern.

Darüber vergingen die ersten Wochen der Königswürde sehr angenehm, zumindest auf der höchsten Ebene. Die schlichten Sachsen, die mit ihrem Herrn ins Polenland gekommen waren, hatten es längst nicht so gut. Den Polen waren sie zwar nicht ausgesprochen verhaßt, aber doch tief unsympathisch, einmal, weil die polnische Geistlichkeit nicht aufhörte, darauf hinzuweisen, daß die Sachsen Ketzer seien, zum andern, weil sich auch die Feldprediger in der Fremde und auf katholischem Territorium nicht immer mit dem nötigen Geschick bewegten. Reibereien waren also unvermeidlich und führten angesichts der Tatsache, daß dem polnischen Adel nicht viel mehr als sein Stolz und ein paar

Leibeigene geblieben waren, zu immer neuen Konflikten und zu wachsender Unzufriedenheit auch unter den Sachsen. Man muß daraus nicht schließen, daß bei den unter ein und demselben König vereinten Völkern tiefe und wesenhafte Gegensätze bestanden hätten. Die Sachsen hatten zwar nicht, wie die Menschen Ost- oder Westpreußens seit Jahrzehnten, ja seit Jahrhunderten, ein gemeinsames Leben mit Polen oder anderen slawischen Völkern hinter sich; es fehlte ihnen auch die Weite des Meeres, das in alten Slawenstädten wie Lübeck, Stralsund, Wismar oder Elbing die Fermentation erleichtert und einen besonders tüchtigen Seefahrerschlag mit gemischtem Blutserbe hervorgebracht hatte. Im Binnenland lebte man abgeschlossen, die Städte ließen durch ihre Tore nur, wer ihnen genehm war, die Fluktuation war bescheiden. Aber man war einander auch nicht feind, solange man nichts miteinander zu tun hatte. Die Krise entstand buchstäblich erst in dem Augenblick, da August sich einbildete, er könne ein tiefkatholisches slawisches Volk zur Freundschaft und zur Kampfgemeinschaft mit den protestantischen Sachsen gewinnen, die obendrein als Besatzungsmacht ins Land gekommen waren und in ihren Privatquartieren notwendigerweise Umstände verursachten. Den Soldaten, der nach einigen Wochen Untätigkeit und bei guter Verpflegung den hübschen Mädchen nicht nachstellen würde, den gibt es wohl nicht, und die Polinnen hatten es eben in sich. Daß nicht mehr Blut floß, ist beinahe ein Wunder und war wohl nur dem Umstand zuzuschreiben, daß man sich auf höchster Ebene weit besser verstand. Der Hochadel war ja zu allen Zeiten weit weniger in seinen Landesgrenzen gefangen als das kleine Volk. Die Memoiren der Zeit, ob sie nun ein Haxthausen oder ein Pöllnitz niederschrieb, waren in der gleichen französischen Sprache abgefaßt, deren sich der polnische Adel bei seinen Korrespondenzen bediente, und zwischen deutschen und polnischen Adelsfamilien wurde längst eifrig geheiratet, sonst hätte ja Friedrich August von Sachsen nicht die ausgezeichneten Verbindungen seines Vertrauten Flemming nutzen können, sonst wären die Dönhoff nicht mit den Bielinski und die von

Bockum nicht mit den Lubomirski verbunden worden, um nur diese wenigen und für August wichtigen grenzüberschreitenden Ehen zu nennen. Große polnische oder polnisch-litauische Familien wie die Radziwill, Sapieha oder die Potocki scheinen in westlichen Genealogien wiederholt auf.

Diese heute stark abgeschwächte und vor allem nicht mehr so sichtbare Gewohnheit des Adels, sich mit Gleichgestellten aller Länder zu verbinden, die man auf Kriegszügen oder durch andere Verwandte kennengelernt hatte, erklärt die relative Mühelosigkeit, mit der ein Prinz Eugen von Frankreich nach Österreich wechselte, ein Alexander von Bonneval in die Türkei, ein Schulenburg nach Venedig und eine ganze Reihe ausgesprochener Krieger-Sippen wie die Königsmarck oder die Rosen von ihrer kargen nördlichen Heimat aus in beinahe alle Länder des europäischen Kontinents.

August der Starke empfand also das Gefühl, in der Fremde zu sein und eine tiefe Wesensverschiedenheit zu überbrükken, längst nicht in dem Maß wie seine Soldaten, und das ganze polnische Unternehmen war für ihn gleichsam eine genealogisch-dynastische Selbstverständlichkeit, während die Sachsen um ihre Religion zitterten und für ihre Börse fürchteten. Die Polen bewiesen in dieser Lage bemerkenswertes Selbstgefühl und viel größere Sicherheit als das Volk, aus dem der König doch schließlich kam. Sie hatten erfahren, daß er zu ihrem Glauben übergetreten war, sie hatten gesehen, daß er ihnen Millionensummen auf den Tisch gelegt hatte, um ihr König werden zu dürfen, und sie waren nach dieser Ausbietung ihrer Königswürde zwischen zwei glanzvollen Bewerbern aus dem westlichen Ausland nicht etwa beschämt ob soviel Korruption, sondern geradezu befriedigt, so viel Geld in ihr Land gezogen zu haben. Wäre Polen nicht so viel wert, dann hätten doch diese hochgeborenen Herren aus Frankreich und Sachsen nicht so viel Geld für die Königswürde bezahlt, nicht die Schulden des heimischen polnischen Adels getilgt und in beinahe demütigenden Verhandlungen alles beschworen, was die von ihren verwahrlosten Gütern für diese besondere Gelegenheit ins Licht der

Geschichte getretenen polnischen Herren sich hatten immer wieder bestätigen lassen. Vergegenwärtigt man sich heute diesen Vorgang, so kann man den Polen überhaupt nichts vorwerfen. Sie veräußerten einen ziemlich fiktiven Wert und erhielten dafür einen ungeheuren, sehr konkreten Gegenwert, aber sie hatten ja niemanden gezwungen, mitzubieten. Wären die Herren nicht angereist, nun, so wäre eben der gute Jakub Sobieski, den sie alle kannten, auf den Thron gestiegen; Polen wäre es unter ihm nicht schlechter gegangen als unter dem starken Sachsenherrscher, der sich mit so viel Hermelin und Gold behängt hatte, daß es ihm die Luft benahm.

Eine beträchtliche Komplikation im Verhältnis der beiden Völker verursachte die Religion, das heißt der Unterschied der Konfessionen. Daß derlei bis heute nicht überwunden ist und selbst in modernen und demokratischen Staaten zu den absurdesten Auswüchsen führt, wissen wir alle. Man denke nur an die getrennten Turnhallen für evangelische und katholische Pädagogikstudenten im München des zwanzigsten Jahrhunderts. Grund zu überheblichem Lächeln haben wir also nicht. Immerhin muß gesagt werden, daß Friedrich August, der Glaubensdinge von Jugend auf nicht sonderlich ernst genommen hatte, diesen wichtigen Aspekt stets unterschätzt hat, und es war das religiöse Moment, das schließlich jene Situation herbeiführte, die man populär mit jenen zwei Stühlen bezeichnet, zwischen die sich jemand gesetzt hat. Von den Polen weder als Katholik noch als Pole akzeptiert, sondern nur geduldet, hatte Friedrich August sich die zunächst unbestrittene Machtbasis seines Kurfürstentums zwar nicht gerade verscherzt, aber doch das unerläßliche Vertrauensverhältnis zwischen Volk und Souverän zerstört. Man war noch zu nahe am Dreißigjährigen Krieg, um den Religionswechsel des Landesvaters gelassen hinzunehmen oder als eine Privatsache anzusehen, die auf die inneren Verhältnisse Sachsens keinen Einfluß haben sollte. Erstens hatte sie natürlich Einfluß, weil August II. von Polen von den Jesuiten und anderen Kräften seiner neuen Umgebung gedrängt wurde, den katholischen Kultus in Sachsen zu gestatten, und zweitens: Wo beginnen und wo enden bei einem Fürsten die privaten Dinge?

Als der nunmehrige König im Oktober 1699 nach Dresden zurückkehrte, begleitete ihn nicht nur der für seine Krönung so geschickt hilfreiche Bischof von Kujavien, sondern auch, wie es sich für einen katholischen Monarchen jener Zeit von selbst verstand, auch ein Beichtvater aus dem Jesuitenorden, der gewandte und gebildete Pater Vota. Und noch ehe das Jahr endete, hatten die Katholiken ihre Kirche in Moritzburg, ein hübsches, nicht allzu großes Gotteshaus, das noch Johann Georg II. hatte erbauen lassen. Nachdem Pater Vota dort die protestantischen Teufeleien mit großem Gestus hinausgeräuchert hatte, wurde das Weihnachtsfest im Beisein des Königs und Kurfürsten mit jenem augustäischen Pomp gefeiert, den er bis dahin vor allem seinen erotischen Inszenierungen vorbehalten hatte.

Obwohl Carpzow und Genossen darauf höchst sauer reagierten, hatte die Maßnahme im Ganzen doch ihr Gutes: sie beförderte die Toleranz. Man hört zwar nichts davon, daß sich die protestantischen Sachsen in Polen eines ähnlichen Entgegenkommens erfreuen durften, aber wer mit Sicherheit den Nutzen der neuen Verhältnisse hatte, das waren einerseits die Hugenotten und andererseits die sächsischen Lande. Wegen der absurden Intoleranz der Lutherischen gegenüber den Calvinisten war der segensreiche Hugenottenstrom aus Frankreich an Sachsen vorbei nach Brandenburg und Preußen geflossen, und diese weiten, zum Teil untervölkerten und zurückgebliebenen Gebiete und ihre Städte hatten den bekannten Vorteil davon gehabt, den Anstieg des Gewerbefleißes, der Exporte und des gesamten gesellschaftlichen Niveaus. Es war die verdiente Strafe für die puritanische Engstirnigkeit der Hoflutheraner von Dresden und der Leipziger Theologen, daß sie nun, da sie die verfolgten Glaubensbrüder aus Frankreich nicht hatten aufnehmen wollen, die Katholiken und Jesuiten in ihrer Mitte dulden mußten. Hätte sich dies alles dreißig Jahre früher ereignet, Sachsen wäre aus seiner bis heute die Lachmuskeln anregenden Provinzialität ebenso erlöst worden wie Berlin und die

Mark Brandenburg. Immerhin: da Madame de Maintenon in ihrer frommen Grausamkeit nicht davon abließ, Hugenotten von Haus und Hof zu vertreiben oder auf die Galeeren zu schicken, kamen noch immer Reformierte aus Frankreich und erhielten gegen eine Summe von 7000 Reichstalern (die von nur dreizehn Mitgliedern der wohlhabenden Emigrantengemeinde aufgebracht wurden) die Erlaubnis, im Kurfürstlichen Amtshaus in der Leipziger Klostergasse zusammenzukommen und Gottesdienste abzuhalten, ein Provisorium, das sich bis ins Jahr 1900 hielt. Ähnliche Erlaubnisse ergingen zugunsten der Reformierten Gemeinde in Dresden. Während also die Katholiken eine schmucke Kirche erhielten, verweigerte man den Reformierten alles, was schon von außen als Gotteshaus zu erkennen war, obwohl sie sich erboten, die im Dreißigjährigen Krieg zerstörte alte Peterskirche auf eigene Kosten für ihren Kultus wiederherzustellen (Hartel und Lipsius haben sie später in gelungener Neugotik wiederaufgebaut).

Die Vertrauenskrise zwischen Volk und Fürst konnte in jenen Zeiten der Erbmonarchie und des Fehlens aller demokratischen Mechanismen nur zu Lasten des Volkes gelöst werden. Kurfürst Friedrich August setzte über das heimatliche Sachsen eine Behörde mit dem unheilschwangeren Namen *Revisionskollegium*. In einem Patent vom Juli 1698 heißt es dazu: »Es soll kein anderes Kollegium im Lande dem Revisions-Kollegio zuwiderhandeln oder dasselbe an etwas hindern, jedermann auf Verlangen vor ihm erscheinen« usf. Es handelte sich also um eine absolutistische Institution, die allen aus der Tradition gewachsenen Mitsprache-Möglichkeiten der Stände und des Volkes übergeordnet wurde. Bedenklich war dabei vor allem, daß dieses Kollegium mit Vollmachten ausgestattet war, wie man sie heute erst in einem Not- oder Ausnahmezustand hinnehmen würde: es durfte sich über alle Arten von Privilegien hinwegsetzen, Verhaftungen vornehmen oder vornehmen lassen, ja sogar Steuern verhängen oder in schwebende Finanzverfahren eingreifen. Das einzig Positive an der neuen Behörde war ihr Oberhaupt (das freilich nicht alles sehen konnte), der persönlich integere, dem Kurfürsten seit geraumer Zeit freundschaftlich verbundene Anton Egon Fürst von Fürstenberg (1656–1716). Er entstammte der Heiligenberger Linie des schwäbischen Geschlechts Fürstenberg, das bis auf einen Zeitgenossen Karls des Großen zurückgeht. Die stets frankreichfreundliche Linie hatte Grafen und Fürsten von bester Kultur und Lebensart hervorgebracht; Anton Egons Onkel Wilhelm Egon Graf von Fürstenberg (gest. 1704) zum Beispiel war Kardinal und Oberhirte von Straßburg, ehe er in die unmittelbare Umgebung des Sonnenkönigs ging und im Genuß der reichen Abteien von Saint-Germain-des-Prés und Fécamp am Hof von Versailles lebte. Friedrich Augusts Günstling brachte den Vorteil mit, im Rang über dem sächsischen Adel zu stehen und zu ihm auch keine privaten Beziehungen zu unterhalten; er fühlte sich nur seinem Souverän verpflichtet.

Das somit unabhängige und schwer zu korrumpierende Revisionskollegium fiel den Sachsen bald so lästig, daß sie sich durch eine freiwillige Buße davon loszukaufen suchten, und August II., der ja ungeheure Summen in den sarmatischen Schlund gestopft hatte, ging darauf ein: Gegen die Entrichtung von einer Million Talern, die August von den sächsischen Ständevertretungen erhielt, hob er das Revisionskollegium wieder auf und übertrug die Geschäfte der Statthalterschaft – also die Landesregierung in seiner Abwesenheit – einer Behörde, die den bürgerlich-behäbigen Namen *Ständige Landesdeputation* erhielt.

Fürstenberg hatte gleichwohl noch nicht ausgespielt. August ließ seinen Sachsen zwar eine Weile Zeit, sich an der teuer erkauften Teildemokratie zu erfreuen, verlieh aber 1704 seinem *Geheimen Kabinett* besondere Vollmachten und hob durch eine Ordre dieses Kabinetts 1709 sogar die Landesdeputation auf. 1728, also wenige Jahre vor dem Tod Augusts des Starken, wurden die neuen Verhältnisse schließlich durch eine Landtagsordnung festgeschrieben, und Sachsen blieb bis 1831 ein absolutistisch regiertes Land, in dem der Landesherr Schulden machen und Steuern ausschreiben konnte, ohne Rücksichten nehmen zu müssen.

Das kleine Volk wurde dabei natürlich überhaupt nicht

gefragt, den Bürgern beließ der Kurfürst einen gewissen Einfluß auf ihre Stadtverwaltungen und die Gewerbe-Organisationen, und der Adel bekam das, was Fürstenberg wohl ein Zuckerl genannt hätte: Sitz und Stimme in der Standesvertretung des sächsischen Adels sollte nur noch erlangen, wer – nach einem Dekret vom 15. Dezember 1700 – acht adelige Ahnen nachweisen könne und sich standesgemäß verheiratet habe. Der in den Notzeiten nach dem Dreißigjährigen Krieg zu Rittergütern gelangte Patrizierstand war damit zumindest um seine politische Rolle gebracht, der alte Adel war wieder unter sich. Die Regelung leistete naturgemäß dem hemmungslosen Ahnenstolz ebenso Vorschub wie der Ausbeutung der eigenen Pächter und Bauern, des Kleingewerbes, kurz: des Volkes.

Dieses Volk, wir sagen es überzeugt, aber ohne jeden Haß gegen den Adel, war Sachsens bestes Teil. Eine fruchtbare Vermischung und seit Jahrhunderten währende Fermentationen hatten die Sachsen und den sorbisch-wendischen Wurzelgrund miteinander verschmelzen lassen. Eine gewisse slawische Weichheit, dazu die naive Schollentreue und die innige Verbundenheit mit den Wasserlandschaften der Lausitz waren aus den slawischen Wohngebieten jenem härteren Wesen entgegengekommen, das rund um die Bergwerkzentren wuchs, wo die Knappen früh ihre Selbstverwaltung und günstige Arbeitsgesetze hatten. Dazwischen lagen die Städte mit wohlgepflegten Gewerben und einer kleinen Schar emsiger Juden, die den Industrieerzeugnissen den Weg in die Welt bahnten und für den Umlauf des Geldes sorgten. Luthers Familie war aus dem selbstbewußten Kleinpatriziat der Bergbauunternehmer gekommen, der Gegenstrom des Aberglaubens und der Magie speiste sich, wie der Rochlitz-Prozeß erwiesen hatte, aus dem slawischen Urgrund und den kleinen Spreewaldgemeinden.

Tendenzen gegen den Absolutismus gab es genug, einmal aus dem Milieu der Bergknappen, wo ein uralter Beruf sich seine eigenen Freiheiten gleichsam unter Tage erkämpft hatte, zum andern auf den Universitäten, denn Halle, Wittenberg, Leipzig, dazu das nahe Jena, das waren Hochschulen, auf die ganz Deutschland blickte und die in einzigartiger, heute leider nicht mehr vorstellbarer Weise unmittelbar in den deutschen Herzraum hineinwirkten, mochte auch das spätere Geisteszentrum Weimar zu Friedrich Augusts Zeiten noch keine Bedeutung gehabt haben.

Diese beiden dynamischen Gruppen, die Bergleute und die Studenten, rissen immer wieder auch die Bürger mit sich fort, so daß es in Sachsen sehr viel früher als anderswo zu Forderungen wie jener nach Gewerbefreiheit kam, aber auch zu Kleinrevolten gegen die Geldverleiher, den Wucher, die mittelalterliche Enge des Kreditwesens.

Im ganzen muß man aber sagen, daß diese Bestrebungen sich nicht durchsetzten und daß sie sich auch unter einem anderen, liberaleren Landesherrn kaum durchgesetzt hätten. Die kleinen bürgerlichen Sparkassen kamen nicht gegen die jüdischen Geldverleiher auf, weil sie keinen Unternehmungsgeist und keinen Mut zum Risiko hatten; und da die Juden keinen Grundbesitz erwerben durften, beliehen sie auch keine Grundstücke, die Geldgeschäfte blieben also praktisch auf die Pfandleihe reduziert. Damit ließen sich natürlich keine großen Sprünge machen.

Aber auch die nachbarliche Eifersucht trieb noch die gleichen Sumpfblüten wie im Mittelalter, obwohl dieses nach allgemeiner Annahme seit zweihundert Jahren überwunden war. Ein Gemeinwesen eiferte gegen das andere, und keines in ganz Sachsen blickte über die Landesgrenzen hinaus oder über die Gebirge. Einzig die Weltbäder an Böhmens Rändern und das nahe Prag weiteten ein wenig den Horizont. Darum blieb für die meisten Gewerbe das an sich volkreiche Sachsen mit etwa eineinhalb Millionen Bewohnern der Boden der Bewährung. Der Adel hatte zwar nicht allzuviele Barmittel, aber mußte gelegentlich doch ein Töchterlein ausstatten oder irgendwo bauen lassen, und der Hof, der war der Großbesteller für Dresden wie für Polen, denn August hatte sich nun einmal in den Kopf gesetzt, die Herren an der Weichsel, die er weder von sich überzeugen noch wirklich unterwerfen konnte, durch den Glanz seiner Erscheinung und die Pracht seiner Hofhaltung zu verblüffen, ja zu blenden.

Man weiß heute nur noch von Meißen und einer Porzellanmanufaktur, die nicht nur die älteste von Europa, sondern auch eine ihrer berühmtesten ist. Aber es war eben jener Statthalter Fürst Egon von Fürstenberg, der Johann Friedrich Böttger, dem durch alchimistische Studien kompromittierten Apotheker, in Dresden ein Laboratorium einrichtete, genauer gesagt, ihn mit Ehrenfried Walter von Tschirnhaus bekannt machte, jenem vertrauten Freund Fürstenbergs, der damals wohl Sachsens bedeutendster Naturwissenschaftler war und auch ein großes eigenes Versuchslabor unterhielt. Böttger, 1682 in Schleiz geboren, kam aus guten Verhältnissen, sein Vater war Münzmeister, der zweite Mann seiner Mutter Stadtkommandant von Magdeburg, so daß der Junge frühe Ausbildung in Chemie, Mathematik und anderen Grundlagenwissenschaften erhielt. Alles, was von seinem Wesen berichtet wird, deutet auf eine geniale Natur, und schon seine Jugendjahre in Berlin, die Zeit mit dem großen Alchimisten Laskaris und die abenteuerliche Zeit zwischen Berlin, Wittenberg und Dresden mußten eigentlich zeigen, daß man diesen Mann nicht durch Kerkerhaft zu Hochleistungen bringen könne.

Aber das waren eben die Mittel des Jahrhunderts: Grenzenlos abergläubisch, hielten die Fürsten mangels besseren Wissens so gut wie alles für möglich, darin war Friedrich I. von Preußen nicht klüger als August der Starke, und noch Friedrich der Große wird sich zur Sanierung der Staatsfinanzen einen Lotterie-Scharlatan kommen lassen und dann Blut schwitzen, weil er den Hauptgewinn nicht auszahlen kann.

Tschirnhaus und Böttger also wurden gute Freunde, Fürstenberg und auch August schützten den wilden jungen Forscher gegen sich selbst und ließen ihm nur eben soviel Freiheit, wie ihm gut tat, das heißt er war nicht inhaftiert, aber kontrolliert. Sachsen gab für ihn zwischen 1701 und 1704 immerhin 40 000 Taler aus, und Ende 1707 war zwar kein Gold erschaffen worden, aber immerhin das Porzellan gefunden, das bei den damaligen Preisen für chinesische Porzellanimporte beinahe den gleichen Wert hatte. Schon bald nach ihrer Begründung im Jahr 1710 brachte die Porzellanmanufaktur von Meißen einen Reingewinn von 100 000 Talern jährlich. Böttger erhielt nun offenen Kredit bei Sachsens Hofjuden Meyer (gegen das Gelöbnis, das Geheimnis zu bewahren) und wurde 1714 endlich völlig freigelassen. Exzesse in der Liebe und im Trunk setzten seinem Leben schon 1719 ein Ende. Mit dem Porzellan war im Herzen Sachsens, dort, wo auch die alten sächsischen Adelsgeschlechter ihre Familiensitze hatten, dem Bergbau eine zweite Nutzung entstanden. Dies hinderte freilich nicht, daß das Silber, ob aus Joachimsthal oder aus anderen Gruben, und alles, was in Sachsen aus ihm verfertigt wurde, den Wohlstand der Familien bestimmte, das Ziel jeglichen Eigentumsstrebens blieb. Nur das schwere Zinn wurde nach und nach durch das neue und handliche Porzellan verdrängt.

Kurfürst Friedrich August hatte also eine solide und breite Basis seiner Existenz, und er hätte in das achtzehnte Jahrhundert ohne besondere Sorgen hineingehen können, wäre er, durch die Randgebirge geschützt, zwischen seinen angestammten Flüssen sitzengeblieben. Aber es waren wohl sehr starke Triebkräfte, um nicht zu sagen Triebe in diesem Fürsten wirksam, und sie erschöpften sich nicht allein an den Frauen, wie dies bei so manchem anderen seiner königlichen Vettern früher und später der Fall gewesen. Und wenn es auch nicht die Frauen allein waren, an denen er sich zu bewähren und seine Kräfte zu messen suchte, so sind die Frauen doch in höherem Maß als seine Politik und seine kläglichen militärischen Schicksale ein Spiegel zur Erkenntnis seines Wesens.

Sieht man von ein paar herrischen Duodezfürsten ab, so war es Kurfürst Friedrich August, der den Absolutismus in großem Stil zur Maxime erhob und der die damit zusammenhängende souveräne Mätressenwirtschaft auf die Spitze trieb. Gewiß, sein Vater hatte in dieser Hinsicht schon für einen Skandal und einen Prozeß gesorgt, und was nach der Gräfin Rochlitz kommen konnte, mußte eigentlich vergleichsweise harmlos sein. Tatsächlich nehmen sich die hübschen Damen, die Friedrich August an seine Seite zog, gegenüber der alten Generalin und ihrer schönen Tochter wie wohlerzogene Schauspielerinnen aus, die für eine Weile die Rolle der *Maitresse en titre* geben dürfen, und man hat bei fast allen den Eindruck, sie seien austauschbar. Denn Friedrich August war insofern wirklich ein starker Mann, als er weniger die Frauen und die Liebe suchte als vielmehr sein Siegel auf der weiblichen Seele, seinen unnachahmlichen Eindruck auf dem wohlgestalteten Leib einer bereitwilligen Dame. Anders als Napoleon oder auch Friedrich der Große lag ihm vergleichsweise wenig an Actricen, Sängerinnen und Tänzerinnen; er suchte das adelige Blut, eine gewisse Arroganz und den Zusammenbruch all dieser Vornehmheit an ihm, vor ihm, unter ihm, dem Fürsten Eisenhand.

Wir wollen uns vor dem schnellen Urteil über ihn und sein Treiben hüten. So hoch seine Stellung war, so hatte er doch auf eines keinen Anspruch – auf jene Heirat aus Liebe, die jeder seiner Untertanen, die Leibeigenen vielleicht ausgenommen, mit mehr Aussicht auf Erfolg anstreben durfte als er selbst. Bedenkt man das, so erscheint die Mätresse zunächst nicht als Luxus, sondern lediglich als ein legitimer, wenn auch oft sehr kostspieliger Versuch, dieses Eckchen bürgerlichen Glücks auch einem Fürsten zuteil werden zu lassen. Wir kennen Mätressen, die ohne jegliche (auch geheime) Ehe-Bindung viele Jahre und Jahrzehnte an der Seite eines Potentaten blieben, länger, als sehr viele Ehen bestehen. Die Beziehung zu der Mätresse war weniger gefährdet als die Ehe selbst, weil die Mätresse an den *amours passagères*, an den kleinen Liebschaften der Reise oder des Feldlagers vernünftigerweise und aus Selbsterhaltungstrieb keinen Anstoß nahm. Und schließlich muß man noch sagen, daß die dynastischen Jahrhunderte Europas Fürstenhäuser schon beträchtlich verbraucht hatten. Einzelne kranke Kreuzungspunkte der Ahnenstränge wie etwa Johanna die Wahnsinnige oder auch die unglückseligen späten Valois, dänische Imbezillitäten und Krankheitsfolgen der neapolitanischen Debauchen hatten sich im Erbgut der Thronanwärter und der ihnen zur Verfügung stehenden Prinzessinnen bereits ruinös ausgewirkt, so daß es als Glück aufzufassen war, wenn eine unverbrauchte Seitenlinie zur Herrschaft kam, die unbeachtet gesunden Kleinstadel hatte aufnehmen können, oder wenn legitimierte Mätressen-Nachkommen das Blut der Dynastien auffrischten.

Während die legitimen Prinzen nur noch dann auffallen, wenn die Degeneration in genialen Wahn umschlägt, stellen die natürlichen Söhne die erfreulichsten Erscheinungen und bemerkenswertesten Persönlichkeiten im Hochadelsgeschehen zwischen 1500 und 1800, angefangen mit jenem Don Juan d'Austria, den eine Barbara Blomberg Karl V. geboren hat und der die Türken bei Lepanto schlägt, über Feldherren wie Berwick oder den Marschall von Sachsen hin zu Rebellen wie dem Herzog von Monmouth. Nur zu oft haben die legitimen Sprossen schwerste Erbschäden aufgewiesen, während der gleiche Monarch mit einer Mätresse, gleichgültig, woher sie kam, gesunde und begabte Kinder in die Welt setzte, weil eben erbliche Belastungen der Mütter für die Kinder noch verhängnisvoller und von der Natur schwerer auszugleichen sind als die Last, die der Vater von seinen Ahnen her trägt.

Friedrich August war mit Gattin und Mutter tief zerfallen, durch seine zahlreichen frühen Affären, durch seine laxe Behandlung des Falles Rochlitz, durch seinen Übertritt zum katholischen Glauben. Keine der beiden Damen hat je einen Fuß auf polnischen Boden gesetzt, und wenn eine von ihnen das erfahren hätte, was wir heute über Augusts sogenanntes

Liebesleben wissen, so wäre ein Riechfläschchen wohl nicht hinreichend gewesen, um sie ins Leben zurückzurufen.

Haxthausen, sein erster Reisebegleiter, adeliger Präzeptor und Vorreiter wohl auch bei der süßen Rochlitz, ein Mann also, der allerlei gewöhnt war, beklagte sich bei Liselotte von der Pfalz darüber, »daß Kinder, so sie einmal in die Debauchen (Ausschweifungen) verfallen, recht bestialisch werden, so daß ihnen kein Laster zuviel ist«.

Der später von gedungenen Mördern umgebrachte Graf Königsmarck schrieb an seine Geliebte, die (spätere) Prinzessin von Ahlden, einen sehr freizügigen Brief mit Einzelheiten über die Ausschweifungen Augusts vor seiner Thronbesteigung: »Herzog Friedrich und der Herzog von Richmond vergnügten sich mit leichten Mädchen. Nachdem sie alles Erdenkliche mit ihnen angestellt hatten, wollte Richmond die armen Dinger dazu bringen, daß sie sich von einer großen deutschen Dogge bespringen ließen... Das scheint mir die Ausschweifungen allzuweit zu treiben... Übrigens hat der Herzog von Sachsen mir versprochen, zu diesem Karneval nach Hannover zu kommen.« Von Königsmarck stammt auch die Mitteilung, daß August, wenn er in Rage war, nicht mehr bemerkte, daß man beim Spiel betrog; darum verlor er auf diese Weise ungeheure Summen.

Richmond, den der Graf Königsmarck in diesem Zusammenhang erwähnt, war etwa gleich alt mit Friedrich August und Sohn einer der berühmtesten und eigenwilligsten Mätressen König Karls II. von England. Man nannte sie *La belle Stewart*, doch hatte sie mit der berühmten schottischen Familie nichts zu tun, sondern war die Tochter eines Arztes, die unter die Gesellschaftsdamen der Königin aufgenommen wurde und dort dem für weibliche Reize besonders empfänglichen König auffiel. Sie wurde seine Geliebte, und er war so verrückt nach ihr, daß er seine Scheidung von Katarina von Braganza betrieb, um die schöne Stewart heiraten zu können, als sie ihm zu entgleiten drohte. Der Grund für ihre Untreue war der Herzog von Richmond and Lennox, mit dem sie 1667 tatsächlich vom Hof floh, weil sie ihn heiraten wollte, doch kehrte sie später wieder in die Gunst Karls zurück.

Friedrich August befand sich also in bester Gesellschaft, es waren in der Regel glanzvolle Kreise, in denen er sich beim Spiel und bei der Liebe bewegte. Die erotischen Zentren Venedig oder Paris galten damals ja zugleich als Schulen der Lebenskunst, die man durchlaufen haben mußte, waren es doch zum Beispiel in Venedig die schönen jungen Nonnen der Inselklöster, welche die vornehmen Besucher bei einiger Sympathie schnell erhörten und an verschwiegenen Orten trafen. Prinzen, Diplomaten, reisende Prälaten und reiche Handelsleute liefen bei ihnen keinerlei Gefahr.

Die Quellen über die amourösen Abenteuer Friedrich Augusts sind, wie man sich leicht denken kann, nicht so eindeutig und einwandfrei wie die Urkunden über Königswahl, Friedensschlüsse und andere Verträge, aber wir können an ihnen nicht vorbeigehen, weil es zum Bild Augusts des Starken gehört, daß er ein vielliebender Monarch war, und weil er in dieser Rolle auf deutschem Boden gewiß keine gleichwertige Konkurrenz hat. Wir gestehen gern, daß diese Abenteuer heute mehr Interesse beanspruchen dürfen als so mancher politische Winkelzug, der mit großem Aufwand zu inzwischen völlig überholten Ergebnissen führte. Als Prinz, Herzog, Kurfürst und König eine gleichermaßen einnehmende Erscheinung, tritt uns Friedrich August als ein hochgeborener Casanova entgegen, als ein Frauenheld, der sich nicht erst zum Cavaliere di Seingalt machen und mit päpstlichen Orden prunken muß, weil er ohnedies aus einem regierenden Hause stammt und offensichtlich mit Geldmitteln reichlich versehen ist.

Unsere Quellen für das nähere Studium von Augusts bewegtem Liebesleben sind, neben einzelnen schon erwähnten Briefschaften und den Schicksalen seiner berühmteren Mätressen, vor allem die bekannten Klatschtanten der Höfe, drei seriöse und ein vierter, dem dieses Prädikat nicht so ohne weiteres verliehen werden kann: Ernsthaft und ernst zu nehmen ist Karl Eduard Vehse (1802–1870), Sachse aus dem Bergakademiestädtchen Freiberg, in dem schon zu Zeiten der Romantiker reges geistiges Leben herrschte. Vehses achtundvierzig (!) Bände über die Geschichte der deutschen Höfe

– auch der geistlichen! – sind einzigartige Fundgruben nicht nur im Genre der *Chronique scandaleuse*. Etwa gleichwertig, wenn auch weniger systematisch, ist der sächsische Minister Heinrich Graf von Bünau (1697–1762), also beinahe ein Zeitgenosse. Bünau, ein Polyhistor mit einer herrlichen Bibliothek von 42 000 Bänden, wird oft mit unserem dritten Gewährsmann verwechselt, mit dem unschätzbaren Friedrich Bülau, dem deutschen Gegenstück zu Lenôtre, jenem kuriosen Franzosen, der die *Petite Histoire*, die Geschichte der Nebensächlichkeiten und Nebenfiguren, zur Wissenschaft erhob. Bülau (1805–1859) stammt ebenfalls aus Freiberg und hat in seinen Sammlungen *Von Geheimen Geschichten und rätselhaften Menschen* Materialien bewahrt, die heutzutage nicht mehr zu erlangen wären. Dabei haben ihn etwa die Staatsgefangenen auf dem Königstein nicht weniger interessiert als die Gräfin von Rochlitz.

Der Solitär deutscher Skandalgeschichtsschreibung, der vierte, der das Kleeblatt erst zum Unikum macht, ist als einziger kein Sachse, sondern in Geldern geboren: Karl Ludwig Freiherr von Pöllnitz (1692–1775), Enkel eines brandenburgischen Generals, ist kein Historiker, sondern zählt zu einer Spezies des achtzehnten Jahrhunderts – er ist ein Abenteurer. Seiner Schulden wegen überall verfolgt, reiste er durch ganz Europa, nahm überall Kriegsdienste, wechselte, weil das damals nicht anders ging, zu diesem Behuf auch sein religiöses Bekenntnis und wurde schließlich sogar Oberzeremonienmeister am Hof Friedrichs des Großen – da aber war sein Lieblingsheld, der galante Sachsen-Kurfürst Friedrich August, bereits nicht mehr am Leben. Von seinen als nicht sehr zuverlässig geltenden Memoiren hört man heute nicht mehr viel, obwohl die sechs Bände den Vergleich mit anderen Erinnerungswerken der Epoche nicht zu scheuen brauchen. Hingegen ist *La Saxe galante* bis heute lebendig geblieben und – unersetzlich. Es gibt kein anderes Quellenwerk von solchem Reichtum über den jungen Friedrich August und seine Reiseabenteuer, und darum können auch wir nicht umhin, zumindest ein paar Kuriosa von Pöllnitz zu beziehen, wie es bislang noch jeder Biograph Augusts des Starken tun mußte. Pöllnitz blieb übrigens dem Land Sachsen auch über den Tod Augusts des Starken hinaus treu und ergänzte seine *Mémoires* in der zweiten Auflage, die 1735 bei Hoguel & Co. in London erschien, um ein völlig neues Kapitel *Etat abregé de la Cour de Saxe sous le Règne d'Auguste III Roi de Pologne et Electeur de Saxe*, ein dem Sohn Augusts des Starken gewidmetes Werk, das sich mehr in Huldigungen ergeht als in interessanten Informationen.

Anders bei August dem Starken selbst. Über seine venezianischen, florentinischen und spanischen Abenteuer besitzen wir neben dem wiederholten und vielsagenden Lamento seines Begleiters von Haxthausen einzig Pöllnitz als Quelle echter Information, denn wenn August selbst auch in barbarischer Rechtschreibung die eine oder andere autobiographische Andeutung machte, *concreta* liefert uns doch nur der Baron aus Geldern. Sein Interesse an Sachsen erklärt sich aus der Tatsache, daß seine Familie in Thüringen und Meißen begütert war, sein Hang zum Abenteuer mag Schicksal sein: zwei Vettern von ihm waren von Seeräubern ermordet worden, als Pöllnitz selbst erst zwei Jahre zählte, und dieser Doppeltod hatte die Familie in komplizierte Prozesse um das schöne Schloß Goseck mit seinen Umlanden gestürzt; der Großvater des Barons war »des Nachts von einem Diener jämmerlich ermordet worden« (Gauhen); seine Tante Henriette, eine verwitwete von der Schulenburg, hatte mit dem Marquis du Hamel einen Generalissimus der Republik Venedig geheiratet und war 1705 verstorben, wobei sie ein großes Vermögen hinterließ. All dies geschah zu früh für Karl Ludwig, der damals erst vierzehn Jahre zählte und an die im Mittelmeer erbeuteten Türkenschätze seines kriegerischen Oheims noch nicht heran durfte.

Mit Sachsen und Venedig also durch enge Bande verknüpft, schildert uns Pöllnitz ausführlich, daß August sich in der Lagunenstadt zunächst in eine Signora Mocenigo verliebte. Er fing also ganz oben an, denn die Mocenigo sind eine der Dogensippen, und entsprechend vornehm war auch die Abfuhr, die er sich holte. Die Dame scheint jedoch die nötigen Relationen gehabt zu haben, jedenfalls fand sich bald eine junge Witwe, nach Jahren neben einem Uralt-Nobile entsprechend liebesdurstig, die dem Herzog aus Sachsen ein nächtliches Stelldichein gewährte. Da ein in der Kirche zugestecktes Billett, ein verschwiegener Gondolier und eine kupplerische Duenna eine Rolle spielten, ist freilich nicht auszuschließen, daß dem reichen Ausländer ganz einfach eine Nobeldirne zugeführt wurde, die solche Zurüstungen traf, um den Preis hinaufzutreiben. August freilich glaubte an die Witwenschaft, welche der Schönen auferlegte, das Haus zu hüten, und stürzte sich mit solchem Empressement in diese Leidenschaft, daß seine Suite drei Tage lang nichts von ihm hörte und Graf Vitzthum bereits den Gondolier verhaften lassen wollte. So ganz sicher scheint also auch das Venedig von damals nicht gewesen zu sein.

Indes kam es ganz anders. August durfte sich als der Herr im Haus fühlen, in einem prächtigen Haus mit Dienerschaft und kostbarem Mobiliar. Die junge Witwe legte die zärtlichste Fürsorge an den Tag, erklärte, den vornehmen Fremden heimlich schon seit geraumer Zeit zu lieben, und schuf ihm den Himmel auf Erden. Eines Tages jedoch »kam der Prinz zu ungewöhnlicher Stunde zu ihr. Die Dienerschaft, die ihn als Herrn des Hauses ansah, meldete ihn nicht, und so ging er gerade auf das Zimmer der Witwe zu. Auf der Treppe begegnete ihm die alte Duenna, die bei seinem Anblick gewaltig erschrak und ihn bat, das Zimmer der Herrin nicht zu betreten, da diese sich unwohl fühle und ruhen müsse. Die Verwirrung der Alten schien dem Prinzen verdächtig, er beeilte sich, trat ein und fand die Geliebte nackt in den Armen eines Dominikaners. Die beiden waren so intensiv miteinander beschäftigt, daß August eine ganze Weile neben dem Bett stehen und ihnen zusehen konnte, ehe sie ihn gewahrten. Die Witwe erblickte ihn zuerst, schrie laut auf und suchte sich aus den Armen des Mönchs zu befreien, wobei dieser von dem Ruhebett, auf dem beide gelegen, herabfiel. Als die Dame aufstand und in der Eile nach einem Kleidungsstück griff, verwickelte sie sich darein und fiel über den Mönch, was die Verwirrung noch vergrößerte. Während sie sich endlich erhoben, überhäufte der Prinz sie mit Vorwürfen. Dabei übersah er den Mönch, der geschwind, die Kleider in der Hand, entwich.«

Friedrich August schlug in seiner Wut mit der flachen Klinge auf den unfrommen Pater ein, der immerzu versicherte, wer ihn schlüge, würde in den Bann getan. Da keine Gondel vor dem Haus lag, August aber immer kräftiger zuschlug, sprang der Mönch schließlich in den Kanal und wäre ertrunken, hätte nicht ein Diener der Witwe ihn aus dem Wasser gerettet. Pöllnitz schließt die Geschichte, die von Bandello stammen könnte, mit dem Bericht, daß die zerknirschte Witwe bald darauf in ein Kloster eingetreten sei, und dieser Schluß ist zweifellos das am wenigsten Glaubwürdige an der ganzen Begebenheit.

Was danach noch kam, war das Übliche: Zunächst suchte der Herzog Trost bei den Kurtisanen und lernte bei der berühmten Trompettina das ganze vornehme Venedig kennen. Danach brachte ihm ein Ausflug ins Bürgerliche die Liebschaft mit einer Signora Mattei, deren Mann Geschäfte auf der *Terra firma* hatte, und schließlich landete er dort, wo er hätte beginnen sollen, wenn er Bescheid gewußt hätte, bei einer der schönen adeligen Nonnen. Die Erwählte ließ sich jedoch so lange bitten, daß August, wenn man Pöllnitz glauben will, beinahe schon damals katholisch geworden wäre...

In Florenz zeigte Friedrich August sich begeistert von der schönen Bayernprinzessin Violante Beatrix, die nicht ganz drei Jahre jünger war als er und den Erbprinzen der Toscana geheiratet hatte. Um ihr zu gefallen, stürzte sich August mit solchem Verve in die Ritterspiele, daß er den Herzog von Mantua, den stolzen Lokalmatador, ausstach, von ihm böse Worte bekam und ihm daraufhin seinen Adjutanten Rosen mit einer Duellforderung zuschickte. Der Mantovaner freilich hatte am Vortag genug gesehen und zog es vor, sich zu entschuldigen, ja sogar zu unterschreiben, daß er sich gescheut habe, mit August die Klingen zu kreuzen.

Nach dieser auch von anderer Seite bezeugten Episode kommt wieder die Fama zu Wort, und zwar in Siena. Eine schöne Unschuld, die von der eigenen Mutter dem Prinzen zugeführt wurde, fiel in dem Augenblick der Wahrheit vor ihm auf die Knie, bekannte, daß sie heimlich verlobt sei und bat inständig, sie zu schonen, weil der Bräutigam sie sonst nie und nimmer zur Frau nehmen würde. Ihre Mutter sei gegen diese Verbindung und habe sie aus Haß prostituiert. Auch diese Geschichte haben Italienreisende zu Dutzenden erzählt, und es bleibt jedem einzelnen überlassen, in diesem Umstand einen Beweis für die Wahrheit oder für die Unwahrheit zu erblicken. Friedrich August jedenfalls begab sich mit dem Mädchen zu der bösen Mutter und erklärte, den ausbedungenen Liebeslohn nur zu bezahlen, wenn das Mädchen den Mann ihrer Wahl erhalte. Da der Prinz angeblich tausend Pistolen zugestanden hatte, einen Betrag also, der mindestens zwanzigtausend DM entsprach, ging die Mutter auf alles ein, und Friedrich August mag sich bei aller Großherzigkeit doch gesagt haben, daß die Unschuldslämmer in Siena besonders hoch im Kurs stünden.

Den interessantesten Bericht gibt Pöllnitz aus Rom. Natürlich hatte Friedrich August auch dort seine Liebschaften, zunächst mit einer Fürstin Colonna, die darum von ihrem eifersüchtigen Gatten auf ein Landgut gebracht wurde, danach aber mit Signora Monti, der zu jener Zeit schönsten Römerin. Ungleich wichtiger aber ist die ahnungsvolle Höflichkeit, mit der Papst Innozenz XII., der Süditaliener Antonio Pignatelli, den jungen Protestanten aus Sachsen auszeichnete. Man feierte in Rom die Osterwoche mit großem Prunk, und Innozenz XII. achtete darauf, daß Friedrich August stets einen guten Platz erhalte, um den kirchlichen Vorgängen folgen zu können. Der Prinz wurde auch in Privataudienz empfangen, wobei sich der Heilige Vater bekümmert über die Unterdrückung der Katholiken in Sachsen äußerte, worauf Friedrich August versprach, für Besserung zu sorgen. Wie er, lediglich Bruder des Kurprinzen, dies anstellen wollte, wird allerdings nicht klar, es sei denn, August hätte schon damals die geheimen Neigungen seines Vaters und seines Bruders für die katholische Religion gekannt, jene Sympathien, die bald darauf in der Affäre

Rochlitz offenbar wurden. »Erfreut umarmte ihn der Papst«, schreibt Pöllnitz, »und sagte zu ihm im prophetischen Geiste: Gott wird Ihre Tugenden belohnen, er wird Sie wieder in den Schoß der Kirche führen und Sie das glänzendste Schicksal erleben lassen.«

Es gibt nichts Einfacheres, als in die Erzählungen aus vergangenen Zeiten prophetische Worte einfließen zu lassen, und gar einem Papst stehen sie besonders gut an. Um eine simple Legende braucht es sich dennoch nicht zu handeln. Innozenz XII. entstammte einem alten fürstlichen Geschlecht. Er war bei aller Bescheidenheit und Rechtschaffenheit einer der besten Außenpolitiker, die je auf dem Heiligen Stuhl saßen, und er war Nuntius in Polen gewesen. Es ist nicht auszuschließen, daß er dem ja schon rein äußerlich vielversprechenden Prinzen, der zu jener Zeit noch keine konkrete Aufgabe vor sich sah, den Gedanken einer Kandidatur in Polen eingegeben habe, vor allem, da diese viel aussichtsreicher war, wenn kein protestantisches deutsches Kurfürstentum daranhing, sondern nur ein begabter und in seiner Erscheinung imposanter Prinz sich um einen erledigten Thron bewarb.

Die Audienz und die vielfache Beachtung, die der Papst dem Prinzen aus Sachsen schenkte, erregten soviel Aufsehen in Rom, daß an der berühmten Klatschecke der Ewigen Stadt die Frage angeschlagen wurde, ob denn nun der Papst protestantisch geworden oder der deutsche Prinz zum Katholizismus übergetreten sei. Friedrich August freilich ging dieser Frage nicht nach, sondern besuchte nach stürmischer Seefahrt noch Sizilien und reiste dann abermals nach Venedig.

Nicht viele Städte gewährten solche Freiheiten, wie die berühmte Handelsrepublik dies mit Rücksicht auf ihre wohlhabenden Partner aus allen seefahrenden Ländern für richtig hielt. Im strengen Spanien hingegen, wo man noch Jahre später bestraft wurde, wenn man den Sonntagsgottesdienst versäumte, wäre es dem Prinzen und jungen Herzog beinahe ans Leben gegangen. Die Episode wird von Pöllnitz mit plausiblen Details und sovielen präzisen Namen erzählt, daß wir uns dem Urteil des Professors Haake anschließen müssen, der sagt, Pöllnitz sei »für den Historiker zwar eine trübe, aber nicht nur das Milieu... richtig wiedergebende, sondern auch im Detail brauchbare Quelle«.

Danach war der Prinz aus Sachsen mit seiner Begleitung auf seiner Spanienreise in Madrid eingetroffen, als man gerade zu einem großen Stierkampf rüstete. Dieser sollte auf der Plaza Mayor stattfinden, also nicht, wie heute, in einer Arena, sondern eher in der Art vor sich gehen, wie wir es vom alljährlichen Amateur-Stiertreiben in Pamplona kennen. Der Platz war durch Gerüste und Tribünen gegen die Stiere gesichert, August erschien – wie stets – mit auffallender Kleidung, großer Suite und schon durch seine Gestalt überragend. Er beobachtete, wie sich die Einheimischen mit den Stieren auseinandersetzten. Als er glaubte, die Vorgänge begriffen zu haben und das Verhalten der Stiere zu kennen, sprengte er selbst mit seinem Pferd auf die Plaza, wurde von einem Stier angenommen, brachte es aber zuwege, mit seinem Hirschfänger so genau zwischen die Nackenwirbel zu treffen, daß der Stier auf der Stelle tot umfiel.

Das hatte natürlich Sensation gemacht, und wenn auch der König eine Audienz erst für den nächsten Tag in Aussicht stellte – waren doch schwierige Etikettefragen zu klären –, so empfing die Königin doch noch am selben Abend Friedrich August im Kreise ihrer Hofdamen.

Diese Königin war Maria-Anna, Prinzessin von Pfalz-Neuburg, etwa drei Jahre älter als Friedrich August und mit ihrem Ehemann, dem immerzu kränkelnden und schwächlichen Karl II., ganz und gar nicht glücklich. Karl war damals zwar erst dreißig Jahre alt, aber völlig impotent, und die bedauernswerte, fern von der Heimat in dieser Pseudoehe lebende Prinzessin hatte sich in eine enge Freundschaft zu einer intellektuell bedeutenden Frau geflüchtet, der Witwe des Grafen Wilhelm Ludewig von Berlepsch, einer geborenen Wolfin von Guttenberg. Diese Frau, die praktisch das ganze spanische Reich regierte, interessierte – obwohl sie anwesend war – den jungen sächsischen Prinzen jedoch weit weniger als die Marquesa de Manzera.

Ohne Vorstellung von spanischen Verhältnissen und den

ungeheuren Schwierigkeiten, eine verheiratete Dame von Stand überhaupt näher kennenzulernen, ging Friedrich August in dieses Abenteuer genau so unbedacht wie in den Stierkampf selbst. Eine gewisse Chance bot sich nur durch die außerordentlich niedrigen Löhne und die Armut des Dienstpersonals. Für die Mittel eines Sachsenprinzen war zum Beispiel jede Duenna käuflich. Vom Diener zur Duenna wurde der Reichtum des deutschen Prinzen gelobt, der hier ja als ein Graf von Meißen auftrat, und ein Hofball tat das übrige, um August und seine Angebetete einander näherzubringen. Was nun folgt, ist ein ganzer Roman, würdig eines Lesage oder Quevedo: Ein Mönch, ohne den in Spanien bekanntlich nichts vor sich geht, wurde in die Intrige einbezogen, nicht nur die Kammerfrau, sondern auch deren Nichten wurden bestochen, August hüllte seine Heldengestalt in eine Mönchskutte und trat als Italiener auf. Endlich hatte man die zunächst standhaft zaudernde junge Marquesa so weit, daß sie für ein Viertelstündchen dorthin kam, wo alle spanischen Liebesgeschichten anfangen, zum Gartenpförtchen des Palacio Manzera.

Aus der Viertelstunde wurden drei Stunden, aus dem einen Abend deren mehrere, und weder die Mutter der Schönen, eine Herzogin von Fernandino, noch der Marques selbst bemerkten etwas, obwohl ihre Zimmer auf die Gartenseite hinausgingen. Natürlich konnten diese Liebesnächte in spanischen Gärten nicht ohne Paukenschlag enden. Der Marques, offenbar nicht mehr ganz jung, war leidend, hatte oft Kopfschmerzen und litt an Schlaflosigkeit. Er verließ tagelang sein Zimmer nicht, aber in einer seiner ruhelosen Stunden entdeckte er seine Frau, als sie vom Garten ins Haus huschte, beriet sich mit einem vertrauten Kammerdiener und beschloß, den Liebhaber, an den er seit dem Hofball immer wieder hatte denken müssen, nach echt spanischer Sitte durch Dolchmänner erledigen zu lassen.

Friedrich August kam zum nächsten Stelldichein, ahnungslos und dessen gewärtig, was man damals diskret unter der Bezeichnung ›alle Wonnen der Liebe‹ pauschalierte. Während der Prinz sich der Gartenpforte näherte, blieb der brave Vitzthum auf der Straße im Dunkel, und das rettete Friedrich August. Vier Männer drangen auf ihn ein, weniger hatte man nicht einzusetzen gewagt, weil Augusts Körperkräfte ja bekannt waren. Der Prinz konnte unter dem weiten Mantel noch eine Pistole erreichen und den ersten erschießen. Der Schuß rief Vitzthum herbei, gerade noch rechtzeitig, denn Friedrich August wehrte sich mit dem Degen verzweifelt gegen drei Angreifer. Einer von ihnen wurde getötet, ein zweiter tödlich verwundet, der dritte entfloh ins Dunkel. Friedrich August, aus mehreren Fleischwunden blutend, ließ sich von Vitzthum in den Gasthof zurückbringen, noch ehe die Scharwache am Ort des Kampfes erschien. Dem Wachoffizier gestand der sterbende Bravo, daß er gedungen worden sei, den deutschen Grafen zu erdolchen, und lebte gerade noch lange genug, um die letzte Ölung zu erhalten.

Was sich im Palacio Manzera begab, während Friedrich August seine Wunden auskurierte, ist ein typischer Zurbarán, schwarzbraun mit schwarz: Der Beichtvater des Bravo hätte wohl geschwiegen, aber der Offizier der Scharwache hatte das Geständnis mit angehört, und der Marques war somit als Urheber eines Mordkomplotts am Tod dreier Menschen schuldig. Wegen seiner hohen Geburt bedeutete ihm die Krone, man habe die Absicht, ihm Zeit zu lassen, seine Angelegenheiten zu regeln, und es wird sich wohl nie klären lassen, was darunter verstanden wurde. Das erste, was der Marques, der nichts mehr zu verlieren hatte, tat, war, die Kammerfrau und Hauptverräterin zu erdolchen, und das angeblich vor den Augen der Marquesa. Diese selbst stellte er vor die klassische Alternative, eine Schale mit Gift auszutrinken oder ebenfalls erdolcht zu werden. Sie flehte um Gnade, beteuerte, daß sie sich lange gegen die Versuchung gewehrt habe, und trank, als sie ihren Gatten unerbittlich sah, das Gift. Angesichts der begrenzten Kenntnisse der spanischen Apotheker wäre sie wohl dennoch mit dem Leben davongekommen, weil ihr Hündchen die anderen Frauen des Hauses und ihre Mutter herbeijaulte, aber da sie sich wohl vorstellen konnte, welches Schicksal ihrer harrte – es konnte ja nur lebenslange Klosterhaft sein – wehrte sie sich angeblich,

Brechmittel oder Gegengifte einzunehmen und starb noch am selben Abend.

Der kupplerische Mönch, den niemand verdächtigte und der weiter im Palacio Manzera ein und aus ging, informierte Friedrich August und Vitzthum über diese Geschehnisse. Der Prinz schützte dringende Pflichten in Sachsen vor und erbat die Abschiedsaudienz. Karl II., der letzte spanische Habsburger, hatte von all dem offenbar nichts gehört oder nichts begriffen. Er beschenkte den scheidenden Prinzen, dem freilich die Laune verdorben war, und August reiste über Valencia und Katalonien in die Stadt, in der sich bis heute die Spanier trösten, wenn es ihnen zu Hause zu düster wird – nach Perpignan.

Diese Berichte über die ersten Liebesabenteuer des Prinzen und späteren Herzogs beweisen, ob sie nun in allen Einzelheiten stimmen oder ausgeschmückt wurden, zweierlei: seine starke Attraktion auf Frauen, auch wenn diese in gesicherten Verhältnissen leben und sozial jenen Schichten angehören, in denen Ehebruch als schweres Verbrechen gilt, und zweitens: daß August seiner ganzen Natur nach ein Draufgänger war, daß sein unbändiges Selbstgefühl sich zunächst an den amourösen Erfolgen bestätigte und darum auch seine politischen Ziele beeinflußte. Er wird, was immer sich ihm in den Weg stellen sollte, sein ganzes Leben lang Zeit, Mühen und raffinierteste Überlegungen aufwenden, um nicht nur seine Macht zu erweitern, sondern vor allem auch die Frauen an seine Seite zu ziehen, die diesem hochgesteckten Lebenskonzept angemessen erscheinen.

Karl Ludwig Baron von Pöllnitz, höflich wie sein Jahrhundert, ergeht sich in seinem Bericht über das galante Sachsen sehr ausführlich über die äußeren Reize jener Dame, die Friedrich August als Prinz geheiratet hat, also über Eberhardine, Tochter des Markgrafen Christian-Ernst von Brandenburg-Bayreuth: »An dessen Hof sah er die Prinzessin Eberhardine, Tochter des Markgrafen. Die Schönheit dieser Prinzessin schien alles zu übertreffen, was er auf seinen Reisen je gesehen hatte. Er war verliebter in sie, als je in eine seiner Geliebten. So wollte er allen anderen Neigungen entsagen und die Prinzessin gewinnen, die ihm als das größte Glück auf Erden erschien. Tatsächlich gehörte die Prinzessin von Bayreuth zu jenen Damen, die man nicht ohne Bewunderung ansehen konnte. Ihr weißer Teint und ihre blonden Haare machten die bezaubernd schön. Ihre Züge waren regelmäßig, und ihr Gesicht wie ihr ganzes Wesen strahlten von Anmut und Lieblichkeit. Ihre Anspruchslosigkeit und ihr sanfter Charakter machten den Umgang mit ihr zu einem Vergnügen. Nur war sie etwas zu ernsthaft für ein Mädchen, das noch nicht fünfzehn Jahre alt war.«

Pöllnitz machte Eberhardine zunächst jünger. Sie ist am 21. Dezember 1671 zur Welt gekommen, also eineinhalb Jahre jünger als Friedrich August und bei der Eheschließung am 20. Januar 1693 mit zweiundzwanzig Jahren keineswegs sensationell jung, ja für jene Zeiten und den Brauch zwischen fürstlichen Familien eigentlich beinahe ein Mauerblümchen. Ein Jugendbildnis von ihr hat der Graveur Pieter I. Schenck in Kupfer gestochen. Die Arbeit des tüchtigen, in Holland ausgebildeten Elberfelders, der später Augusts Hofgraveur wurde, gibt uns den deutlichsten Eindruck der von Pöllnitz so gerühmten Schönheit. Trotz des zu langen Gesichts und eines sehr frühen Doppelkinnansatzes ist ihr ein gewisser sinnlicher Reiz nicht abzusprechen. Der kleine Mund sitzt kokett zwischen vollen Wangen, die mandelförmigen Augen blicken sehr ruhig unter hohen Brauen an einer offenbar etwas zu lang geratenen Nase vorbei. Die Schulter- und Nackenlinie geben im Verein mit dem modisch entblößten Brustansatz der ganzen Erscheinung jenes verlockende Flair, das der in den Mittelmeerländern so verwöhnte junge Fürst in Deutschland wohl nicht erwartet haben dürfte. Darum kam die Ehe, die den Beratern am Dresdner Hof sehr willkommen war, verhältnismäßig schnell zustande, doch wurde das erste Kind des Paares erst im Oktober 1696, also dreidreiviertel Jahre nach der Hochzeit, geboren und blieb auch das einzige. Am 28. Oktober desselben Jahres, nur elf Tage nach dem Thronerben, wurde Friedrich Augusts begabtester und berühmtester Sohn geboren, nämlich Moritz, Graf von Sachsen und späterer Marschall von Frankreich, der Sohn der Aurora von Königsmarck. Friedrich August hatte also binnen zweier Wochen für Nachfolge und Nachruhm gesorgt und hätte sich auf diesen Lorbeeren ausruhen können. Aber genau das Gegenteil trat ein, und es war, nach allem, was wir über die Jugendstreiche des Prinzen wissen, auch nicht anders zu erwarten gewesen.

Die schöne Schwedin war, als ihr Sohn auf der Reise in dem alten Kaiserstädtchen Goslar geboren wurde, keineswegs mehr die glückliche Mätresse, die umworbene große Dame, von der selbst die Kurfürstin Eberhardine nur mit Sympathie sprach und die sich durch ihren Takt und ihre Noblesse bei Hof soviel Verehrung gesichert hatte. Sie war bereits wieder, wie man beinahe sagen müßte, auf der Walz, war zu jenem unsteten Leben zurückgekehrt, das eigentlich schon begonnen hatte, als ihre vermutlich erste und gewiß größte Liebe, der junge Klaus-Gustav Graf Horn nach einem Duell – in dem es um Aurora gegangen war – fliehen mußte und dabei umkam. Wie ein erloschener Vulkan zog die hochgebildete, alle Hofsprachen Europas beherrschende, in Musik und Dichtkunst gewandte Abenteurerin seither durch Europa, war in Hannover kurze Zeit die Geliebte Georg Ludwigs (später Georg I. König von England) und stiftete somit gemeinsam mit ihrem attraktiven Bruder Philipp Christoph einige Verwirrung in den europäischen Ahnentafeln. Während sie den langweiligen Georg Ludwig erhörte, weil sie gerade schlecht bei Kasse war, entbrannte zwischen ihrem Bruder und Georg Ludwigs unglücklicher Gemahlin jene verhängnisvolle Liebe, die zum Tod des Grafen Königsmarck führen sollte. Auroras Mätressenherrlichkeit am kursächsischen Hof währte demnach nur vom Hochsommer 1694 bis in den Winter 1695/96, eine an sich kurze Zeit, die sich durch Friedrich Augusts Kampagne gegen die Türken noch verringert hatte. Bei der Geburt des Knaben in Goslar wußte Aurora also, daß dieses Kind die letzte Chance war, zu einigem Vermögen und zu einer gewissen Versorgung zu kommen, denn König Karl XI. von Schweden hatte alle Adelsgüter seiner Untertanen auf dem europäischen Kontinent zugunsten der Krone eingezogen, und das einzige Guthaben, das Aurora noch besaß – das Erbschaftsbegehren auf 30 000 Taler, die Friedrich August im rheinischen Feldlager an Auroras Bruder verspielt hatte –, bedeutete einen mehr als windigen Anspruch angesichts der Geschenke, die sie als seine Geliebte erhalten hatte. Sie ließ sich daher, inzwischen in Rechtsgeschäften einigermaßen erfahren, die richtige Geburt eines Knaben von den verdutzten Stadtvätern von Goslar mit Brief und Siegel bescheinigen. Das war so unerhört nicht, manche französische Mätresse des anbrechenden achtzehnten Jahrhunderts wird es genauso halten müssen, um die Alimente zu sichern, nur die rauhe Liselotte von der Pfalz, als Fürstin fern solchen niedrigen Frauensorgen, entrüstet sich in einem Brief vom 2. Januar 1697:

»Die Aurora Königsmarckin mus eine wunderliche Kreatur sein und gantz ohne Schamhaftigkeit, dass sie Bürgermeister und Syndicus in einer Stadt zu Zeugen nimmt, wie sie einen Bastard auf die Welt bringt. Mich deucht, Teutschland wird ganz anders, als es zu meiner Zeit war, denn von solchen unverschämten Sachen habe ich nie gehört.«

Der letzte Satz spricht freilich nicht für das Gehör der guten Liselotte, denn in der Pfalz, in Hannover, in Celle und in Hessen ging es im siebzehnten Jahrhundert nicht viel anders zu als an jenem französischen Hof, dessen Treiben sie aus nächster Nähe beobachten konnte. Eher hätte sie sich über Friedrich August entrüsten sollen, denn der hatte, als er

König von Polen geworden war und in Warschau prächtig Hof hielt, jenen seltsamen Einfall, der später Gottfried Keller zu der köstlichen Novelle vom *Landvogt von Greifensee* führte: Am Vorabend seines Übergangs zu polnischen Mätressen, die das Polenvolk mit ihm versöhnen sollten, lud er die Schönen seines bisherigen Lebens nach Warschau: Aurora Gräfin Königsmarck, deren Sohn eben erst ein Jahr zählte, seine Wiener Geliebte, die Gräfin Lamberg, und ein junges Mädchen, von dem zu diesem Zeitpunkt vielleicht noch nicht einmal August selbst wußte, daß sie seine nächste Favoritin sein werde, die kleine Türkin Fatime, die in der Taufe die Namen ihrer Patin Maria Aurora erhalten hatte.

Von diesen drei Berühmtheiten der ersten Mätressen-Generation sind einwandfreie Unterlagen nur über Aurora Gräfin Königsmarck vorhanden, wir haben sie darum auch in den Lauf der Ereignisse bereits eingegliedert. Hinsichtlich der Gräfin Lamberg und der Türkin Fatime widersprechen einander alle Quellen, und auch gründliche Biographen wie Gurlitt konnten in diesem Zusammenhang Irrtümer nicht vermeiden: er nennt die Lamberg Lemmberg und behauptet, Fatime habe Friedrich August selbst von einem Türkenfeldzug mitgebracht. Damit werden in beiden Fällen Quellen beiseite geschoben, die zwar keine urkundliche Qualität besitzen, aber die doch einige Wahrscheinlichkeit für sich haben und aus denen wir die folgende Version schöpfen, ohne unbedingte Authentizität garantieren zu können. Aber die Verflechtungen von Politik und Liebe, von politischen und amourösen Intrigen rund um Friedrich August waren vor allem in der ersten Hälfte seines Lebens so intensiv und so schwer zu entwirren, daß die Historie ohne die Histörchen kaum geschrieben werden kann.

Das gilt im besonderen Maß für den Schauplatz Wien, wie nicht weiter verwunderlich, und es tut wenig zur Sache, daß die Hauptaktrice, die schöne Gräfin Lamberg, verehelichte Esterle, uns zwar aus Abbildungen bekannt, im übrigen aber schwer zu lokalisieren ist. Denn so gut wir uns über ihre elterliche Familie unterrichten können, so sehr bleibt der Kammerherr im Dunkel, den sie als Gatten erwählte und dessen Name bald Esderle, bald Esterle, gelegentlich auch Esterla und in manchen Quellen auch Iserle (!) geschrieben wird. Das ist um so verwunderlicher, als die Lamberg eine der berühmtesten Sippen der habsburgischen Erblande waren, große Herren, die für den Kaiser in Norditalien, Krain, Laibach, Ober- und Niederösterreich regierten, Bischöfe von Salzburg, Prag und Passau stellten und sich dank zahlreicher Kinder außerordentlich ausbreiteten: ein oberösterreichischer Lamberg hatte von zwei Gemahlinnen zwölf Söhne und zehn Töchter...

Von diesen vielen Lamberg griff vor allem Johann Philipp, Erzbischof von Passau und später Kardinal, in die sächsische Geschichte und die Schicksale Friedrich Augusts ein. Der hochbegabte Kirchenfürst und Diplomat brachte Johann Georg III., also den Vater unseres starken August, dazu, sich mit sächsischen Truppen am Entsatz von Wien im Türkenjahr 1683 zu beteiligen. Lamberg war es auch, der als kaiserlicher Gesandter in Berlin und Dresden das Intrigenspiel um die polnische Königswahl einfädelte, so daß Flemming nur noch die eigentliche Schmutzarbeit der Bestechungen zu leisten hatte.

Eine zweite starke Bindung an Wien bedeutete Augusts etwas überraschende Freundschaft zu Erzherzog Joseph, dem Thronfolger (später Kaiser Joseph I.), einem Jüngling, der sich stark an den eindrucksvollen Sachsenprinzen attachierte und dadurch den Unwillen seiner katholischen Erzieher und Betreuer hervorrief. August hatte eben auf einem Hofball die Gräfin Esterle kennengelernt und war von ihr ermutigt worden, als es durch Joseph zu einem ersten Zwischenfall kam, der August vor allem darum ärgerte, weil er ein in der Frühphase der Beziehung besonders wichtiges Stelldichein mit der schönen Gräfin dadurch versäumte. August war eines Morgens bei seinem jungen Freund eingetreten und hatte ihn blaß, übernächtig und in höchster Aufregung angetroffen: eine nächtliche Erscheinung, ein Geist in Ketten, hätte Joseph bedeutet, daß er großem Unglück entgegengehe und sein hohes Amt verrate, wenn er sich so eng an einen Protestanten wie den Sachsenprinzen anschließe.

Friedrich August, der mit seinem guten Hausverstand an Geister in der Hofburg nicht zu glauben vermochte und auch zu furchtlos war, um dergleichen einfach hinzunehmen, legte sich einige Nächte lang auf die Lauer, obwohl er diese kostbaren Wiener Nachtstunden lieber in den Armen der schönen Gräfin verbracht hätte. Er erwischte in der dritten Nacht tatsächlich das vermeintliche Gespenst und jagte es so lange, bis der kettenbeschwerte Geist eine Treppe hinunterfiel und dabei ein Bein brach: ein junger Kleriker hatte auf Betreiben von Josephs Beichtvater die Aufgabe übernommen, als Gespenst verkleidet den Erzherzog auf die Pfade der Rechtgläubigkeit zurückzuführen.

Die Gräfin, die in diesen Nächten vergeblich auf ihren zunächst so glühenden Verehrer gewartet hatte, wurde angeblich durch Ohrgehänge von großem Wert versöhnt und scheint August nichts nachgetragen zu haben, denn wir finden sie mit Unterbrechungen immer wieder an der Seite ihres bald darauf zum Kurfürsten aufgestiegenen und schließlich sogar zum König gewählten Anbeters. Eine Miniatur der Epoche zeigt sie uns als eine jener Schönheiten der Donaumonarchie, an deren besonderem Reiz einige Kronländer beteiligt zu sein scheinen. Das Gesicht, nicht bedeutend, ist hübsch, ja sogar lasziv und wird von großen Augen beherrscht, Mund und Kinnpartie wirken mit den kleinen Ohren beinahe orientalisch, so daß man sie sich als Typus recht gut in der Mitte zwischen der nordischen Schönheit der Königsmarck und der Türkin Fatime vorstellen kann.

Erzherzog Joseph, trotz seiner Jugend bereits mit einer Comtesse Palffy liiert, und Friedrich August im Besitz der schönen Lamberg-Esterle, hatten höchst angenehme Tage in Wien, bis Graf Esterle (wenn wir bei diesem Namen bleiben wollen) die Liebenden in einer eindeutigen Situation überraschte. An sich sollte er nach dem Rat seiner Ärzte enthaltsam leben, neben einer so schönen jungen Frau kein leichtes Schicksal, aber er hatte ihr eines Morgens etwas mitzuteilen, betrat gegen zehn Uhr ihr Schlafzimmer und mußte feststellen, daß seine Gemahlin seine Enthaltsamkeit nicht zu teilen vermochte. August sprang aus dem Bett und griff nach dem

Degen, der Graf floh im Schlafrock und beklagte sich später bitter beim Kaiser. Es kam zu Verhandlungen, in denen es Augusts gewandtem Berater Beichling gelang, den nicht sonderlich begüterten Esterle zum Einlenken zu bewegen. Beichling hatte ja schon in den Affären rund um die Gräfin Rochlitz eine sehr undurchsichtige Rolle gespielt, er war als Kuppler in seinem Element und brachte Esterle dazu, sich um den Übertritt in kursächsische Dienste zu bewerben. Schließlich erschien diese Lösung aber doch zu umständlich; Esterle wurde ein Jahresgeld von 20 000 Gulden ausgesetzt, für das er sich verpflichtete, seine Frau in ihren Beziehungen zu August nicht zu behindern, ihr jede Reise zu gestatten und etwa sich einstellende Kinder unverzüglich als seine anzuerkennen.

Die schöne Gräfin, die während dieser heiklen Besprechungen mit einem kleinen Schmuckköfferchen und den nötigsten Kleidern in der exterritorialen sächsischen Botschaft zu Wien gewartet hatte, kehrte erlöst in die eheliche Wohnung zurück – allerdings nur interimistisch: sie wurde eine der kostspieligsten von Augusts Mätressen und erlangte weder in Dresden noch in Warschau jenen Grad von Beliebtheit, den die Königsmarck erreicht hatte. Während Aurora bekanntlich selbst mit der Kurfürstin und sogar mit der strengen Mutter Augusts freundschaftlich verkehrte und von beiden geachtet wurde, machte sich die Esterle durch ihr hochfahrendes Wesen nur Feinde. In Polen soll sie die Geliebte Flemmings geworden sein, was August entweder nicht erfuhr oder zu ignorieren wünschte. Erst als er seine Mätresse mit dem jungen Fürsten Michal Serwacy Wisniowiecki erwischte, einem vielversprechenden Offizier aus einer der mächtigsten polnischen Adelssippen, da platzte ihm der Kragen. Den Nebenbuhler zu bestrafen, war nach Lage der Dinge nicht möglich, aber die Gräfin hatte nun das Maß voll gemacht, und Vitzthum mußte dafür sorgen, daß sie Warschau binnen vierundzwanzig Stunden verlasse.

August, sonst die Großzügigkeit in Person, war in diesem Fall so wütend, daß er ihr – allerdings erst auf Anraten einiger ihr nicht gewogener Personen – ein Detachement

Reiter nachschickte, um ihr von den vielen Geschenken, die sie im Lauf der Zeit erhalten hatte, wenigstens die kostbaren Juwelen wieder abnehmen zu lassen. Die Kutsche wurde eingeholt, die Gräfin überreichte tränenden Auges ein Lederköfferchen, bestand aber darauf, es zu versiegeln. Gekränkt ließ der polnische Offizier dies zu: er sei von Adel und hätte nie daran gedacht, seinen Herrn zu bestehlen. Als August die Siegel erbrach, erwies sich das Köfferchen zwar nicht als leer, aber was an Bändern, Gestecken und Agraffen darin enthalten war, besaß keinen besonderen Wert. Die Juwelen hatte die schlaue Wienerin offenbar an geheimeren Örtern versteckt. Andere Wertsachen größeren Umfangs soll ein ihr ergebener Musikus über Danzig aus Polen hinausgebracht haben. Friedrich August, dessen Zorn offenbar schnell verraucht war, soll über die Täuschung nur gelacht haben und sah von weiteren Verfolgungen ab.

Ein geschichtliches Ergebnis seiner engen Gemeinschaft mit Joseph war die Vereinbarung, daß zwischen den Kindern der Freunde eine Ehe gestiftet werden solle. Die Absprache darüber kam angeblich bei einem galanten Souper zu viert zustande, dessen Zierden die Comtesse Palffy und die Gräfin Esterle waren. Tatsächlich wurde Erzherzogin Maria Josepha, die Erstgeborene Josephs I., am 20. August 1719 mit dem einzigen ehelichen Sohn Augusts des Starken vermählt, und das, obwohl auch der Kurfürst von Bayern als Bewerber aufgetreten war und Habsburg damals ja noch sehr ernsthafte Absichten auf Bayern hatte...

Ziemlich geheimnisvoll ist auch die Beziehung Augusts zu dem Türkenmädchen Fatime, der späteren Frau von Spiegel, zugleich aber auch ein reizvolles Sittenbild des Jahrhunderts. Die fremden Mädchen und männlichen Sklaven fielen im Europa des siebzehnten, aber auch des achtzehnten Jahrhunderts ihrer Seltenheit wegen noch auf, und da sich vor allem die hohen Herrschaften für sie interessierten, gibt es einige bemerkenswerte Verflechtungen, die diese exotischen Importe berühmt machten – den Mohren des Zaren Peter zum Beispiel, von dem Puschkin abstammte, jener andere Mohr, den der ältere Dumas als seinen Großvater aufführte, so manche schöne Exotin, die in den Pariser Salons Furore machte und endlich unsere Fatime, die kleine Türkin, über deren Weg zu Friedrich August es gleich drei Versionen gibt. Nach der ersten und einfachsten sei sie seine eigene Kriegsbeute, er hatte ja oft genug mit den Türken die Klingen gekreuzt; nach der zweiten sei sie dem Feldmarschall Schöning zugesprochen gewesen, der sie August zum Geschenk gemacht habe; nach der dritten schließlich hatte sie der in kaiserlichen Diensten gegen die Türken kämpfende britische Offizier Philipp Erskine erbeutet, eine Weile bei sich behalten, weil er sie so niedlich fand, und schließlich seinem Waffengefährten, dem Grafen Königsmarck abgetreten. Die einzige verbürgte Mitteilung über diese Vorgänge findet sich in Haxthausens Memoiren und lautet: »Der Graf von Königsmarck hat sie in Buda(pest) bekommen. Das kleine Ding war in Goldbrokat gewickelt, woran einige seltsame, vielleicht türkische Steine (Halbedelsteine?) hingen. Nachdem er sie eine Weile mit sich geführt, hat er sie seiner Schwester gegeben, die das Mädchen dann auch erzogen hatte. Nach dem Verlust ihres Bruders hat sie Fatime, die zu einer reizvollen Jungfrau herangewachsen war, als Gesellschafterin, die über der Kammerfrau steht, mit nach Sachsen genommen.«

Nur diese dritte Version erklärt, warum die Gräfin Königsmarck, die sonst über ihre Nebenbuhlerinnen großzügig hinwegsah, ausgerechnet auf die kleine Fatime eifersüchtig wurde, als diese sich die Gunst Friedrich Augusts errang, und auch Auroras Schwester bezeichnet in einem viel späteren Brief noch die nunmehrige Frau von Spiegel als eine Schlange, welche die Königsmarcks am Busen genährt hätten.

Den Beweis dafür, daß die ihrer Schönheit sichere Königsmarck sich um Augusts Amouren sonst herzlich wenig kümmerte, mag man aus einem vertraulichen Bericht entnehmen, den der britische Gesandte Stepney Ende April 1695 an einen Lord Lexington richtete, der zwar nicht der Regierung angehörte, aber für Botschafterklatsch offenbar Verwendung hatte:

»Gestern Abend kam der Kurfürst von der (Leipziger Frühjahrs-)Messe zurück. Er kam zu Pferde ohne irgendeinen Diener und so ganz incognito, daß die Garde nicht einmal ins Gewehr trat; unmittelbar darauf begab er sich ins Ballhaus, um sich zu erfrischen. Den 4. Mai geht er nach Karlsbad. Er nimmt mit sich seine ordentliche Mätresse, Fräulein Clingle (Schreibfehler für von Klengel oder von Kessel), seine außerordentliche, die Königsmarck, und findet eine dritte dort vor zu seiner Disposition, Fräulein Althan.«

Es hatte der stolzen schwedischen Gräfin also nichts ausgemacht, mit einer Dresdener Beamtentochter und einem Wiener Comtesserl in Karlsbad aufzutauchen, wo man unter den Augen des Kurpublikums eben gemeinsam die weibliche Suite, sprich den Harem des Kurfürsten von Sachsen bildete. Mit Fatime aber war das anders, sie war beinahe wie eine Tochter für Aurora, führte ja auch dieselben christlichen Namen und war von ihr und durch ihr Beispiel herangebildet, also eigentlich eine jüngere und in ihrem exotischen Reiz völlig neue Erscheinung der vertrauten Mätresse. Hinzu kam, daß Fatime als Vertraute der Königsmarck so nah wie kein anderer Mensch die Beziehungen zwischen dem Kurfürsten und der Gräfin miterlebt hatte. Später, als Frau von Spiegel, erzählte sie dem jüngeren Haxthausen, »daß sie meistens bei den täglichen Besuchen des Kurfürsten bei der Königsmarck... zugegen war, weil die beiden oft nichts anderes taten als wie Kinder zusammen zu scherzen und zu spielen. Die Königsmarck hatte unendlich viel Geist und war sich immer gleich und amüsant, hatte immer ein neues Amüsement (bereit), das entzückte. Sie besaß alle Routine, einen jungen Fürsten zu bezaubern, der für die Ausschweifung geschaffen, dagegen in der Kunst, mit *delicatesse* und *plaisir* zu lieben ein arger Neuling war.

Die Königsmarck hatte alle nur denkbaren Vorzüge und verstand es, sie zur Geltung zu bringen. Die Spiegel hat mir erzählt, daß der Kurfürst und die K. in ihren Scherzen und Spielen aufhörten, sobald mein Vater (d.h. der ältere Haxthausen) eintrat. Der Kurfürst näherte sich ihm dann stets voll Achtung und hat dies auch beibehalten, solange mein

Vater anwesend war. Sobald er den Rücken gekehrt hatte, sagte der Kurfürst zwar noch ein Wort über die Verdienste meines Vaters und beteuerte seine Freundschaft für ihn, dann fingen sie aber mit ihrem Liebesspiel wieder an.«

Nach diesen Mitteilungen ist es klar, daß die Königsmarck sich von der jungen Exotin, die sie vielleicht eben ihrer Herkunft wegen nicht als Gefahr angesehen und in ihr Vertrauen gezogen hatte, nun hintergangen fühlte. Die Orientalin war gleichsam über Nacht erblüht, und der aus der Beziehung zur ungetreuen Gräfin Esterle so brüsk erweckte Kurfürst und König sah plötzlich, daß eine Schönheit ersten Ranges an seinem Hof lebte, die zudem niemandem gehörte und ihm keinen Ärger machen konnte.

Ein ungenannter Médisant vom Hof schildert sie uns wie folgt: »Sie hatte eine feine und hohe Gestalt und das Aussehen einer Königin, wenn sie angekleidet war. Im Negligé wirkte sie hingegen eher brav. Das Auge war dunkelblau, fein geschnitten, der Blick lebhaft. Stirn, Nase und Mund gleichen den römischen Schönheiten.«

Die Jahre neben der Königsmarck hatten ihr das volle *Savoir-Vivre* der großen Damen des Jahrhunderts gegeben; sie sprach alle nötigen Sprachen, drückte sich geschickt aus und konnte, wenn sie wollte, auch zielbewußt intrigieren. »Ich bin immer der Meinung gewesen, daß sie von hoher Geburt ist«, schließt jener Unbekannte seinen Bericht, eine Feststellung, die sowohl den Brokat als auch die Halbedelsteine erklärt, die Fatime als kleines Mädchen bei der Einnahme von Ofen auf dem Leib trug. Das lag nun zwölf Jahre zurück, und Fatime war nicht nur voll erblüht, sondern dank der besten Lehrmeisterin, die sie haben konnte, auch die einzige wirklich ebenbürtige Rivalin der Gräfin Königsmarck geworden. Und vielleicht war dieser Umstand dafür entscheidend, daß die Gräfin fortan an eine Rückkehr in die frühere Position bei August nicht mehr dachte. Aber es muß bitter für sie gewesen sein, erst aus der Schwangerschaft ihrer Schutzbefohlenen zu erkennen, wieviel es geschlagen hatte.

Um diese Schwangerschaft gibt es eine amüsante Geschichte, die uns aus einem Brief der Gräfin Lewenhaupt,

Schwester der Königsmarck, gut bezeugt ist: Fatime, die zwischen den Schwestern, also zwischen Dresden und Warschau, den Kurier machte, hatte sich vor der letzten Reise das Horoskop stellen lassen und erfahren, daß Glück und Geschenke ihrer harrten, daß sie aber bald in gesegneten Umständen sein würde. »Sie sinnt nun«, schreibt die Lewenhaupt amüsiert, »nach tausend Mitteln, sich zu schützen, *et si on avoit peut trouver des cadenas à l'italienne ici, elle aurait fait de la dépense pour en avoir*«, was nichts anderes heißt, als daß die um ihre Unschuld besorgte Türkin versucht hatte, in Dresden einen Keuschheitsgürtel, koste er was er wolle, käuflich zu erwerben...

Nun, sie hatte keinen Erfolg, und es ist auch mehr als zweifelhaft, ob der starke August, der Zinnteller und Hufeisen bog, sich durch solch einen blechernen Tugendhüter vom Ziel seiner Wünsche hätte fernhalten lassen.

Pöllnitz liegt mit seinem Bericht über diese Affäre völlig falsch, er läßt Fatime bei der Schwester des Grafen Flemming, also bei Frau Przebendowski aufwachsen, die er der Einfachheit halber Brebentau nennt. Sicher ist, daß Fatime dem König und Kurfürsten einen seiner begabtesten Söhne schenkte, den späteren Grafen Rutkowski. Er erhielt die Namen Friedrich August und wurde obendrein, so deutlich diese Namensgebung an und für sich war, ebenso legitimiert wie seine jüngere Schwester. Die Tatsache, daß Rutkowski 1702 zur Welt kam, seine Schwester Katharina aber erst 1706, beweist, daß August die Beziehung zu Fatime jahrelang aufrechterhielt, neben den berühmten anderen Amouren, ja sogar neben der temperamentvollen und wütend eifersüchtigen Fürstin Lubomirska.

Rutkowski fehlt zwar, vielleicht aus Diskretion, in allen Adelsrepertorien; weder Zedlitz-Neukirch noch Kneschke noch der um Sachsen so bemühte Gauhen erwähnen ihn, nicht einmal Hefner, dem doch kaum ein geadelter k.u.k. Kartograph entgangen ist; aber er wurde, was wichtiger ist, ein so tüchtiger Offizier, daß der Soldatenkönig Friedrich Wilhelm I. ihm die Ehre erwies, ihn historisch zu beschimpfen: »Die Canaille hat uns alles abgestohlen!«, rief er entrüstet, als er sah, daß der nach Anfängen in Savoyen schließlich in Preußen erfolgreiche General zu Hause in Sachsen Reformen nach dem Muster der preußischen Armee durchzuführen begann. Da Friedrich Wilhelm I. bekanntlich im Jahr 1740 das Zeitliche segnete, hat Graf Rutkowski also seine bedeutenden militärischen und organisatorischen Leistungen vollbracht, noch ehe er selbst das vierzigste Lebensjahr erreichte. Dies und sein von großem Kunstverständnis zeugendes Palais in der Nähe der Dresdener Kreuzkirche beweisen wieder einmal die Fruchtbarkeit und Tauglichkeit seltener Mischungen: wann hatte denn schon ein Sachsenfürst Gelegenheit, einer Türkenprinzessin – denn dies war sie wohl – Kinder zu machen und diese dann auch noch sorgfältig erziehen zu lassen?

Rutkowskis Schwester Katharina wurde 1728, also im Alter von zweiundzwanzig Jahren, an den Grafen Michael Bielinski verheiratet. Dieser war zwar weniger bedeutend als sein Bruder Franciszek, der eine große Karriere machte, aber alle Bielinski waren mit ihrem König August ja beinahe verwandt: Maria Magdalena Bielinska, verehelichte Gräfin Dönhoff, war eine der liebenswürdigsten und schönsten Mätressen des starken August, so daß seine Tochter Katharina gleichsam an einen seiner Schwäger verheiratet wurde.

Um die Geschichte des Grafen Rutkowski hier abschließen zu können, der ja nicht wie der Maréchal de Saxe eine eigentlich weltgeschichtliche Bedeutung erlangte, wollen wir noch zweier seiner Waffentaten gedenken, auch wenn diese nicht mehr in die Zeit Augusts des Starken fallen. Rutkowski kommandierte am 15. Dezember 1745 die letzte Schlacht des Zweiten Schlesischen Krieges, die bei Freital, genauer gesagt zwischen Kesselsdorf und der Elbe, stattfand. Die Preußen rückten, 30 000 Mann stark und von dem alten Dessauer hervorragend geführt, gegen Dresden vor, Rutkowski stand ihnen mit 31 000 Sachsen und einem kleinen Hilfskontingent österreichischer Truppen gegenüber. Die Preußen kamen aus Meißen und wollten nach Dresden, Rutkowski sollte dies vereiteln. Es herrschten klirrender Frost und klare Sicht, und der erste preußische Angriff blieb im Feuer der sächsischen und österreichischen Artillerie liegen. Rutkowski, stürmisch wie sein Vater, verließ seine guten Stellungen, um die Preußen im Gegenangriff zu vernichten, aber Fürst Leopold von Anhalt-Dessau vollführte eine geschickte Ausweichbewegung, umging die Sachsen und drückte ihren rechten Flügel ein, ein Sieg, in dessen Folge Dresden noch vor Weihnachten von den Preußen besetzt wurde.

Auf die Revanche mußte Rutkowski lange warten: Im August 1756, also am Beginn des Siebenjährigen Krieges, lieferte er als Oberkommandierender der Sächsischen Armeen den ohne Kriegserklärung das neutrale Sachsen angreifenden Preußen heldenhafte Abwehrschlachten, die ganz Europa mit Bewunderung erfüllten, weil die sächsische Armee völlig unvorbereitet und auch unzureichend ausgerüstet war. Im sogenannten Pirnaer Lager östlich des Flüßchens Gottleuba verschanzte sich der Graf mit seinen Sachsen in einer so guten Stellung, daß alle Angriffe der westlich der Gottleuba stehenden Preußen abgewiesen werden konnten. Nach drei Monaten harter Kämpfe, in Regen und Kälte ohne Vorräte und geeignete Ausrüstung biwakierend, retteten die 14 000 Sachsen des Grafen Rutkowski das österreichische Böhmen vor den auf diesen hartnäckigen Widerstand nicht vorbereiteten Preußen. Der Vorteil, den Friedrich der Große sich durch den blitzartigen Überfall auf Sachsen versprochen hatte, schmolz dahin, der Preußenkönig hatte sich umsonst als Friedensbrecher deklariert und sah nun die vereinigten Truppen des Kaiserreichs gegen sich aufmarschieren. Wenn auch die Sachsen schließlich halbverhungert am 14. Oktober kapitulieren mußten und von den Siegern verpflegt wurden (je Kompanie und Tag 60 kg Brot), so war es doch, wie Archenholz in seiner *Geschichte des Siebenjährigen Krieges* sagt, die bedeutendste Hilfe, die Österreich seit dem Entsatz von Wien im Jahr 1683 zuteil geworden war. Beeindruckt vom Widerstand und der Zähigkeit der Sachsen, bat Friedrich der Große den Feldmarschall Grafen Rutkowski und seinen Stab an seine Tafel im preußischen Hauptquartier zu Struppen. Fahnen, Standarten und Pauken der Truppe wurden August

III. – dem Sohn Augusts des Starken – übergeben, der auf der neutralisierten Festung Königstein das Debakel heil überstanden hatte.

Bevor das Unheil des Nordischen Krieges über Sachsen und Polen hereinbrach, konnte Friedrich August noch den Versuch wagen, sich durch eine Frau mit seinem Königreich, also mit Polen, enger zu verbinden. Diese Frau war Ursula Katharina von Bockum, verehelichte Fürstin Lubomirska, die Nichte des Primas Radziejowski, der so lange zu Augusts erbitterten Gegnern gehört hatte. Was immer über Augusts Beziehung zu dieser bemerkenswerten, wenn auch nicht sympathischen Frau (von Pöllnitz und anderen) phantasiert worden ist – daß hier große Politik im Spiel war und die Wege ebnete, geht aus einer ziemlich einzigartigen Tatsache hervor: daraus nämlich, daß der Papst die Lubomirska und ihren ebenso ehrbesessenen wie eifersüchtigen Ehemann nicht nur voneinander trennte, sondern beiden Teilen die Wiederverheiratung gestattete. Onkel Radziejowski, Erzbischof von Gnesen und Primas von Polen, muß dabei seine Hand ebenso im Spiel gehabt haben wie das Interesse des Vatikans an Augusts katholischer Politik im schwedisch-preußisch beherrschten und somit protestantischen Ostseeraum. Die Polen haben ja vorher und nachher oft mit der Schönheit ihrer Frauen Politik gemacht, und es spielt dabei keine Rolle, daß Frau von Bockum halb französisches und wohl auch litauisches Blut hatte. Sie muß den geheimen Überlegungen weltlicher und kirchlicher Würdenträger Polens jedenfalls besonders entsprochen haben, weil sie neben großer Schönheit und beträchtlichem Temperament auch eine starke Intelligenz mitbrachte und Willensenergien, die nachhaltigen Einfluß auf den impulsiv-schwankenden König aus Sachsen erwarten ließen.

Die Gelegenheit, dem König aufzufallen, bot nach übereinstimmenden Berichten verschiedener Quellen eines jener ritterlichen Spiele, die August mit einer gewissen anachronistischen Begeisterung immer noch pflegte, so wie ja auch seine polnischen Lanzenreiter Schuppenpanzer trugen und er selbst sich nicht ungern in Rüstungen zeigte. Der schwere

Mann, von einem ihm ungewohnten Pferd gegen einen Pfeiler gedrückt und aus dem Sattel geworfen, lag einen Augenblick benommen im Sand und erblickte, als er sich aufrichtete, eine Dame der polnischen Hofgesellschaft, die angesichts seines Unfalls malerisch in Ohnmacht gefallen war und um die sich ihre Umgebung gerade bemühte. Alles weitere war bei einem Frauenjäger wie August vorhersehbar und vollzog sich gemäß den Erwartungen der Adelsclique, von der die Lubomirska ganz offensichtlich vorgeschickt worden war. Bei der Prinzessin Sobieski lernte man sich näher kennen, Vitzthum sorgte für weitere Gelegenheiten, und es bedurfte nur wegen des Gatten einer gewissen Vorsicht, da Lubomirski im Rang den Reichsfürsten gleichgestellt war und folglich für einen Skandal sorgen konnte, der bis zum Kaiser nach Wien gedrungen wäre.

Wenn es etwas gab, was auch die kaiserliche Kontrolle einschläferte, dann war es die Kirche. August der Starke hat durch sein ganzes Leben bewiesen, daß die katholische Kirche hinsichtlich der Mätressen ungleich toleranter war als die Lutheraner im heimischen Sachsen, weil die Leipziger Theologen eben ihre Moralanschauungen über alles stellten, Papst und Kardinäle hingegen die Kirchenpolitik. Was verschlug es schon, wenn dieser König, den man ohnedies nicht zähmen konnte, ein paar Mätressen mehr oder weniger hatte, Hauptsache, er machte eine Politik, die den Zwecken Roms nützte.

Der zähneknirschende Kron-Oberkammerherr Georg Dominik Fürst Lubomirski wurde also ebenso beschwichtigt wie hundert Jahre später der Graf Walewski, und für August den Starken begann die Ära Lubomirska. Sie war eine strapaziöse Geliebte, körperlich, seelisch und finanziell. Große Allüren gewöhnt, verlangte sie Prunk und Geschenke in einem Maß, wie es erst die Cosel wieder wagen wird, tobte in wilden Ausritten vor dem König her und schenkte ihm auch nachts nur die nötigste Ruhe. Ehe er sich auf dieses Temperament eingestellt hatte, bedurfte es einiger Interventionen seiner Ärzte, und es ist eigentlich verwunderlich, daß diesem Furor nur ein einziges Kind entsprang, der 1703 (nach anderen Quellen 1704) geborene George, Chevalier de Saxe, späterer Fürst von Teschen.

Die Erscheinung der Lubomirska ist uns aus einem Porträt der Rosalba Carriera bekannt, also aus der venezianischen Werkstatt jener geschickten Schwestern, die ein ganzes Jahrhundert mit ihrer feinen, ja adoucierenden Pinselkunst bezauberten, bei der freilich die präziseren Charakteristika gelegentlich der Anmut geopfert wurden. Trotz dieser Technik, die vor allem dem Frauenbildnis zugute kam, wirken die Züge der schönen Frau ein wenig scharf, die Mundpartie böse-entschlossen, der Blick hoheitsvoll unter schön gezeichneten Brauen. Es ist kein Altersbild, aber zweifellos mindestens eineinhalb Jahrzehnte nach der großen Zeit der Fürstin entstanden, weil Rosalba Carriera ja erst 1720 zu reisen begann. Augusts dringender Einladung, sich am Dresdner Hof für immer niederzulassen, ist sie bekanntlich nicht gefolgt, doch kauften die sächsischen Fürsten ihr nicht weniger als vierzig Pastelle ab, die heute einen besonderen Schatz der Dresdner Sammlungen bilden.

An einer Frau wie der Lubomirska mußten die Geister sich scheiden, und selbst die auf Toleranz eingestellten Herrscher der Nachbarländer zeigten sich wenig geneigt, die polnische Mätresse Augusts als eine unter anderen hinzunehmen, beziehungsweise mit Stillschweigen zu übergehen. Gelegentlich eines Besuches, den König Friedrich I. von Preußen mit seiner Gemahlin dem Dresdner Hof abstattete, kam es zu einer Szene, die als Kuriosum nur noch von dem bekannten Zusammentreffen jener vier Feldherren übertroffen wird, die allesamt natürliche Söhne Augusts des Starken waren (November 1741 vor Prag: Moritz Graf von Sachsen, Graf Rutkowski, der Chevalier de Saxe und ein Graf Cosel).

Friedrich August benützte den Staatsbesuch, die inzwischen vom Kaiser zur Fürstin von Teschen erhobene Lubomirska nicht nur der Königin Sophie Charlotte, sondern auch seiner vergrämten Eberhardine vorzustellen. Während die muntere Hannoveranerin, hübsch und intelligent, der Lubomirska mit ungezwungener Freundlichkeit begegnete, blieb Eberhardine reserviert und verstand sich nur zu der Frage, seit wann die Fürstin denn in Sachsen sei. Die Antwort ist so bekannt geworden, daß sie, da undementiert, als authentisch gelten kann: »Ich bin mit dem König gekommen, Majestät«, antwortete die Polin, »und ich werde wohl bald wieder mit ihm zurückreisen.«

Damit war der Affront perfekt, und Königin Sophie Charlotte, die alles mit angehört hatte, beschloß, der Fürstin von Teschen diese Taktlosigkeit, die schon beinahe eine Grausamkeit genannt werden mußte, gehörig heimzuzahlen. Es fügte sich, daß wegen der Messe und wegen verschiedener Geschäfte drei bekannte Mätressen Augusts in Sachsen weilten: die Königsmarck, die sich ja um das Stift Quedlinburg bemühte, das einstige Fräulein von Kessel, inzwischen verehelichte von Haugwitz, und die Gräfin Esterle, der August verziehen hatte und die aus den Scherben ihres Glücks zu retten versuchte, was noch zu retten war. Die Konstellation glich jener von Karlsbald einige Jahre zuvor, nur daß damals Wien durch eine Comtesse Althan vertreten gewesen war. Diese drei Ex-Mätressen bat Königin Sophie Charlotte zu einem Damenessen mit ihren Preußinnen, die Lubomirska hingegen wurde nicht eingeladen. An Herren waren nur die Könige zugegen. Während sich Friedrich August vor allem für eine opulente Prinzessin von Anhalt-Dessau erwärmte, die zwar keine apollinische Schönheit war, aber eine außerordentlich sinnliche Figur hatte, tat der Königsmarck die von dieser fröhlichen Runde ausgeschlossene Lubomirska leid. Die Gräfin aus Stade war inzwischen – auch wenn sie's nicht zugab, weswegen es bis heute umstritten ist – vierzig Jahre alt, hatte sich aber prächtig gehalten und verrät uns in dieser Szene abermals das Geheimnis ihrer Wirkung: eine reiche, überlegene Menschlichkeit, Substanzen an Güte und Großzügigkeit, wie sie inmitten der intriganten Hofgesellschaften auffallen mußten. Der Preußenkönigin noch aus Hannover verbunden, durfte sie es wagen, ein Wort für die Lubomirska einzulegen. Königin Sophie gab zu, daß sie etwas hart gewesen sei und bedauerte, daß es nun wohl zu spät sei, noch etwas zu ändern. Aber auch da wußte die gewandte Königsmarck Rat: man brauche nur nach dem Souper einen kleinen

Tanz zu arrangieren und Masken zu gestatten. Nun hatte auch die Lubomirska Zutritt, rieb sich sogleich an der von August umworbenen Prinzessin von Anhalt-Dessau und empfing schließlich, als ihre Eifersucht offenkundig geworden war, von der Dessauerin eine Abfuhr: »Seien Sie unbesorgt, Maske«, sagte die Prinzessin, »nicht alle Damen gleichen Ihnen.«

Das war einerseits ein Affront, andererseits aber eine Beruhigung, und die Lubomirska ging denn auch frühzeitig, nachdem sie sich von August hatte versichern lassen, er werde ihr bald nachkommen. Aber die preußische Königin hielt, als habe sie etwas bemerkt, den König von Polen durch immer neue Contretänze noch bis tief in die Nacht hinein fest.

Die Geschichte ist hübsch, weil sie die hannoversche Welt eines leichteren Lebens und einer unbeschwerten Geselligkeit gegen die absichtsvollen erotischen Intrigen zwischen Warschau und Dresden setzt. Aber bald ging es um sehr viel mehr als um die Machtsphären der Lubomirska oder der Prinzessin Henriette Agnes, und die Feldzüge hielten Friedrich August viel länger von seiner Fürstin fern, als dies die Königin von Preußen vermocht hatte.

Zu Henriette Agnes sei nachgetragen, daß sie zwar August den Starken so nachhaltig entflammte, daß er ihr sogar nachreiste, immerhin aber schon achtundzwanzig Jahre alt war. Sie starb unvermählt. Die letzten Hofastrologen, die es an jener Jahrhundertwende noch gab, bedauerten ein wenig, daß sie den Kurfürsten und König nicht erhört habe, denn sie hätte als ein Steinbock-Frauenzimmer der zweiten Dekade ganz exzellent zu dem Stiermann Friedrich August gepaßt.

Zweites Buch

DER VENUSBERG IM OSTEN

Augusts Unglück war...
der frühere Aufenthalt in Paris
und später der in Polen,
dem nach Frankreich bekanntlich
galantesten Land Europas,
einem wahren Venusberge
des Ostens.

Eduard Vehse

Vor etwa fünfzig Jahren, als die Adelsvorrechte in Österreich längst abgeschafft waren, wurde der gutaussehende Sproß einer sehr berühmten Familie beim Geschichtsabitur an einem Wiener Gymnasium nach dem Nordischen Krieg gefragt und schwieg standhaft: er wußte kein Sterbenswörtchen darüber zu sagen. Dem Geschichtslehrer war es ungemein peinlich, daß dieser Nachkomme berühmter Feldherren und Statthalter von all dem, was den Ruhm seines Namens begründet hatte, so gar nichts wissen sollte und fragte:

»Aber über den Spanischen Erbfolgekrieg... über den werden Sie doch etwas sagen können?«

»Na jaa...«, näselte der Prinz, der keiner mehr sein durfte, »der Spanische Erbfolgekrieg... da hat doch der Prinz Eugen den Napoleon gschlagn, nicht wahr?«

Die Anekdote ist wahr, aber man kann sie leider nicht mehr erzählen, weil es immer wieder passiert, daß einer der Zuhörer laut auflacht und sagt: »Himmel, dabei war es doch genau umgekehrt. Natürlich hat Napoleon gesiegt!«

Es hilft also nichts, die zwei großen Kriege am Anfang des achtzehnten Jahrhunderts sind dem allgemeinen Bewußtsein heutiger Leser völlig entschwunden, und selbst der einigermaßen Interessierte kennt wohl noch die bekannte Wiederkehr großer Kriege an den Jahrhundertanfängen, weiß aber nicht mehr, worum es 1701–1714 und 1700–1721 gegangen ist.

Tatsächlich sind die Kriege jener Zeiten mit ihrer Entstehung, ihren Entwicklungen und Friedensschlüssen so ungemein verwickelt, weil sie nicht die schlichten Ursachen moderner Auseinandersetzungen haben, sondern aus höchst komplizierten und schwerverständlichen Voraussetzungen erwachsen. Wie simpel nehmen sich Kämpfe um den Suezkanal oder um die Ölfelder Mesopotamiens aus gegenüber den dynastischen Erwägungen vergangener Jahrhunderte, gegenüber dem Schachspiel um Throne, Prinzessinnen, Ehen, Erbansprüche und Thronfolge-Probleme. Ich werde mich hüten, mit diesem vertrockneten Flechtwerk das Bild der paar Männer zu verdecken, die aus jenen Zeiten lebendig geblieben sind, Männer, an die zu erinnern sich lohnt und deren Persönlichkeiten zweifellos auch zu verstehen sind, ohne die Vertragswerke zu studieren, die ihre Kanzlisten für sie entwarfen.

In jenem Jahr 1700, in dem der *Nordische Krieg* rund um die Ostsee ausbricht, sind sie alle ohne Ausnahme noch jung, und sie führen den Krieg, weil sie von einem von ihnen glauben, daß er zu jung sei, sich zu wehren. Dieser Jüngling auf einem Königsthron ist Karl XII., 1682 von einer hochbegabten dänischen Prinzessin geboren und schon mit fünfzehn Jahren auf den Thron gelangt, weil sein Vater nur zweiundvierzig Jahre alt geworden war. Dieser schlanke Knabe, der sehr gut ritt und auch einiges gelernt hatte, sollte nun über ein Ostseereich herrschen, das seit dem Dreißigjährigen Krieg eine der europäischen Großmächte bildete. Im ganzen siebzehnten Jahrhundert hatten die Schweden sich als rechte Wikinger betragen, hatten mit einer Vehemenz sondergleichen Krieg geführt, wo immer es ihnen paßte, und das eigene Land feindfrei gehalten, so daß sie zum Unterschied von Polen und Deutschland eine intakte Volkswirtschaft besaßen, eine gesunde landwirtschaftliche Produktion, tüchtige Schiffsbauer und Waffenschmiede und Krieger, die seit nunmehr drei Generationen die gefährliche Versuchung genossen hatten, ungestraft töten, plündern, brandschatzen und vergewaltigen zu dürfen. Daß dieses ganze siebzehnte Jahrhundert als das schwärzeste, härteste und brutalste seit der Völkerwanderung gilt, das haben zwar die Schweden nicht allein zu verantworten, aber die alten deutschen Volkslieder aus jener Zeit haben nicht ohne bösen Grund den Schwedenschrecken bis in unsere Schulzeiten hereingetragen.

Als dieser Staat nun im Ausgang des Jahrhunderts, wie man meinte, ohne tauglichen Herrscher dastand, regiert nur von einer Königinmutter und ein paar ewig uneinigen alten Herren, da taten sich alle, die vordem an Schweden Land verloren hatten, zusammen und beschlossen, es sich gemeinsam wieder zu holen, war der schwedische Kuchen doch groß genug für alle. Die Dänen wollten (unter anderem) Schleswig, Peter der Große, Rußlands achtundzwanzigjähriger Herrscher, mußte seinem Volk einen breiteren Ausgang zur Ostsee erkämpfen, weil das damals schwedische Finnland alle Zufahrten zu Rußlands alten Handelsstädten wie Nowgorod oder Pskow beherrschte, und August der Starke, der hatte sich in seine Rolle als König der Polen bereits so eingelebt, daß er den Polen jenes Stück Meeresküste verschaffen wollte, um das sie bekanntlich bis ins zwanzigste Jahrhundert immer wieder bangen und kämpfen mußten. Diese Küste Polens mußte in den schwedisch beherrschten Ländern Livland und Estland liegen, weil man ja durch das breit hingelagerte Preußen nicht hindurch konnte und weil auch die Elbe – eben der Preußen wegen – kein freier Schiffahrtsweg mehr war. August dachte also durchaus modern, ja beinahe geopolitisch, er dachte nicht nur an Polen, sondern auch an Sachsen, und er machte dabei zunächst nur einen Fehler: er unterschätzte den achtzehnjährigen Schwedenkönig...

Natürlich kann man einen Achtzehnjährigen nur entweder unter- oder überschätzen, wissen kann man ja noch nichts von ihm. In dieser Situation kommt viel auf Imponderabilien an, auf Stimmungsmache, Einflüsterungen, vor allem aber auf all das, was sich als Information gibt und dabei doch nichts anderes ist als Manipulation. Derlei hat es zweifellos auch schon zu Augusts Zeiten gegeben, nur daß es noch nicht die Medien waren, die diese Fluiden transportierten, sondern einzelne Menschen.

Man hat, in oft unzulässiger Weise dramatisierend, immer wieder einzelnen Männern nachgesagt, daß sie Geschichte gemacht hätten, und für einige wenige mag es wirklich stimmen, so träge sich auch die großen Massen im allgemeinen zeigen, so zäh auch die Konstanten der Weltpolitik vor allem in neuerer Zeit der Sensation des hochbegabten einzelnen entgegenstehen und seinen Impetus abfangen. Dennoch: der Mann, der August II. von Polen, und nicht nur ihn, in den Nordischen Krieg hineintrieb, ist eine der letzten jener legendären Hintergrundsfiguren, die im Guten wirken wie Jean Jaurès, und darum das Leben verlieren, oder im Bösen wie Pozzo di Borgo, und darum vergessen werden. Er hieß Johann Reinhold von Patkul und war ein Sohn des livländischen Landrats Friedrich Wilhelm von Patkul, Herrn auf Kegeln und anderen Gütern, und der Gertrud von Holstfer, einem wilden Mädchen aus ebenso altem Adel. Schon der Vater war zum Hochverräter geworden, in einem jener unlösbaren Konflikte, die sich ergeben mußten, wenn eine Festung kapitulierte und die Offiziere gegen Gelöbnis auf ihre heimatlichen Güter entlassen wurden. Patkul *senior*, dem die Pest alle seine Kinder geraubt hatte, kehrte halbverrückt vor Schmerz nicht mehr in den Krieg zurück, und der über Livland herrschende Schwedenkönig sah ihn als Hochverräter an. Darum saß Patkul in Stockholm im Gefängnis, als Frau Gertrud nach den acht Kindern, die von der Pest dahingerafft worden waren, im Sommer 1659 ein neuntes gebar, eben Johann Reinhold (daß er im Gefängnis zur Welt gekommen ist, ist eine der vielen Legenden dieses abenteuerlichen Lebens: er blieb auf Gut Kegeln zurück, als seine Mutter nach Stockholm zu dem gefangenen Gatten reiste).

Den Patkul-Auftrag, für den baltischen Adel und seine Gesetze gegen den schwedischen Usurpator zu kämpfen, hatte nach dem frühen Tod des Vaters zunächst die Mutter übernommen, mit viel Temperament, aber unzureichenden Mitteln, sie konnte, wie so manche Gutsherrin jener Zeit, nur Druckschrift lesen, und schreiben konnte sie überhaupt nicht. Beinahe noch ein Knabe, trat Johann Reinhold dieses Erbe an, erwarb sich als junger Mann durch Studien, Beredsamkeit und tüchtigen Einsatz das Vertrauen seiner Gefährten in den baltischen Adelsgremien und nahm den Kampf um die alten Freiheiten wieder auf, vor allem aber den Kampf gegen die Güterkonfiskationen, durch die sich die schwedische Krone nach kostspieligen und langen Kriegen eine neugefüllte Staatskasse schaffen wollte.

Adelsopposition wird in absolutistischen Zeiten leicht zum Aufruhr, und wenn Patkul auch nichts tat, als auf Brief und Siegel zu pochen, so wurde er den Schweden doch so lästig, daß sie ihn 1694 zum Verlust aller seiner Güter und der rechten Hand (!) verurteilten; ein Urteilsspruch, dessen Vollzug er freilich nicht abwartete. Seither steckbrieflich gesucht, vogelfrei überall, wo Schweden etwas zu sagen hatte, von schwedischen Mördern und Attentätern durch ganz Europa gejagt, kam Johann Reinhold von Patkul zunächst mit dem alten Haino Heinrich von Flemming, sächsischem Generalfeldmarschall, zusammen. Auf dessen Gut in Buckow traf er den Neffen des Alten, also Augusts Günstling und vielgewandten Minister Jakob Heinrich Grafen von Flemming, den Mann, der dem sächsischen Kurfürsten die Wege zum polnischen Königsthron gebnet hatte.

Daß die Balten reden können, ist bekannt. Patkul hatte außerdem auch eine Menge zu sagen, und er war in einer Welt zu Hause, in die Sachsens Politiker erst hineinwachsen mußten, im Ostseeraum. Mit allen Finessen diplomatischen Kampfes vertraut, besaß Patkul jene Personenkenntnis, aber auch jenes Wissen über die entscheidenden Lokalitäten, die dem ehrgeizigen Polenkönig unendlich wertvoll sein mußten, hatte er doch, als Prinz und Kurfürst, noch nicht allzu viele kriegerische Lorbeeren geerntet. Was die Verbindung zwischen Livland und Sachsen jedoch belastete, war der Umstand, daß der feurige Patkul nicht unvoreingenommen in die große Auseinandersetzung eintrat. Er war, das läßt sich heute mit Sicherheit sagen, tatsächlich ungerecht behandelt worden; ja die ganze schwedische Baltenpolitik verdiente von all jenen studiert zu werden, die dieses heute so ruhige Ostseevolk so gerne als Kriterium der Integrität, als späten Hort politischer Moral ansehen. Patkul hatte also Wunden empfangen, und wie viele Emigranten war er nun von dem Wunsch beseelt, als Sieger heimzukehren und sich an jenen zu rächen, die ihn von Haus und Hof vertrieben, seine Familie auseinandergerissen und ihn mit seinen jüngeren Brüdern entzweit hatten.

Das Treffen zwischen August II. und Patkul, von Flemming arrangiert, kam erst 1699 zustande, so daß man den Balten schwerlich als den alleinigen Urheber des Nordischen Krieges bezeichnen kann, der ja schon im Winter auf 1700 mit ersten militärischen Aktionen Wirklichkeit wurde. Der König und der Emigrant trafen sich in der düsteren Festungsstadt Grodno am rechten Ufer des Flußes Njemen. In der Zitadelle, wohlabgeschirmt durch jahrhundertealte Mauern, sprachen sie eineinhalb Stunden, und tags darauf überreichte Patkul die vorbereitete Denkschrift mit dem beinahe spielerisch-barocken Titel *Unmaßgebliches Bedencken über das dessein, Schweden zu bekriegen*, worin *dessin*, heute meist für Zeichnung gesagt, soviel wie Plan bedeutet.

Das kluge, nüchterne und von allen moralischen Rücksichten freie Dokument, ein eiskalter Vernichtungsplan, hat später im Prozeß gegen Patkul eine große Rolle gespielt und gilt seither als ein hervorragendes Beispiel machiavellistischer Politik. Und tatsächlich liest man gewisse Passagen nur mit einem leisen Schauder vor soviel Haß. Patkul hatte schließlich Jahre hindurch nichts anderes im Sinn geführt als das, was er nun für August vorbereiten durfte: eine Kombination von Angreifern gegen Schweden bei gleichzeitiger Neutralisierung all jener Mächte, die allenfalls Schweden zu Hilfe kommen könnten.

Wir müssen uns freilich hüten, den späteren nationalen Gedanken auf diese Jahrhundertwende zu übertragen. Erstens waren die Balten keine Schweden, sondern bewohnten ein erobertes Territorium und waren von Stockholm und den schwedischen Statthaltern immer wieder auf das härteste gedemütigt worden. Nur der Umstand, daß sie die russische oder polnische Herrschaft der schwedischen nicht vorziehen konnten, ließ sie noch unter der verständnislosen und harten Herrschaft der schwedischen Könige ausharren. Daß in Polen nun aber ein Deutscher König geworden war, das schuf endlich einmal eine Lage, die den Balten das geben konnte, was sie seit jeher brauchten: den Schutz des Landes durch eine nahe größere Macht und die Oberhoheit eines deutschen Fürsten über ihre kleinen, von deutschen Rittern und Kaufleuten in langen Mühen geschaffenen Gemeinwesen. Patkul war also gewiß kein Verräter: seiner Heimat blieb er zeitlebens treu, und um ihr dienen zu können, nahm er nacheinander sächsische und russische Dienste. Damit stand er nicht allein in jener Zeit, in der nicht nur Barone, sondern Grafen und Prinzen fremde Kriegsdienste nahmen und nur eine Verpflichtung kannten: dem jeweiligen Dienstherren tapfer und treu zu dienen. Das Vaterland, das teure, war ein dynastischer Begriff, und dieser sollte sich erst hundert Jahre später mit echtem Gehalt erfüllen.

Bemerkenswert an Patkuls Denkschrift ist auch die Bestimmtheit, mit der sie den Ausbruch eines europäischen Krieges um die Erbfolge in Spanien vorhersagt, eines Krieges, der den Großmächten die Hände binden, Patkuls Koalition aber freie Hand gegen Schweden geben sollte. Und wir fühlen uns an aktuelle Bedenken erinnert, wenn Patkul in seinem Memorandum eigentlich nur eine schwerwiegende Befürchtung äußert, nämlich »daß der Zar nicht den Braten, den wir an den Spieß gestecket, uns vor dem Maul wegfresse, das heißt: daß er uns nicht Livlandt selbst mit der Zeit wegfische«. Ein ahnungsvolles Wort, das zweimal Wahrheit werden sollte, einmal durch die Zaren, zum andern aber und bis heute durch jenen Mann, den Nostradamus in seinen *Centurien* den ›Zaren aus Georgien‹ nennt, weil er natürlich nicht wissen konnte, was ein Zentralsekretär der KPdSU sei – durch Josef Stalin.

Patkul beschränkt sich aber durchaus nicht auf Denkschriften und jene Intrigen, in denen die Ressentiment-Politiker so groß sind, sondern er handelt, und er setzt sein Leben ein. Er zeichnet nicht nur die Pläne der Festungswerke von Riga für die Sachsen auf, er begibt sich auch selbst in die Stadt, wo ihm das Rad droht, wo sein Bild angeschlagen ist und wo Hunderte ihn gut genug kennen, um ihn sofort zu denunzieren, und nimmt Verbindung mit der baltischen Adelsfronde auf. Eine von maßgeblichen Vertretern der Ritterschaft unterzeichnete Verpflichtung kommt zustande, die allerdings Schutz für die protestantische Religion verlangt. Die Polen hatten dies nicht immer so gehalten, aber angesichts von Augusts religiöser Indifferenz glaubte Patkul, seine Landsleute beruhigen zu können. Schon in dieser Übereinkunft wird das Baltenland, sobald es unter polnischem Schutz stehe, als »eine sichere Vormauer gegen Schweden und Moskau« bezeichnet. Petersburg war damals noch nicht die leuchtende Zarenstadt, die Russen wurden meist etwas abfällig als Moskowiter bezeichnet, Zar Peter selbst war in Moskaus Deutschenvorstadt aufgewachsen.

Die Koalition, die Patkul nun auf die Beine stellen oder doch, bei gegebener Interessengemeinschaft, zum Kriegsbündnis schmieden sollte, hatte zwei schwache Stellen, nämlich das kleine Dänemark, das so nahe an Schweden lag und ihm angesichts seiner Landesnatur ohne den Schutzwall der Gebirge oder breiterer Meeresarme gleichsam auf Gnade und Ungnade ausgeliefert war, und Polen selbst – eine Republik unter einem König, ein Volk also, das sich selbst zu regieren wünschte und das diesen Begriff ganz nach Bedarf auslegte. Gute Soldaten noch unter Sobieski, waren die Polen seither auf die in Polen stehenden sächsischen Truppen immer schlechter zu sprechen und hatten bei einem Einsatz außerhalb der Landesgrenzen oder gegen einen die Polen nicht sonderlich interessierenden Feind nur einen sehr begrenzten militärischen Wert. Und wieweit der Adel Polens, der von August bislang nur genommen hatte, sich ins Zeug legen würde, wenn dieser fremde König nun seine Gegenrechnung präsentierte, das blieb ein höchst unsicheres Moment.

So blieben also die Sachsen, die zwar keine Wundertaten vollbracht, sich aber doch am Rhein und am Dnjestr ganz achtbar geschlagen hatten, und es blieb der junge Zar der Moskowiter, ein Mann von großen Gaben und bemerkenswerter Rücksichtslosigkeit, der freilich in einem halbbarbarischen Land regierte und in einer Entfernung von Warschau, die nur mit sechs Wochen Wagenfahrt und keinem Tag weniger zu bezwingen war. Das, was man heute Infrastruktur nennt, fehlte für diesen Aufmarsch gegen die schwedischen Vorlande vollständig, und an Kommunikation mangelte es ebenfalls, so daß Patkul in den folgenden Jahren sehr oft auf eigene Faust handeln, das Risiko auf seine Kappe nehmen mußte: Er konnte weder bei seinen Landsleuten rückfragen noch gar beim Zaren.

Der hochbegabte, aber von seinem Haß zweifellos um einen Teil seiner Selbstkritik gebrachte Mann hatte also keine leichte Aufgabe, und es ist eigentlich erstaunlich, daß Augusts Kriegsvorbereitungen und Patkuls Aktionen so lange geheim bleiben konnten unter den besonderen Verhältnissen der Barock-Diplomatie. Diese vollzog sich nämlich nicht nur inmitten des behäbigen Prunks der Höfe, im Glanz der üppigen Hoffeste und in der Duftzone konspirierender Mätressen, sondern bediente sich auch höchst ungeniert des unsterblichen Mittels der Bestechung. Selbst die höchsten Herren, jene, von denen man heute so schön sagt, sie dürften nicht erpreßbar sein, bezogen regelmäßige Dotationen, Gratifikationen und andere Schmiergelder von so vielen Staaten, daß sich die Wirkung dieser Zahlungen beinahe wieder neutralisierte. Friedrich August von Sachsen hatte zu diesen Übelständen denn auch ein eher humoriges Verhältnis. Er wußte natürlich, daß auch sein Premierminister Flemming bestochen wurde, aber anstatt ihn zu entlassen oder gar auf den Königstein zu setzen, teilte er mit ihm die Bestechungssummen, zumindest dann, wenn er den Eindruck hatte, sie seien allzu hoch bemessen. (Erst nach Flemmings Tod wird er die Witwe des Günstlings um einige Millionen erleichtern mit dem Bemerken, der Verblichene habe sich allzusehr bereichert.)

Die Tatsache, daß praktisch jeder Diplomat auch ein Verräter sein und Informationen verkaufen konnte, war das eine Handikap für einen seiner Zeit vorauseilenden Groß-Agenten vom Schlage Patkuls, die weiten Entfernungen bildeten das zweite Hindernis. Und schließlich waren die Souveräne selbst das größte Unsicherheitsmoment: Patkul kannte weder den jungen Schwedenkönig noch den Zaren, und daß er sich über August den Starken sehr gefährliche Illusionen machte, das sollte er noch bitter am eigenen Leib erfahren.

Es bedurfte beträchtlicher Energien, um mit all dem fertig zu werden und dennoch eine aktive, effektive Politik zu machen. Vieles, was uns in jenen Zeiten als unverständliches Zaudern erscheint, ist durch die umständliche Kommunikation bedingt, so wie sich ja in der Weltpolitik sogleich ein neues Tempo ergibt, als die ersten transkontinentalen Eisenbahnlinien fertiggestellt sind. Johann Reinhold von Patkul ist ein Mann dieser besonderen, scheinbar aussichtslose Situationen bezwingenden Energieleistungen, und Karl XII. von Schweden, sein junger Gegenspieler, tut es ihm nach. Der dritte im Bunde, der Zar, ist angesichts seiner gewaltigen Möglichkeiten langfristig wohl der Stärkste in dieser großen Auseinandersetzung. Der von der Geschichte mit dem Epitheton *der Starke* versehene August muß in diesem Quartett als der Schwächste angesehen werden.

Was uns an der langsam in Bewegung geratenen Konfrontation heute noch interessieren kann, sind die zum Teil durchaus modernen Randereignisse auf der diplomatischen Ebene. Während die Truppen bereits aufmarschieren, kommt endlich ein Dreiertreffen zwischen August, dem Zaren und Patkul zustande, zwar im Verlauf geheim, aber doch inmitten der ganzen Diplomatensuite, die nach der Sitte der Zeit den König ins Feld begleitete. Da es in den meisten Orten höchstens für den König und die engste Suite Quartiere gab, mußten die Gesandten und Botschafter eine Ausrüstung wie für eine Safari mit sich führen, um mit den winterlichen Verhältnissen ohne Schaden fertig zu werden.

Freund und Feind waren also oft in einer einzigen Gesellschaft vereint, Patkuls hartnäckigster Gegner, der französische Gesandte Du Héron, weilte in Birsen, als der Zar und August dort die letzten Gespräche über die Eröffnung der Feindseligkeiten führten, und er mußte auch einen guten Feuerwerker mit sich geführt haben: Als nämlich nach der Geheimkonferenz Patkul sein Zimmer im Neuburgschen Schloß aufsuchen wollte, sprang ihm die Türe mit einem gewaltigen Knall entgegen – der Zünder muß durch einen Faden oder Seilzug mit der Pulverladung im Zimmer verbunden gewesen sein. Nicht einmal in Moskau war Patkul seines Lebens sicher, er wurde gejagt wie ein moderner Agent und kam mit dem Leben nur davon, weil Peter der Große ihn inmitten einer Karawane moskowitischer Kaufleute und als solcher verkleidet aus Moskau hinausschmuggeln ließ.

In Dresden hatte Patkul und mit ihm die Kriegspartei den gefährlichsten Gegner – den von Frankreich gekauften Staatskanzler Beichling, auch Beichlingen geschrieben. Natürlich wollte auch die Friedenspartei für Sachsen keinen wirklichen Frieden, in dem ja nicht viel zu gewinnen war, sie wünschte sich nur ein Sachsen, das im Spanischen Erbfolgekrieg an Frankreichs Seite stehen und damit dem Kaiser in den Rükken fallen würde. Statt dessen stellte August trotz seiner strapaziösen Engagements gegen Schweden dem Kaiser 8000 Mann guter Truppen, die *gegen* Frankreich fochten.

August der Starke wirkt in dieser heikelsten Phase seiner Regierung merkwürdig entschlußlos. Es geht aus allen Protokollen hervor, daß er an einem Tag Du Héron zusagte, was dieser begehrte – einen Sonderfrieden mit Schweden –, daß er am nächsten Tag aber die Offensive gegen Karl XII. weiter vorantrieb. Ganz offensichtlich war es der jeweilige Gesprächspartner, der auf ihn Einfluß gewann, und ebenso deutlich ist, daß August keinerlei Verpflichtung empfand, die Zusagen, die in solchen Gesprächen gemacht wurden, auch tatsächlich einzuhalten.

Die Schwäche des starken August wurde für Patkul zur tödlichen Gefahr, denn die Gegner sagten sich natürlich, daß es viel einfacher sei, einen einzelnen Mann wie Patkul aus dem Wege zu räumen, als eine ganze kriegsstarke Armee zurück nach Sachsen zu treiben. August hatte unter seinen vielen Mätressen auch eine – heute namentlich nicht mehr zu ermittelnde – niedliche Französin. Es handelt sich dabei nicht um die Mutter der Gräfin Orzelska, die ja eine Wirtschaft in Warschau führte, sondern um irgendein Hof-Pflänzchen, das aber neben seiner Anmut auch eine gewisse Intelligenz besessen haben muß, denn Patkul, der die abgelegte Mini-Mätresse bald an seine Seite zog, nennt sie in Aufzeichnungen *ma petite confidente*, also meine kleine Vertraute.

Ein Franzose wie Du Héron mußte es ganz natürlich finden, über dieses Mädchen an Patkul heranzukommen, und eine Kreatur wie der schon der Gräfin Rochlitz gefällige, zu allem fähige Beichling ebnete die Wege, indem er einen hervorragenden Fechter aus der sächsischen Armee, einen Offizier französischer Herkunft, in eben dem Haus einquartierte, in dem Patkul mit seiner Vertrauten lebte. Eine der vielen Abwesenheiten des baltischen Diplomaten bot dem

Offizier, der offenbar ganz strikte Anweisungen hatte, die Möglichkeit, sich an Patkuls Geliebte heranzumachen. Patkuls Rückkehr brachte Auseinandersetzungen, und schließlich verprügelte Patkul den Nebenbuhler, da er sich als königlicher Minister mit einem Subalternoffizier nicht schlagen konnte.

Obwohl diese tätliche Auseinandersetzung im Beisein Flemmings stattfand und obwohl der Franzose vor den Augen des Ersten Ministers den Versuch machte, den abgehenden Patkul hinterrücks zu erdolchen, war die französische Partei gemeinsam mit Beichling stark genug, um ein Duell zu erzwingen – einen Zweikampf, bei dem der ältere, ungeübte und inzwischen zu einem Embonpoint gekommene Patkul gegen seinen jungen und wohltrainierten Gegner keine Chance hatte und zwei lebensgefährliche Wunden erhielt. Nur die Aussicht, doch noch etwas für das Baltikum und gegen die Schweden ausrichten zu können (und wohl auch die Wut über die gemeine Intrige) brachten Patkul wieder auf die Beine. König August II. hatte an der ganzen Affäre nur die pikante Seite interessiert: daß sich Patkul, dieser hochbegabte, in seine Mission verrannte Mann, nun möglicherweise wegen eines kleinen Frauenzimmers abstechen ließ...

Bald freilich rückten die Ereignisse auch dem König selbst auf den Leib – das war, als im Juli 1702 die beiden Armeen, eine sächsisch-polnische und die schwedische, unweit von Krakau aufeinandertrafen. Der Schlachtort heißt Kliszow (Klissow) und liegt an dem Weichselzufluß Nida; August gebot über 30 000 Mann, Karl XII. über 18 000. Trotz der Tapferkeit der im Zentrum fechtenden sächsischen Infanterie wurde die Schlacht zu einem Debakel, denn die polnischen Truppen, vom südpolnischen Adel nur widerwillig gestellt, gedachten nicht, sich für den deutschen König ihres Landes abschlachten zu lassen, und verließen die Stellungen, kaum daß die Schweden ernst machten. Die sächsische Reiterei wurde von den Schweden geworfen, das Zentrum hielt sich, doppelt flankiert, nach allen Seiten kämpfend, ohne Chance nur noch eine kurze Zeit.

In Karls großer Beute befanden sich nicht nur einige private Besitztümer Augusts II. wie sein berühmtes Tafelsilber, sondern auch etwa fünfhundert mehr oder minder hübsche, jedenfalls aber sehr leichte Damen, mit denen die Sachsen nach französischem Muster in den Krieg gezogen waren. Karl hatte also nicht nur die Armee überrannt, sondern auch den Troß erbeutet, und neben zweitausend Sachsen, die fielen, waren weitere elfhundert den Schweden unverwundet in die Hände gefallen. Polnische Tote hatte es so gut wie keine gegeben: die prächtige polnische Kronarmee unter dem Fürsten Hieronymus Lubomirski hatte zwar einen unvergeßlichen Anblick geboten mit ihren edlen Pferden, den rings um die adeligen Herren gescharten Bannerträgern und Knappen, dem mittelalterlich-orientalischen Prunk der ziselierten Büchsen und der Lammfellmützen mit den stolzen Reiherfedern. Aber in diesem Aufmarsch hatte sich offenbar ihre Energie auch schon erschöpft. Obwohl die Schweden nur vier Kanönchen gehabt hatten, war der Krieg den wohledlen Herren in Gestalt über sie hinwegfliegender Kugeln und vor ihnen aufblitzender Piken so nahe gekommen, daß sie angewidert ihre Schlachtrosse gezügelt und zu Kehrtwendungen gezwungen hatten, noch ehe allzuviel von ihrem Blut geflossen war.

Die Schweden hatten einen großen Sieg errungen, und das, obwohl die Hälfte ihrer Soldaten in Eilmärschen aus Pommern herangezogen war und vor der Schlacht nur eine einzige Nacht hatte ruhen dürfen. Und es hatte sich bezahlt gemacht, daß Karl XII. sich nicht mit schwerem Geschütz geplagt hatte, das im weichen Boden Polens ohnedies kaum zu bewegen war. Die sächsische Artillerie – etwa zwei Dutzend Stücke – hatte zwar vor der Schlacht ein wenig in den Gegner geballert, aber die meisten Geschosse waren unschädlich im Sumpf oder Waldboden versunken. Bei den Truppenbewegungen selbst, als der seltsame Tanz der Armeen um einen großen, zwischen ihnen liegenden Sumpf begann, mußten die Geschütze ohnedies stehengelassen werden. Noch drei Tage nach der Schlacht zog man unverletzte Soldaten aus dem großen Sumpf, die, bis zum Kinn im

Wasser stehend, Todesängste ausgestanden hatten. Da die polnische Kronarmee mit beinahe zehntausend Reitern für den Schwedenkönig unerwartet auftauchte, hätte sie selbst dieses militärische Genie in arge Bedrängnis bringen können, nur wäre dazu eben ein gewisser Einsatz nötig gewesen.

Friedrich August war von dieser Niederlage tief betroffen, und sie bedeutete denn auch in gewissem Sinn eine Wende in seiner inneren Einstellung nicht nur zum Nordischen Krieg, sondern zu seiner polnischen Krone überhaupt. Bis Kliszow läßt sich belegen, daß August mit einer für sein bequemes, stets den Genuß suchendes Temperament bemerkenswerten Energie auf die Bewahrung Polens hingearbeitet hat. Wohl auf Anregung Patkuls, der ziemlich modern dachte, wurden im ganzen schwedisch besetzten Norden Berichte über schwedische Übergriffe und Greueltaten gesammelt und in Flugschriften in polnischer und deutscher Sprache verbreitet. Das war notwendig, weil sich die über Narwa nach Westen vordringenden Russen natürlich auch nicht wie die Konfirmanden benahmen und weil die vielen Judengemeinden Polens vordem so bittere Erfahrungen mit den Kosaken gemacht hatten.

Neben dieser Propagandaaktion gegen Schweden hatte August jedoch, doppelzüngig, wie wir ihn oft finden, den unmittelbaren Kontakt mit seinem Vetter Karl XII. gesucht, eine rätselhafte Aktion, die dennoch gut bezeugt ist und vermutlich ebenso dem Drängen des Gesandten Du Héron entsprang wie einer Augenblickslaune. Augusts längst entmachtete, aber immer noch schöne Geliebte, die schwedische Gräfin Aurora von Königsmarck, war mit der großen Damen eigenen Desinvolture unterwegs, um quer durch das gärende Polen ins schwedische Hauptquartier zu gelangen und mit Karls einflußreichem Minister Karl Graf Piper über Vermögensangelegenheiten zu verhandeln.

Sie tauchte in Warschau auf, kurz ehe August die gefährdete Stadt verließ; sie war inzwischen Pröpstin zu Quedlinburg, aber immer noch eine schöne Frau, hochgewachsen, mit eindrucksvoller Brust, prächtiger Haltung und kaum sichtbaren Fältchen um den einst berühmten Rosenmund.

Ob August ihretwegen der Lubomirska für ein oder zwei Nächte untreu wurde, ist nicht bekannt. Vertrauliche Gespräche zwischen dem König und der einstigen Geliebten muß es jedoch gegeben haben, und vielleicht war sie selbst, die gewandte, kluge und an vielen Höfen erfahrene große Dame, der Anreger eines Friedensvorschlages, eines Angebots, das August auf diesem Weg den Schweden zustellen wollte, weil er es sonst vor Patkul nicht hätte verheimlichen können.

August, für den schöne Frauen das halbe Leben bedeuteten, wenn nicht mehr, vermochte sich offenbar nicht vorzustellen, daß ein anderer Mann vor eben jenen Attributen der Weiblichkeit, die dem Sachsenfürsten soviel Genuß bereitet hatten, lediglich die Flucht ergreifen würde. Die Gräfin wurde von Piper mit aller Auszeichnung im kurländischen Lager Würgen empfangen und von ihren Verwandten umringt, die natürlich allesamt Offiziere waren, ob sie nun Wrangel hießen oder Lewenhaupt. Wenn sie auch vielleicht nicht die bemerkenswerteste Frau zweier Jahrhunderte war, wie Voltaire sie später genannt hat, so verstand sie doch zweifellos aus der großen Welt zu plaudern und den Lageralltag zu beleben. Nur einer interessierte sich ganz und gar nicht für diesen aus dem Süden herangeflatterten bunten Schmetterling, das war der langaufgeschossene junge König mit seinen eckigen Bewegungen, ein junger Kriegsmann mit durchaus dürftigem Sexualtrieb, der sich zudem, wie einst beim großen Alexander, nicht Frauen und Mädchen zuwandte, sondern den Knaben.

»Sie bat um eine Audienz, die ihr verweigert wurde«, berichtet Karls Biograph Frans G. Bengtsson, »sie bat auch noch um eine höchst wichtige Privataudienz, die ihr ebenso glatt abgeschlagen wurde. Arme Aurora! Hier lag es nicht etwa daran, daß sie vielleicht ein wenig alt geworden war: dieser seltsame Jüngling weigerte sich, auch nur einen Blick auf sie zu werfen, um sich zu vergewissern, wie alt oder wie jung sie wirklich aussah. Parfums und Toiletten, Schönheit und Geist, Heldenverehrung und die lange beschwerliche Reise – alles erwies sich als vollkommen zwecklos. Eines Tages griff sie schließlich zu einem allerletzten Mittel. Sie fuhr in ihrem Wagen aus und hielt an einer Stelle, die der König auf seinen täglichen Ritten passierte. Als er herankam, stieg sie aus der Karosse und versuchte, ihn mit ihrer schönsten Reverenz zum Halten zu veranlassen. Aber ein artiger Gruß mit dem Hut war alles, wozu der König sich Zeit nahm, dann gab er dem Pferd die Sporen und verschwand eiligst.«

Die Szene hat etwas Rührendes, einmal, weil sie uns den im wahrsten Wortsinn liebenswerten Charakter dieser außerordentlichen Frau noch einmal vor Augen führt, einer verwöhnten Hofdame, die mitten im kurländischen Winter das Knie beugt vor einem Mann, der halb so alt ist wie sie, die Enkelin zweier berühmter Feldherren, erste Dame eines berühmten Stiftes und somit eigentlich von geistlichem Rang. Zum andern aber läßt dieses Damenopfer erkennen, wie sehr sie noch an August hing, dem Fürsten, den sie einst die Liebe gelehrt hatte oder doch alles, was spirituell am Liebesspiel ist. Und es spricht für August, ja es erweist ihn als zu der kleinen Gilde großer Liebhaber gehörig, daß die Frauen seines Lebens ihm zumeist auch dann noch anhängen, wenn sie nicht mehr die *Maitresse en titre* sind. Eine gewisse Dankbarkeit, ein gutes, tiefes Gefühl, wie es sich beim simplen Sex ja doch nie einstellt, muß zwischen ihm und seinen Geliebten oder doch den besten der großen Schar schließlich Platz gegriffen haben, sonst wäre eine Frau auf der Höhe ihrer Zeit und an der Spitze der Gesellschaft wie die Königsmarck nicht in diesem Maße auf seine Intentionen eingegangen.

August hatte dann, als hätte er das Debakel von Kliszow vorausgeahnt, auch seinen treuen Vitzthum noch nach Würgen entsandt, in aller Eile und, da Patkul nichts wissen sollte, ohne offizielle Beglaubigung als Unterhändler. Das gab nun Karl – der uns in dieser ersten Phase des Nordischen Krieges tatsächlich eiskalt und siegessicher erscheint wie der junge Alexander – die Möglichkeit, den Paladin Augusts kurzerhand einzulochen, und zwar in der Festung Riga. Dort konnte der Brave von den Zeiten träumen, da er August noch in den milden spanischen Nächten beschützte.

Nach Kliszow scheint August II. gelähmt, und Polen erst

Schloß Königstein an der Elbe.
Kupferstich aus der ›Topographia Superioris Saxoniae‹ 1650
von Mathäus Merian.

Verhaftung der Gräfin Anna Konstanze Cosel (1680–1765)
an der sächsisch-polnischen Grenze. Holzstich, 19. Jh.

Innenhof des Zwingers zu Dresden.
Kupferstich v. Joh. David Schleuen, um 1770.

Ansicht von Dresden.
Gemälde von Canaletto, zeitweilig Hofmaler zu Dresden.

Johann Reinhold Patkul (1660–1707).
Zeitgenössisches Ölbild. Mitau, Museum.

Karl XII. (1682–1718). König von Schweden.
Kupferstich von St. Aubin nach einem Gemälde von Garelle.

recht. In den nunmehr schwedischen Gebieten des Nordens und der Mitte konsolidierte sich die Opposition gegen den Herrscher aus Sachsen, bezeichnenderweise unter der Führung jenes Lubomirski, dessen schöner Frau August der Starke allnächtlich seine Reverenz erwies, ob nun Krieg war oder Frieden. Und im schwedischen Warschau war der wankelmütige Primas von Polen aufgekreuzt, obwohl er es nun doch mit abscheulichen Ketzern zu tun hatte, und seine Geliebte, die schöne Woiwodin Towianska, verdrehte den schwedischen Offizieren den Kopf. Warschau, die schöne Weichselstadt, war auch in diesem Fall für Feste gut, und so wenig es den Polen auf den Schlachtfeldern gefiel, so gut ließ sich mit ihnen feiern.

Karl XII. aber wandte sich gegen Krakau, wohin sich August im ersten Schrecken zurückgezogen hatte, wo er aber zu seinem Glück nicht blieb, denn der schwedische Vetter hatte seit Kliszow von den Polen und ihrer Kampfbereitschaft keine sonderlich hohe Meinung mehr. Karl soll, als die Stadt sich nicht ergeben wollte, allein hinter seinem Vortrupp her durch die Vororte geritten sein und mit den Worten »Macht auf, ihr Hundsfötter« – auf deutsch – ans Tor geklopft haben. Als dies nichts half, entsann man sich des trojanischen Pferdes. Der Starost hatte den Schweden ein Pferd geliehen, um einen Unterhändler an den König entsenden zu können, er wollte ja selbst nicht mit der Zitadelle in die Luft gehen. Dieses Pferd beschlossen die Schweden nun den Krakauern zurückzugeben. Das Tor öffnete sich in Pferdebrustbreite, und ehe man es wieder schließen konnte, war eine schwedische Kerntruppe in der Stadt, arbeitete lautlos mit Säbeln und Dolchen und erreichte tatsächlich den Burghof. Hier freilich hatte ein junger Offizier die Lage erkannt und versuchte mittels einer brennenden Lunte die Stadt zu alarmieren, aber König Karl selbst warf sich auf ihn, riß ihn zu Boden und drückte die Lunte aus. Krakau war erobert.

Das alles sieht ein wenig nach jenen gemütlichen Kriegen aus, wie sie sich einstellen, weil auf beiden Seiten Söldner oder halbherzige Verbündete mit in die Schlacht ziehen, und die Höflichkeiten, die August und Karl austauschten, die freigelassenen Gefangenen, die einem entlassenen sächsischen Major mitgegebene schöne Waffe, die als ›Degen Karls XII.‹ und somit als vermeintliches Beutestück in sächsische Sammlungen geriet, dies alles verdichtet den Eindruck einer *Drôle de Guerre*, zu der die Erbitterung des Schwedenkönigs ganz und gar nicht passen will.

Schwedens Minister Graf Piper, ein vernünftiger Mann mit lübischem Blut, der schon Karl XI. beraten hatte, drängte denn auch auf Frieden. Im Norden wüteten die Russen, in Finnland und Estland kämpften die schwedischen Regimenter bereits bloßfüßig und schlecht versorgt, und August zeigte seinen Friedenswillen doch deutlich genug: wie leicht konnte man da ein paar gutgelegene meernahe Provinzen für Schweden ergattern, den Krieg abblasen und die Russen zurücktreiben, was nachgerade eine Notwendigkeit geworden war.

Aber was vermag ein Minister gegen Vetternhaß. Es waren viele Motive im Spiel, mehr, als sich beweisen läßt, und nicht selten haben die hochfahrenden Asketen über die Lebemänner triumphiert, die abseitig Veranlagten in unversöhnlichem Haß jene Glücklichen bekriegt, die mit einem Frauenleib etwas anzufangen wußten. Daß August schon damals als unverläßlich galt, ist jedenfalls, so oft der Umstand auch angeführt wird, kein hinreichender Grund, keine zureichende Erklärung für Karls selbstmörderische Kreuz- und Querzüge durch Polen, für eine offensichtlich sinnlose Fortsetzung eines Krieges, dessen Ziele insofern bereits erreicht waren, als Karl ja die Bedingungen des Waffenstillstands oder des Sonderfriedens diktieren konnte. Und nicht nur das: er hatte schließlich auch die Macht, die Einhaltung zu erzwingen, so daß Augusts zu erwartende Schwindeleien nur geringe praktische Bedeutung erlangen konnten.

Aber Karl hörte nicht auf Piper und noch weniger auf Augusts Friedenswerben. Er versäumte den Augenblick nach Kliszow, da August die ganze polnische Nation und allen Ärger satt hatte und zumindest innerlich bereit schien, die Krone niederzulegen, um sich's in Dresden wohl sein zu lassen. Karl lenkte nicht einmal ein, als er sich bei einem seiner halsbrecherischen Ritte durch eine Lagerstraße den Oberschenkel brach, weil sein Pferd über eine Zeltschnur gestolpert war. Ein ostpreußischer Feldscher schiente den Bruch, aber da man damals noch nicht nagelte (nur der große Ambroise Paré soll diese Kunst beherrscht haben), glitten die Bruchstellen wieder auseinander, und Karls Fuß blieb verkürzt. Neumann, den tüchtigen ostpreußischen Wundarzt, behielt Karl fortan bei sich bis in sein Unglück vor Poltawa.

Es ist eine Phase der seltsamsten Warnungen und Zeichen. Unbehagen erfaßt selbst den Genußmenschen August, der bis dahin offensichtlich überzeugt war, daß ihm nichts zustoßen könne, und die Wirklichkeit eines großen Krieges in einem unsicheren Land erweist sich, aus der Nähe gesehen, als ein recht kostspieliges Mittel, zu einem Ruhm zu gelangen, den man sich im Grunde längst errungen hat: Mehr als König kann er schließlich nicht werden, auch wenn er sich Augustus unterschreibt. Einer, der mehr werden will als Augustus, nämlich Alexander, ist von der Einsicht noch weit entfernt: der junge Schwedenkönig, der seltsame Jüngling, der geschlechtslose Knabe in dieser Zeit der ausschweifenden Gewaltherrscher. Und eben darum, weil die Asketen und Fanatiker allemal gefährlicher sind als die selbstzufriedenen Genießer, geht das große Morden weiter, die Dörfer werden entvölkert, die Juden müssen Kontributionen zahlen, und Verräter sterben einen schnellen Tod, weil jeder jeden verraten kann bei zwei Herrschern in dem einen unglücklichen Polen.

Nach der Sumpfschlacht von Kliszow und dem schwedischen Handstreich auf Krakau wird der Nordische Krieg labyrinthisch, und wir werden ihm darum bald Adieu sagen. Zu groß für die Armeen jener Zeit, gestattet Polen ebensowenig eine geschlossene Front wie sein baltisches Vorland. Aus dem Raum des Finnischen Meerbusens stoßen die Russen immer wieder gegen die schwedischen Truppen im Baltikum vor, und Peter der Große begründet 1703 gar seine neue Hauptstadt in erobertem Gebiet, Petersburg, das heutige Leningrad, das Tor zum Westen für ein Land, das sich weiter als alle anderen nach Osten erstreckt.

Im eigentlichen Polen, auch Großpolen genannt, treiben schwedische und sächsische Streifscharen die Bevölkerung zur Verzweiflung. Die Schweden vor allem pressen mit ungeheurer Härte Kontributionen aus den kleinen Städten, und nur selten bleibt es bei der bloßen Einschüchterung wie in Lublin, wo sie so lange Holz um die Häuser aufschichteten und Pech darüber gossen, bis die Lösegeldsumme beisammen war. Und da wir es in diesem Chaos auch mit einer kleinen Schar unvergeßlicher Helden zu tun haben, sollte man auch einen der Unholde nennen, die den schwedischen Waffenruhm dieser Jahre befleckten: den Obristen Claes Bonde, einen wegen seiner Brutalität gefürchteten und in ganz Polen verhaßten Streiftruppführer, der schließlich beim Zusammenstoß mit sächsischer Kavallerie unweit Warschau den Tod fand.

Da Karl alle Schlachten gewann, ob sie nun auf der neuen Weichselbrücke von Praga stattfanden, bei Grodno oder selbst im baltischen Norden, hatte Polen inzwischen einen zweiten König erhalten. Er wird gleich zweimal König werden, und beide Male für nicht allzu lange Zeit, das ist eine Besonderheit des polnischen Herrscherschicksals, aber wir begegnen dennoch seiner sympathischen Erinnerung bis heute: es war kein anderer als Stanislaw Leszczynski, später Schwiegervater König Ludwigs XV. von Frankreich und durch den Besitz von Lothringen über den Verlust von Polen getröstet, der Schöpfer der *Place Stanislas* in Nancy, auf der noch heute für viele Francophilen das Land ihrer Sehnsucht beginnt.

Dieser noch junge Mann von beträchtlicher Kultur und adeliger Lebensart mußte neben seiner Gemahlin mit nachgefertigten Kronen zum König gemacht werden, weil August der Starke auf seinen fluchtähnlichen Rundreisen durch Polen die echte Krone der polnischen Könige immer noch im Gepäck mit sich führte. Die Polen hatten also ihre Neigung geteilt, die Radziwill blieben an der Seite Augusts, die Sapieha waren zu den Schweden gestoßen und entledigten sich, wenn eine Schlacht gewonnen war, der Aufgabe der Verfolgung jedesmal mit beträchtlichem Elan. Einkreisungs- und Vernichtungsschlachten gab es nicht, dazu waren alle Beteiligten zu erschöpft, und es geschah eigentlich, um ein Ende zu machen und weil Polen einfach zu ausgedehnt und zu arm an guten Wegen war, daß Karl XII. sich entschloß, den Krieg in jenes Sachsenland hineinzutragen, das dem starken August in den letzten Jahren nicht nur 88 Millionen Taler an Geldern geliefert hatte, sondern auch 36 000 neue Rekruten als Ergänzung der alten Armeebestände.

Das Bild vom Hineintragen stimmt freilich nicht ganz, denn bald zeigte sich, daß es den Krieg im eigentlichen Sinn gar nicht mehr gab. Die polnische Nation hatte zumindest in ihrem Selbstgefühl aufgehört zu existieren. Am Rand aller Kräfte und am Rand selbst der Leidensfähigkeit angelangt, wünschten die Polen und Juden, die Ruthenen und Litauer all die Herren, die einander auf Kosten Polens prügelten, gemeinsam zum Teufel, und vielleicht war es dieser stumme Wunsch der geknechteten und ausgebluteten Millionen, der den feinnervigen jungen Schwedenkönig endlich über die Oder gehen ließ. Es geschah, wie beinahe alles, was er tat, gegen den Rat des Grafen Piper, der Verwicklungen mit dem Kaiser und den Westmächten befürchtete, aber es sollte sich zeigen, daß dieser letzte Marsch ins Herz des Feindeslandes der kürzeste Weg zum Frieden war.

Beim Oder-Übergang von den schlesischen Protestanten

als Befreier begrüßt, umging Karl mit seinen abgerissenen und abgekämpften Truppen die großen sächsischen Städte, besichtigte das Schlachtfeld von Lützen, wo der bis auf ihn berühmteste Schwedenkönig – nämlich Gustav Adolf – das Leben gelassen hatte, und erkor unweit Lützen das Schloß Altranstädt zu seiner Residenz. Auf diesem Grafensitz aus dem frühen elften Jahrhundert, der einst Dedo dem Feisten und später dem Leipziger Bürgermeister Wolf Wiedemann gehört hatte, empfing Karl XII. im September 1706 die sächsischen Unterhändler Imhof und Pfingsten. Sie waren von August mit so komplizierten Vollmachten ausgestattet worden, daß er sie später desavouieren konnte – ein Trick, den unsere modernen Funk- und Fernsprechverbindungen inzwischen unmöglich gemacht haben.

Die Schnelligkeit, mit der alles vor sich ging, läßt erkennen, daß es sich um ein Diktat handelte und daß die beiden Abgesandten mangels irgendwelcher militärischer Machtreserven für ihren König nichts anderes tun konnten, als ihm wenigstens Sachsen zu retten. Die Schweden verlangten zwar Winterquartiere, versprachen aber, sich vom Friedensschluß an anständig zu betragen. August lieferte die echte polnische Königskrone aus, was inzwischen bedeutungslos geworden war, und versprach auch, Johann Reinhold von Patkul ans Messer zu liefern, eine Transaktion, die keinem der beteiligten Fürsten zur Ehre gereicht. Patkul nämlich, der sich von den machtlosen Sachsen nicht mehr geschützt wußte, war längst russischer Staatsrat, war Diplomat und Minister gewesen, und wenn man die Fairneß hätte walten lassen, die so manchem sächsischem und schwedischem Offizier in diesem Krieg bis dahin zugute gekommen war, dann hätte man ihn allenfalls gegen einen wertvollen Gefangenen des Zaren austauschen dürfen, mehr aber auch nicht.

In dem Augenblick, da August die ersten Friedensfühler nach Schweden ausgestreckt hatte, war nicht nur er selbst gefährdet, und zwar durch die russischen Truppen, die ein Sonderfrieden ja aufs ärgste schädigte, sondern es waren auch die russischen Emissäre und Kontaktpersonen in Sachsen in einer sehr prekären Lage. Patkul, der immer das Gras wachsen hörte und alles kommen sah, hatte schon Monate vor dem Altranstädter Frieden Geheimverhandlungen mit dem Kaiser aufgenommen und die russische Situation in Polen für den Fall zu stabilisieren versucht, daß Sachsens militärische Lage aussichtslos werde. Zugleich aber hätte er sich unbedingt aus dem sächsischen Machtbereich entfernen müssen, denn als Schlüsselfigur des Nordischen Krieges mußte er wissen, daß alle Friedensbemühungen gnadenlos über ihn hinweggehen würden, ja erst Erfolg haben konnten, sobald er ausgeschaltet worden war.

Die Blindheit, mit der die Götter bekanntlich jene schlagen, die sie vernichten wollen, hatte allerdings eine entschuldbare Ursache: Patkul, der für seine *petite confidente* so tiefe Wunden hatte hinnehmen müssen, war abermals verliebt, und diesmal sogar verlobt. Die Erkorene war eine Frau Anna von Einsiedel, geborene von Rumohr, eine schöne Frau und zudem eine der reichsten Erbinnen des ganzen Kurfürstentums. Patkul verriet damit, daß er Sachsen nicht Lebewohl zu sagen gedachte, daß er nicht als russischer Staatsrat in Moskau oder im sumpfentstiegenen Petersburg werde leben wollen, sondern daß der unbeherrschte und unbequeme Balte für immer zur sächsischen Aristokratie zu zählen wünschte.

Statt sich über dieses Bekenntnis zu Sachsen zu freuen, zeigten sich die Räte in Dresden bestürzt und alarmierten den noch in Grodno weilenden König. Am Privaten stets mehr interessiert als an der Politik, scheint August in einem seinem Inhalt nach unbekannt gebliebenen Schreiben die Verhaftung Patkuls befohlen oder gutgeheißen zu haben, ehe dieser sich durch engere Verbindungen mit dem sächsischen Adel eine Hausmacht und Schutzrechte schaffe. Möglicherweise waren aber auch ganz andere, nämlich aktuelle militärisch-politische Überlegungen im Spiel, da August nun, als Friedenswerber, die Russen ebenso fürchtete, wie er vordem die Schweden gefürchtet hatte.

Wie dem auch war: Da niemand die heikle Aktion auf seine Kappe zu nehmen wagte, blieb der königliche Wille (wenn er sich tatsächlich artikuliert hatte) so lange ohne Folgen, bis

Johann Matthias von der Schulenburg sich bereit erklärte, seinen Soldaten einen entsprechenden Befehl zu geben und diesen zu verantworten.

Der General, der sich gegen Karl XII. lediglich als großer Rückzugsstratege Ruhm erworben hatte und erst neun Jahre später auf Korfu zur Legende werden sollte, hatte damit eine Tragödie eingeleitet, die er später vergeblich ins Glimpfliche zu wenden versuchte. Auch die Großen waren längst zu Werkzeugen geworden...

Johann Reinhold von Patkul wurde zunächst auf Schloß Sonnenstein inhaftiert, also bei Pirna, einer Festung, die im Dreißigjährigen Krieg von den Schweden nicht hatte eingenommen werden können, die nach einiger Zeit aber August oder Schulenburg oder sonst jemandem, der Patkul besonders sicher verwahren wollte, als ein unzureichendes Gefängnis erschien, weswegen man ihn auf die Burg Königstein brachte. Damit war sein Schicksal besiegelt, denn daß die Schweden keinen Frieden schließen würden, ohne Patkul in die Hände zu bekommen, das war allen Beteiligten klar, und vom Königstein war noch niemandem die Flucht gelungen (das galt bis 1943: in diesem Jahr entkam bekanntlich der französische General Giraud Burg und Bewachern).

Auf dem Königstein hatte Patkul seinen alten Intimfeind, den inzwischen als korrupt entlarvten Kanzler Beichling als Gesellschaft. Bald nach ihm sollte noch der Schwarzkünstler J. F. Böttger eingeliefert werden, und im nächsten Jahrhundert waren es immerhin Bakunin und August Bebel, die diese Festung von innen kennenlernten.

Patkul erkannte nun, viel zu spät, die Gefahr, in der er schwebte, und da er nichts anderes mehr tun konnte, schrieb er eine Menge Briefe nach allen Richtungen, um die Auslieferung an den siegreichen Schwedenkönig zu hintertreiben. Zugleich fabrizierte die ihm feindlich gesinnte Partei am sächsischen Hof andere Patkul-Briefe, die ihn des Verrats an Sachsen überführen sollten, damit die bevorstehende Auslieferung gegenüber dem Zaren und der Weltöffentlichkeit (denn diese gab es auch damals schon) entschuldbar erscheinen möge. Das einfachste Mittel zur Lösung des Problems, nämlich Patkul die Flucht zu ermöglichen, wagte man wegen der Repressalien des Schwedenkönigs nicht anzuwenden, obwohl auch Schulenburg dazu riet: Er war überzeugt, daß die Schweden den erzielten günstigen Frieden nicht eines einzigen Mannes wegen aufs Spiel setzen würden, um so mehr, als August (der ja seinen Sonderfrieden verschweigen mußte) an der Seite des Zaren nun endlich einen Sieg über die Schweden zu feiern hatte: Vier Wochen nach dem Jahrestag des heimlichen Sonderfriedens, im Oktober 1706, hatte der russische General Menschikoff, verstärkt durch polnische und sächsische Truppen, den schwedischen General Mardefeldt geschlagen. Die Briefe, die August an Karl XII. richtet, um sich für diesen ohnedies zu spät eintreffenden Sieg zu entschuldigen, sind ebenso deutliche Zeugnisse vom Zusammenbruch dieses Lustkolosses wie sein Verhalten in der Affäre Patkul: Selbst das völlig ausgeblutete und hungernde Deutschland von 1918 hat sich geweigert, dem Versailler Diktat einer Auslieferung von Heerführern zuzustimmen; August aber, dem es in dem ganzen Krieg an nichts gefehlt hatte, unterwarf sich mit seiner ganzen Pseudoherrlichkeit dem jungen Sieger.

Karl XII., der immer durch seine Schnelligkeit verblüfft hatte und der zweifellos aus der Kriegsgeschichte wußte, daß diese Schnelligkeit das Kennzeichen aller Feldherrengenies gewesen war von Alexander über Caesar bis auf Kublai Khan, dieser junge König also war auch in der düsteren Angelegenheit Patkul viel schneller als die langsam arbeitenden und mühsam intrigierenden sächsischen Kanzleien. Was wurde da nicht alles ins Werk gesetzt! Noch auf dem Sonnenstein war es, daß Patkul die erste Gelegenheit zur Flucht gehabt hätte, nach Wochen, in denen er auf seine Kosten Kommandant und Offizierskorps der Festung mit Delikatessen traktiert hatte (die Rechnungen weisen an einem einzigen Tag dreihundert Austern auf, die mitten im Krieg, im Binnenland, zweifellos nicht leicht zu beschaffen und nicht billig zu haben gewesen waren). Aber in seinem irren Stolz ergreift Patkul nicht die Gelegenheit zur Flucht; er sei Diplomat des

Zaren und könne sich nicht aus dem Staub machen wie ein kleiner Dieb.

Später, auf dem Königstein, mußte er sich gestehen, daß er eine ganze Festung mit ihren Offizieren umsonst freigehalten hatte und daß sich das Verhängnis nun schnell näherte. Gewiß hat auch August lange an dem Ausweg festgehalten, Patkul eine heimliche Flucht zu ermöglichen. In seiner geradezu entlarvenden Angst vor dem Schwedenkönig aber gedachte August, sich möglichst abzusichern, ehe er Patkul laufen ließ. August hatte nämlich inzwischen Karl kennengelernt, sie waren einander in der schwedischen Kanzlei von Altranstädt gegenübergestanden, der schmale, in eine verdreckte Uniform gekleidete, wie eine Vision künftiger Frontoffiziere wirkende Schwede und der barock-groteske Prunkriese, dessen gute Umgangsformen an der Kälte des Siegers völlig wirkungslos abprallten. Karl war anders, mit ihm konnten sie alle nichts anfangen, die sich bis dahin für Diplomaten gehalten hatten, und der sonst so geschickte kaiserliche Gesandte Zinzendorf nannte Karl geradezu ein wildes Tier.

In seiner grotesken Furcht auf Karl fixiert, nicht auf den Zaren, bestellte August sich einen wütenden Schmähbrief Patkuls, der nach der Flucht dem Schwedenkönig vorgelegt werden sollte; aber bis all dies geschehen und geschrieben war, hatte die Angst schon wieder gesiegt, August entsandte seinen Adjutanten Jobst Friedrich von Arnstedt auf den Königstein, vermutlich unter gleichzeitiger Benachrichtung der Schweden, und damit waren die kunstvollen Vorbereitungen der Flucht, über die sich Unterlagen in sächsischen Archiven finden, im letzten Augenblick zunichte geworden. Es muß eine furchtbare Enttäuschung für Patkul gewesen sein, und das nahe Ende stand nun grell vor seinen Augen, war doch auch ein anderer Balte, nämlich Paykul, obwohl im Krieg und in Uniform gefangen genommen, trotz demütiger Bitten und Fürsprachen in Stockholm hingerichtet worden.

Erst jetzt wird Patkul, dem listigen Superagenten, das aus Schwäche und Feigheit, Wankelmut und vagen Hoffnungen gemischte Spiel jenes Sachsenfürsten klar, in dem ganz

Europa eine imposante Erscheinung gesehen hatte. Minister bis zum letzten Augenblick, nützt er die wenigen ihm noch verbleibenden Stunden, um dem Zaren die königlich sächsische Untreue und das unwürdige Doppel- und Dreifachspiel zwischen Grodno, Dresden und Altranstädt aufzudecken.

»Wenn seine Minister wirklich ohne des Königs Zustimmung gehandelt hätten« – gemeint ist: als sie Patkul verhaften ließen –, »warum hat er dies später nicht zurückgenommen? Wenn er nicht von vornherein beabsichtigt hätte, mich an die Schweden auszuliefern, warum hat er mich nicht schon lange gehen lassen? Redliche Leute haben mir Mittel und Wege zur Rettung gewiesen; der König ist scheinbar auch auf alles eingegangen, was ins Werk gesetzt wurde, insgeheim aber hat er konträre Ordre gegeben.«

Dieser Brief hat freilich den Zaren nie erreicht, und wenn er ihn erreicht hätte, es hätte nicht mehr viel geändert. Peter hat mit einer Erbitterung sondergleichen schon gegen die Verhaftung seines Geschäftsträgers protestiert und wird mit einem Temperament, wie es russische Herrscher nur selten an den Tag legen, auch gegen die Hinrichtung protestieren, ja das Gewissen Europas aufrütteln, wie es in dem ganzen Jahrhundert erst wieder bei der Hinrichtung Ludwigs XVI. der Fall sein wird. Die Wirklichkeit des Augenblicks aber waren die schwedischen Reiter, die in der Festung Königstein darauf warteten, daß Artikel 10 des Friedensvertrages von Altranstädt erfüllt und der nach schwedischer Ansicht hochverräterische Patkul ihnen ausgeliefert werde.

Unter der Quittung für den Gefangenen, der am 6. April 1707 um Mitternacht von den Schweden übernommen wird, stehen zwei gute baltische Namen, nämlich Vietinghoff und Stakelberg. Die beiden hatten dreißig Mann bei sich, da man einen gewaltsamen Befreiungsversuch befürchtete, und eben darum war wohl auch die mitternächtliche Stunde gewählt worden. Daß Karl XII. baltische Offiziere und Soldaten zu diesem düsteren Dienst kommandierte, zeigt, mit welcher Aufmerksamkeit und mit wieviel absichtsvoller, zweckgerichteter Überlegung dieser sonst so impulsive Monarch in allem vorgeht, was Patkul betrifft. Es gibt auch keine neue

Verhandlung gegen den Livländer, das alte Urteil, das noch Karl XI. gefällt hatte, wird lediglich bestätigt und in seiner Ausführung verschärft: Patkul soll bei lebendigem Leib gerädert und danach geköpft werden, schließlich ist sein Körper aufs Rad zu flechten.

Es war die alte Strafe der Landfriedensbrecher und Verräter, die härteste, noch aus dem Mittelalter stammende Todesstrafe, von der bereits Gregor von Tours berichtet. Daß sie an ihm vollzogen werden würde, konnte Patkul als Adeliger und Offizier nicht vermutet haben, vor allem, weil ihre Verhängung einer Herausforderung ganz Europas gleichkam und einer provokatorischen Verletzung des internationalen Rechts. Das livländische Regiment hatte angesichts dieser Entwicklung nach langen Bitten bei Karl XII. erreicht, daß der Vollzug einem schwedischen Regiment übertragen wurde, damit nicht die Balten einen Landsmann zu Tode martern müßten. Ja, das Regiment Meyerfeldt hatte sogar auf dem Transport Patkuls vom besetzten Sachsen in die polnischen Herrschaftsbereiche der Schweden alles versucht, um eine in der Nähe stehende, aus Russen und Kalmücken gemischte Reitereinheit unter einem Obersten Schultz darauf aufmerksam zu machen, daß Patkul einem sicheren und grausamen Tod entgegeneskortiert werde und daß die ungenügende Bedeckung keinen besonderen Widerstand leisten werde. Aber Oberst Schultz hatte die Gelegenheit, Patkul zu befreien, nicht wahrgenommen, obwohl man ihn praktisch dazu eingeladen. Er kam später vor ein Kriegsgericht.

Das Verhängnis mußte also seinen Lauf nehmen. Am 8. Oktober 1707 traf Patkul bei dem schwedischen Regiment Hjelm ein, am 9., einem Sonntag, hatte der deutschstämmige Regimentspfarrer Hagen die schwere Aufgabe, Patkul zu eröffnen, was mit ihm geschehen werde. Hagen verbrachte auch viele Stunden im Gespräch mit Patkul, nicht nur, um ihm den Trost der Religion zu bringen, sondern vor allem, um den bis zuletzt geschäftigen und aktiven Mann dadurch zu beruhigen, daß er letztwillige Verfügungen und andere Bestimmungen aufzeichnete.

Aus einem kleinen Buch, das Pastor Hagen später verfaßte,

weiß man alles über die letzten Stunden des Mannes, der Sachsen, Schweden, Polen und Rußland in einen langwierigen und blutigen Krieg hineingezogen hatte, um seine Heimat zu retten, zu befreien, des Mannes, der August II. von Polen zu einem der größten Herrscher des Jahrhunderts hätte machen können und machen wollte und der daran zugrundeging, daß er die äußerliche Kraft seines Helden mit Charakterstärke verwechselte.

Das Richten mit dem Rad galt, nach der sauberen Dekollation auf den ersten Streich, als die schwierigste Hinrichtungsart; man mußte sie mindestens zweimal fehlerfrei ausgeführt haben, ehe man ein selbständiges Henkeramt, eine Scharfrichterei übernehmen durfte, und in dem kleinen Klosterdorf Kazimierz (im Raum Posen gelegen) war natürlich kein bestallter Scharfrichter aufzutreiben. Die Schweden fackelten nicht lang: sie stellten ein Bäuerlein vor die Wahl, entweder am nächsten Tag mit allem Handwerkszeug pünktlich zu erscheinen und ein paar Dukaten Henkerlohn zu erhalten, oder aber selbst wegen Widerstands gegen die Besatzer zu hängen. Der Mann hatte ein Rad mitgebracht, das aber keinen Eisenreif hatte, und er brauchte jedesmal drei oder vier Stöße, ehe – wie das Reglement es vorschreibt – dem Delinquenten die Knochen der Arme und Beine gebrochen waren.

Auf dem Boden ausgestreckt, ließ Patkul laut stöhnend alles mit sich geschehen, nur als der letzte Stoß kommen sollte, der als Gnadenstoß geltende letzte schwere Schlag mit dem Rad gegen das Brustbein, da kroch er trotz seiner gebrochenen Glieder auf den vorbereiteten Block zu und stammelte: »Lieber Kopf ab«. Der schwedische Offizier riskierte es, den Zorn seines Souveräns herauszufordern und nickte zustimmend, aber der Bauer brauchte drei Axthiebe, ehe Patkuls Kopf vom Rumpf getrennt war.

Hagens genaue Beschreibung des Hergangs, die in Papier gewickelten Dukaten, die Patkul dem Henker gab, die demütige Bitte des Bauern, der um Verzeihung bat, daß er einem so großen Herren den Kopf abschlagen sollte, dies alles ist heute nicht nur Rechts-, sondern auch Sozialgeschichte und natürlich auch das letzte Kapitel in der Biographie eines jener Männer, die ihr Jahrhundert bewegten, obwohl sie weder Herrscher waren noch Feldherren. Das Sterben Patkuls in seiner entsetzlichen und überflüssigen Grausamkeit mußte vor allem den Adel schockieren, der damals in seiner grenzüberschreitenden Homogenität noch eine ganz andere Bedeutung und tiefere Bindungen hatte als heute. Peter der Große, den man so lange als einen Halbbarbaren bezeichnet hatte, tobte in wütenden Protesten gegen Schweden, aber auch gegen die Mächte, von denen lediglich England versucht hatte, auf Karl XII. einzuwirken.

August II., der sich mit russischer Hilfe und nach Karls Niederlage bei Poltawa wieder weite Teile Polens hatte sichern können, ließ sich zweieinhalb Jahre Zeit, ehe er eine Suchexpedition nach den Gebeinen Patkuls aussandte. Aber wenn einer aufs Rad geflochten worden war, wenn man seine gebrochenen Glieder in der greulichen Verrenkung des Rades den Raben preisgegeben hatte, dann hatte nur selten jemand gewagt, die Reste in geweihter Erde zu bestatten. Augusts Emissäre fanden so gut wie nichts, womit ihr Herr ein feierliches Begräbnis veranstalten und sich selbst über den begangenen Verrat hätte hinwegtrösten können.

Die Tragödie wirkte noch lange nach: Kein Geringerer als Gutzkow hat ihr ein Trauerspiel gewidmet, ein baltischer Baron Plessen von Tiesenhausen und andere haben Patkuls Schicksal auf die Bühne gebracht. 1713, als August II. wieder einmal im Besitz von Warschau war, erfolgte eine Beisetzung, aber da schon die ersten Versuche, Patkuls Gebeine zu finden, vergeblich geblieben waren, muß es als durchaus zweifelhaft gelten, ob es wirklich seine Reste waren, an denen sein König noch etwas gutzumachen versuchte.

Augusts große persönliche Chance, Herr über das Baltenland zu werden und seine wettinische Linie dort einzupflanzen, auch wenn sie nicht mehr über Polen herrschte, diese Chance war vertan. Sie hätte eine ungemein fruchtbare Verbindung aus dem mitteldeutschen Raum hinauf in jenen hohen Nordosten schaffen können, wo meist aus dem Rheinland stammende Ritter und lübische Kaufleute zusammengewirkt hatten, eines der interessantesten, geistig und wirtschaftlich besonders fruchtbaren deutschen Siedelländer entstehen zu lassen. Es war das zweite folgenreiche Versagen der Mitteldeutschen gegenüber den Preußen. Sachsens Kurfürsten hatten weder die Hugenotten aufgenommen, noch werden sie sich um die Salzburger Exulanten kümmern, obwohl die Bergleute gerade im sächsischen Bereich viel leichter einzusetzen gewesen wären als in Ostpreußen; und sie verrieten mit Patkul das ganze baltische Deutschtum. Die südliche Ostsee und der weite Nordostraum wurden dem menschenleeren Brandenburg-Preußen überlassen, einer gewiß tüchtigen, einer vorbildlich toleranten, einer rechtschaffenen Kolonisations- und Siedlungspolitik, aus der aber eben jenes Königreich Preußen entstand, das sogleich daran ging, die deutsche Mitte zu zerreiben und aufzusaugen.

Als Johann Reinhold von Patkul seinen letzten Seufzer in den Himmel von Kazimierz schickte, war der Mann, der ihn rächen sollte, schon siebenundsechzig Jahre alt und seit geraumer Zeit der Schrecken der Länder zwischen Weichsel und Wolga. Er hieß Iwan Stepanowitsch für seine Freunde, die Fama aber und die Feinde nannten ihn erschauernd Mazeppa, und mit diesem Dreiklang ist er auch in die Geschichte eingegangen. Er ist der zweite dramatische Held dieses blutigen Jahrhundertbeginns, und er war bereits zu Lebzeiten Legende, weil er eine jener grausamen Todesstrafen überlebt hatte, in denen das alte Europa soviel Phantasie bewies: 1640 im Gouvernement Kiew geboren, war er als Page an den Hof des Polenkönigs Jan Kasimierz gekommen und hatte dort, jung, kühn und kräftig, einem der einheimischen Magnaten Grund zur Eifersucht gegeben. Die Strafe glich einem jener Gottesurteile, die tatsächlich göttliche Hilfe beanspruchten, wenn sie nicht zu simplem Mord werden sollten: der gekränkte Gatte ließ den nackten Iwan Stepanowitsch auf den Rücken eines Pferdes binden und durch die Wälder treiben, bis das halbirre Tier in der heimatlichen Ukraine unter seiner Last zusammenbrach. Bauern befreiten Mazeppa, das Gerücht seines merkwürdigen Schicksals lief durch die Länder, und bald sammelte er die ersten Reiter um sich.

Als Kosakenhetman verbreitete er in jenen unruhigen Zeiten viel Angst und Schrecken, und als Rußland in dem jungen Zaren Peter einen starken Herrscher erhielt, schien sich die Unabhängigkeit der Ukraine ihrem Ende zuzuneigen. Mazeppa und seine Scharen waren zunächst mit August gegen die Schweden geritten; man trennte sich nicht ohne Not von der Politik eines so energischen Herrn, wie es Peter der Große war. Als sich aber immer deutlicher abzeichnete, daß der Herrscher aller Reußen die Ukraine zu unterwerfen, ja zu unterjochen beabsichtigte und von einem Sonderschicksal dieses reichen Landes nichts wissen wollte, da stieß Mazeppa zu Karl XII. und bot ihm schon in Altranstädt seine Kosaken an.

Auch das war, wenn man will, Verrat, obwohl die Kosaken sich damals noch als ein eigenes Volk verstanden und der Hetman etwa einem Condottiere gleichzusetzen ist, der seine Dienste da und dort anbieten kann. Karl XII. hatte nach der Niederwerfung Augusts, den er inzwischen genau kennengelernt hatte und längst nicht mehr fürchtete, nur noch einen einzigen ernst zu nehmenden Gegner, das war der Zar. Preußen blieb standhaft neutral, was immer Sachsens Kurfürst König Friedrich I. auch an schwedischen Landstücken an der Ostsee anbieten mochte, und der Kaiser starrte gelähmt vor Schrecken auf den jungen König aus Schweden, der ein Menschenalter nach dem Ende des Dreißigjährigen Krieges durch halb Europa gestürmt war und an den Grenzen Böhmens stand. Niemand hätte ihn daran hindern können, Prag zu erobern, und in den Wiener Kanzleien atmete man erst auf, als Karl XII. nur einige Rechte für die schlesischen Protestanten verlangte. Angesichts all dessen, was dieser harte Genius alles hätte fordern können, war dieser Wunsch Zeugnis einer überraschenden Bescheidenheit, und niemand in Wien gedachte daran etwas zu ändern, indem man etwa Zar Peter oder gar König August II. irgendwelche Hilfen sandte.

Mazeppa war für Karl der Mann der Stunde, der einzige,

der ihn interessierte, der einzige wohl auch, mit dem er sich verwandt fühlte. Zwar tauchte in gemessenen Abständen der wohlgenährte und mit einer prächtigen Perücke geschmückte Kurfürst von Sachsen in Altranstädt auf, stippte mißmutig in den für seine Gewohnheiten viel zu frugalen Speisen herum und brachte dann mit den höflichsten Mienen irgendeine nichtswürdige Beschwerde oder gar Bitte vor. Karl hatte keinen einzigen Besuch dieser verfressenen Kleiderpuppe erwidert, so daß auch August entmutigt seine Bemühungen einstellte und dort Trost suchte, wohin Karl ihm nicht folgen wollte oder konnte – in den weichen Betten seiner Mätressen. Mit Mazeppa aber konnte man von den weiten Steppen reden, die sich nun, östlich der Karpaten, vor der Armee Karls auftaten. Wenn Mazeppa von seiner Heimat sprach, wo die Getreidefelder endlos wogten und nur kleine Birkengehölze die unendliche Weite unterbrachen, dann fühlte Karl die unbändige Sehnsucht in sich, wieder in den Sattel zu steigen und weiterzureiten über den Bug und über den Dnjepr bis zum Donez, ja zum Schwarzen Meer.

Diese Vision – ob sie nun tatsächlich auf Mazeppa zurückgeht oder ob Karl XII. seinen großen Gegner auf jeden Fall verfolgt hätte –, diese Vision eines neuen Alexanderzuges durch die großen Steppen und in Richtung Asien rettete das in einem neuen Krieg befangene Europa vor dem Impetus der Schweden. Zwar gaben in Altranstädt die Diplomaten einander die Tür in die Hand, denn es war klar, daß nur *der* Monarch den Spanischen Erbfolgekrieg für sich entscheiden würde, der diesen seltsamen König mit seiner furchtbaren Armee auf seine Seite ziehen könnte. Aber weder die Franzosen schienen dazu imstande noch Marlborough, der sich in eigener Person nach Sachsen begeben und mit dem ungeduldigen König eine höchst umständliche und durchaus unergiebige Konversation geführt hatte. Karl war sichtlich enttäuscht, den bedeutenden Feldherrn, dem angeblich keine Armee und keine Stadt widerstehen konnte, auf die gleiche lächerliche Manier gekleidet und parfümiert zu finden wie den Kurfürsten von Sachsen.

Polen war uninteressant geworden. Stanislaw Leszczynski,

der neue König von Schwedens Gnaden, durchstreifte mit ein paar schwedischen Regimentern das weite Land und befriedete es, wonach er sich von jenen, die diese Befriedung überlebt hatten, als König feiern ließ. Zwar war ein General Sieniawski aufgetaucht, ein offensichtlich begabter Mann, der auch Truppen um sich sammelte und von August II. ebenso wenig zu halten schien wie von Stanislaw Leszczynski; aber er hatte soviel Mühe, seine Streifscharen zu ernähren, daß Karl sich nicht mit ihm zu befassen gedachte: All die Popanze in Europa waren keine Gegner; ebenbürtig, einigermaßen akzeptabel für einen Waffengang war lediglich der Zar.

Eben dieser aber hatte nach dem Altranstädter Frieden und dem Abfall seiner sächsisch-polnischen Verbündeten offensichtlich alle Lust am Kriegführen verloren. In seinem riesigen Land gab es soviel zu tun, daß er es satt hatte, sich mit diesem ehrgeizigen Jüngling herumzuschlagen.

So kehrten also die zwei begabtesten Monarchen der Zeit unserem kleinen Kontinent den Rücken, freilich in durchaus verschiedenen Intentionen. Durch einen polnischen Adeligen hatte Peter anfragen lassen, ob Karl XII. sich nicht vielleicht mit dem Erreichten zufriedengeben und über einen vernünftigen Frieden verhandeln wolle. Er hatte andeuten lassen, daß er nun, da August II. von ihm abgefallen sei, keine Rücksicht mehr auf diesen König und seine polnischen Ambitionen zu nehmen gedenke. Eine Teilung Polens lag in der Luft, ein schwedisches Großreich nördlich und südlich der Ostsee war möglich geworden, wie es seit den fernen Zeiten der Goten nicht mehr bestanden hatte. Aber weder der alte Graf Piper noch der neue Günstling Graf Görtz vermochten den König zur Annahme dieser verlockenden Angebote zu bewegen.

»Ich verhandle grundsätzlich nur in den Hauptstädten meiner Gegner«, ließ Karl antworten, »ich werde also Gelegenheit haben, in Moskau auf die Vorschläge des Zaren zurückzukommen!«

Man sieht, selbst dieser Kriegsmann, der Seife, Parfums und Frauen verachtete, liebte doch das Bonmot, dieses heimlichste aller Laster, und Peter antwortete ebenso historisch und mit einem Wort, das die Dimensionen der Auseinandersetzung erkennen ließ, daß Karl sich immerhin in der Rolle eines zweiten Alexander gefallen möge; er, Zar Peter, werde sich aber nicht dazu hergeben, den Darius zu machen. Immerhin ein Wort mit einem gewissen Widerstandsgeist. Kaiser Joseph I. hingegen soll, als der päpstliche Nuntius ihm das Toleranzedikt für die schlesischen Protestanten vorwarf, geantwortet haben: »Ich bitte euch, Monsignore... wenn dieser Schwedenkönig verlangt hätte, daß ich selbst zum Luthertum übertrete, ich weiß nicht, was ich getan hätte, um meine Länder vor ihm zu bewahren.«

Man sieht daraus, daß den Wienern zwar die Courage manchmal abhanden kommt, der Humor aber nie. Die Geschichte steht bei Voltaire, der den Stoff für sein Buch über Karl XII. noch bei den Zeitgenossen des Legendenkönigs sammeln konnte.

Der Zar, der in Polen nicht mehr kämpfen wollte, nahm seine Truppen zurück und wurde schließlich geradezu verfolgt. Auf der großen Einfallstraße von Westen her, über Shitomir auf Kiew zu, floh Peter vor den Schweden, während Karl bereits ein paar Offiziere abordnete, die insgeheim die Festungswerke Ägyptens inspizieren sollten...

In seiner Eile hatte Karl oft nur sechshundert Reiter mit sich, und es kam vor, daß er zum Westtor einer Stadt hineinritt, wenn Peter sie durch das Osttor verließ. Karl nützte den kalten Winter 1707/08, stürmte über den gefrorenen Boden nach Osten und erreichte am 25. Juni die Beresina. Von Grodno bis an diesen Schicksalsfluß hatte er also fünf Monate gebraucht. Er überquerte die Beresina, schwamm durch Ströme, ließ Bäume fällen, um die Sümpfe zu bezwingen und warf im September bei Smolensk mit siebentausend Mann sechzehntausend Russen und Kalmücken.

Nun aber, da die Schweden nichts mehr zu essen hatten, da ein zweiter Steppenwinter vor der Tür stand und auch die treuesten Berater den König baten, General Lewenhaupt abzuwarten, der mit Verstärkungen und Vorräten langsam nachrückte, nun entsann sich Karl XII. Mazeppas und seiner

Angebote. Statt zu warten, schwenkte er nach Süden, auf die 30 000 Kosaken zu, die der Hetman ihm versprochen hatte. Aber was er schließlich fand, das war eine zerschlagene Kosakenarmee, nicht 30 000, sondern höchstens noch siebentausend Mann stark. Wer dem Zaren lebendig in die Hände gefallen war, hatte die furchtbare Strafe des Pfahls erdulden müssen, ja dreißig Kosakenoffiziere waren als Verräter den Tod auf dem Rad gestorben. Alt, verbissen und hoffnungslos schickte Mazeppa sich an, die Ukraine zu befreien oder zu sterben.

Um Karl XII. stand es nicht viel besser. Die erwarteten Verstärkungen durch den im Baltikum so herzhaft fechtenden General Lewenhaupt waren zwar inzwischen eingetroffen, aber sie betrugen nicht mehr sechzehntausend, sondern nur noch fünftausend Mann, und von den sechstausend Panjewagen, auf denen Vorräte für die hungrigen Schweden des Königs mitgeführt wurden, war überhaupt nichts übriggeblieben, sie waren in einer mörderischen, fünfmal von neuem anhebenden Schlacht teils in Flammen aufgegangen, teils von den Russen erbeutet worden. Es war die Schlacht, bei der Peter der Große seinen Kalmücken den Befehl gegeben hatte, ihn zu töten, wenn er zurückweichen sollte, und es mit jedem seiner Russen ebenso zu halten.

Es waren also die Weiten des südlichen Rußland, es war der Raum zwischen der alten Handelsstadt Smolensk und der Ukraine, wo der Nordische Krieg, den August der Starke bereits wie einen Alptraum wegzuwischen versuchte, seinen erbitterten Höhepunkt erreichte. Seit Wochen unzureichend ernährt, zogen die Schweden, nun insgesamt 24 000 Mann, weiter nach Osten. Es gab keine Zugtiere mehr für die Kanonen, es gab keine Verbindung mit der Heimat. Ein Kurier hatte Karl XII. lediglich mitgeteilt, daß im Dezember 1708 seine Schwester, die er sehr liebte, gestorben sei. Eine andere Liebe hätte der Krieg um ein Haar ausgelöscht, als die Russen dem jungen Fähnrich Gyldendal das Pferd unter dem Leib töteten. Der König beschwor den Freund, sein Pferd anzunehmen und beendete die Schlacht zu Fuß.

Vor Poltawa, etwa auf halbem Wege zwischen Donez und

Dnjepr, hatte Karl noch siebzehntausend kampffähige Männer, die nur noch lebten, weil die Saporoger Kosaken gelegentlich für Nahrung sorgten. Peter hatte Mazeppa goldene Brücken gebaut, wenn er von Karl abfallen und zu seinem russischen Herrn zurückkehren würde, aber Hunderte gepfählte Kosaken standen zwischen den beiden, und so hielt Mazeppa aus.

Unmittelbar vor der Entscheidungsschlacht erlitt Karl XII. eine Verwundung durch einen Gewehrschuß; die Kugel durchdrang den Stiefel und zerschmetterte den Fersenknochen. Die schwedischen Ärzte wollten amputieren, aber der tüchtige Ostpreuße Neumann rettete durch eine mühsame Operation, bei der er die Knochensplitter einzeln aus der Wunde holte, den Fuß und vermutlich auch das Leben des Königs.

In der glühenden Julihitze der Ukraine kam es südlich von Poltawa zur Schlacht. Karl hatte von seinen sechzehntausend Schweden etwa ein Viertel als Reserve beim Troß zurückgelassen und fünftausend Reiter zu einem Umgehungsmanöver ausgeschickt, das nicht glückte, weil der Reitergeneral Creutz sich in der Steppe verirrte und zu spät zur Schlacht stieß. Peter, wiewohl nicht Oberkommandierender, war doch von einem Truppenteil zum anderen gegangen, damit seine Leute sähen, der Zar selbst sei unter ihnen, hatte ihnen Mut zugesprochen und Belohnungen in Aussicht gestellt. Die Schweden wiederum wurden durch ihre Offiziere an den glorreichen Tag von Narwa erinnert, an dem nur achttausend Schweden den weit überlegenen Zaren vernichtend besiegt hatten.

Doch dies war viele Jahre her, Zar Peter hatte sehr viel gelernt und König Karl sehr wenig. Die russische Armee vollführte alle Manöver mit großer Geschicklichkeit, orientierte sich in den sommerlichen Staubwolken viel besser, trennte die Schweden von ihrem Troß und unterhielt vor allem ein mörderisches Artilleriefeuer, das mit seiner Treffsicherheit die Schweden zermürbte: Nicht nur die Pferde, die Karls Sänfte trugen, wurden getötet, sondern auch einundzwanzig der vierundzwanzig Träger, die an die Stelle dieser

Tragtiere traten. Zersprengt irrten die Schweden umher, Kanzler Piper fand sein Zelt nicht mehr. Da griff sich der mutige polnische Fürst Poniatowski fünfhundert Reiter, setzte den verwundeten König in die Karosse seines Kanzlers und entrann, ebenso wie der gut berittene Kosakenhetman Mazeppa, nach Süden, in Richtung auf das Schwarze Meer. Sie gelangten endlich zu den Erbfeinden des Zaren, zu den Türken.

Karl XII. führte am Hof des Sultans, entmachtet, verletzt und verbittert, die Existenz eines Patkul, indem er die trägen Türken zum Krieg gegen das erstarkte Rußland zu bewegen suchte, und nicht selten mag ihn der Sultan inmitten seiner Frauenschar und seiner luxuriösen Indifferenz an Friedrich August, den Kurfürsten von Sachsen, erinnert haben.

Mazeppa aber, der um der Freiheit der Kosaken willen seinen Herrn verlassen und sich dem jungen Eroberer aus Schweden angeschlossen hatte, wurde für die Russen ebenso zu einer Legende wie Karl für die Schweden. Unter einem Hügel südlich von Poltawa, einem Hügel, den ein schlichtes Eisenkreuz krönt, liegen Tausende von toten Schweden und Kosaken einträchtig beisammen. Aber während heute kaum noch jemand weiß, welche Bewandtnis es mit diesem düsteren Monument hat, ist Mazeppa durch Byrons Gedicht, durch Puschkins Epos und die Oper von Tschaikowsky gleich dreifach unsterblich geworden. Weder Victor Hugo (*Les Orientales*) noch Bertold Brecht (*Die Hauspostille*) sind an ihm vorübergegangen.

Das, woran die Geschichtsschreibung aber noch lange vorbeigehen wird, sind die Völker, die namenlosen Menschen auf den Dörfern vor allem in den Weiten des polnischen Landes. Während den Helden Opern geschrieben werden, läßt sich das elende Leben der kriegsgeprüften Landstriche im östlichen und nordöstlichen Mitteleuropa nur mühsam aus vereinzelten Quellen erschließen, aus punktweisen Auskünften, die wiederum auf durchaus zufälligen Funden geretteter Dorfbücher, Zollverzeichnisse und Steuerlisten beruhen. Die daraus erkennbaren Drangsale aber sind allgemein, sie gleichen einander vom Dnjestr bis zur Düna als eine unendliche Summe individuellen Leidens.

1710–15, als nach der schwedischen Niederlage Zeit für eine Bestandsaufnahme war, mußten die Beamten Augusts II. feststellen, daß sich die Landgüter bis zu 80% in Wüsteneien verwandelt hatten. Die Ausgaben der kleinen und größeren Gemeinwesen für Kontributionen hatten etwa das Sechsfache dessen betragen, was an den Staat an Steuern abgeführt worden war. Dazu kam allerorten noch das schwer zu bestimmende, auf etwa 8% geschätzte sogenannte Überschußgeld, das heißt Bestechungen für einzelne Offiziere, die daraufhin einen Ort oder einen Gutshof verschonten. Sowohl die litauischen als auch die schwedischen Truppen nahmen solche Gelder oder Naturalleistungen, meist ungarischen Wein. Auch die Steuerkommissare wurden bestochen, damit sie die Zahl der Häuser (Herdstellen) niedriger einsetzten, als der Wirklichkeit entsprach. Dies nachzuprüfen war sehr schwer angesichts der Tatsache, daß in der kleinen Stadt Chelmno nach dreimaligem Truppendurchzug nur noch fünfzig Bürger am Leben waren und der Bestand an Häusern in Posen 1712 um 60% unter der Zahl von 1702 lag.

August machte ernsthafte Versuche zum Wiederaufbau, aber von den Steuern blieben gut 20% auf dem Einzugsweg hängen; für seine Reformen interessierte sich der polnische Adel überhaupt nicht, und den sächsischen Salinenfachleuten begegneten die Einheimischen nur mit Mißtrauen. Rüstungsaufträge an einzelne Eisenhütten und Versuche, mittels Wünschelrutengängern neue Erzvorkommen zu erschließen, die dann sächsische Bergleute auswerten sollten, kamen nur da und dort in Gang und zeitigten zu Lebzeiten Augusts keine nennenswerten Erfolge.

Haupthindernis für die Entwicklung und neue Festigung der polnischen Wirtschaft waren die ungünstigen Verkehrsverhältnisse. Das breit zwischen Polen und Sachsen liegende kaiserliche Schlesien erschwerte die Ausfuhr der wenigen im Ausland interessierenden polnischen Güter, und der Export über See hatte in Danzig einen Hafen zur Verfügung, in dem Polen so gut wie keine Rolle spielte. Selbst das junge Petersburg war für die westliche Schiffahrt, die einzig über nennenswerte Transportkapazitäten verfügte, ungleich anziehender als Polens winzige Bastion an der Ostsee: Das große Rußland lieferte nicht nur pünktlich, sondern bezog dank der energischen Erneuerungspolitik des Zaren auch zahlreiche Waren aus dem Westen, während das kriegsgeschädigte Polen keine nennenswerten Bestellungen aufgeben konnte.

Der tüchtigste polnische Minister für Finanz- und Wirtschaftsfragen war Jan Jerzy Przebendowski; er minderte die Ausfuhrabgaben, die wegen der Korruption im unteren Beamtenapparat ohnedies nie bis in die Staatskassen gelangten, und bemühte sich – allerdings weitgehend erfolglos – um eine Sicherung der wegen zahlreicher Raubüberfälle kaum passierbaren Straßen. Nicht einmal die technischen Probleme, wie das Fehlen geeigneten Kleingelds, ließen sich in diesem Nachkriegschaos lösen, und nicht selten scheinen August und Przebendowski aneinander vorbei organisiert zu haben. Gemeinsam war ihnen beiden immerhin, daß der Adel alle staatlichen Steuerungsmaßnahmen ignorierte oder gar sabotierte, so etwa die Vereinheitlichung des Kleingelds im ganzen Land oder die Unterbindung des Schmuggels. Er nämlich scheint als einziger Wirtschaftszweig auch im kriegsgeschwächten Polen weiterhin floriert zu haben...

Ehe die Schweden aus Sachsen aufbrachen, um ihren denkwürdigen Zug zum Donez anzutreten, kam es ganz zufällig zu einem Besuch König Karls bei August dem Starken. Er entsprang, wie so oft bei dem jungen Schwedenkönig, einer plötzlichen Laune: er müsse doch eigentlich seinem Vetter Adieu sagen, ehe er sich aus seinen Ländern entferne, in denen man so gut gelebt und in denen sich die strapazierte Armee aus Schweden so gut erholt habe.

Karl ritt, ohne sich in Dresden anzusagen, mit vier oder fünf Offizieren seines Stabes in Dresden ein. Die Torwache erkannte ihn nicht und fragte, wer er sei. Karl antwortete nur, sie seien Offiziere der königlichen Garde, was dem Posten reichte: sie durften passieren. Der wachsame Flemming bekam aber doch Wind von den Vorgängen, was darauf hindeutete, daß die Bewegungen des Schwedenkönigs zumindest aus der Ferne überwacht wurden, und begab sich eilends zu seinem Souverän, der nach einer durch Alkohol gewürzten Liebesnacht noch nicht wieder auf den Beinen war.

Im Schlafrock und verkatert mußte August den siegreichen Vetter empfangen und war noch glücklich darüber, denn in den wenigen Minuten zwischen dem Einreiten Karls und seinem persönlichen Auftreten im Vorzimmer hatte Flemming blitzschnell seinem Monarchen klarzumachen versucht, daß man eine einzigartige Chance in der Hand halte: den großen Gegner so gut wie ohne Begleitung! Setzte man ihn gefangen, so habe man eine Geisel, die viele Möglichkeiten böte, den Altranstädter Frieden zu revidieren oder andere Vorteile zu erlangen; denn daß die Schweden zwar tüchtige Soldaten seien, ohne ihren König aber doch nur Menschen wie andere auch, soviel hatte die Welt inzwischen begriffen.

August nun begriff nicht oder wollte nicht begreifen. Es war auch seinem ganzen Wesen zuwider, am Morgen und in schlechtester Verfassung weltgeschichtliche Entscheidungen treffen zu müssen, vor allem solche, die dazu führen konnten, daß dieser schlanke Jüngling ihm den Degen durch den Leib rannte. Flemming also blieb ohne Antwort, die Gelegenheit verrann, die Vettern umarmten einander, Karl besichtigte mit seinem General Horn noch die Befestigungen von Dresden und kehrte schließlich nach Altranstädt zurück.

Dort fand er seine Offiziere in heller Verzweiflung. Sie hatten sich gerade entschlossen, mit Heeresmacht vor Dresden zu ziehen und die Herausgabe des Königs zu verlangen, widrigenfalls die schöne Elbstadt in Asche gelegt werden sollte.

»Mich zurückzuhalten hätten sie nie gewagt«, sagte Karl nur verächtlich, aber als tags darauf aus Dresden berichtet wurde, dort tage ein Ministerrat über der Frage, was man aus dieser unerwarteten Chance hätte machen können, da mußte Karl sich von seinem Feldmarschall Rehnskjöld doch sagen lassen, daß der einsame Ritt in die Residenz des Gegners sehr unbedacht gewesen sei und sehr viel Schwedenblut hätte kosten können.

»Ich hatte mich«, antwortete Karl XII. nach dem Bericht Voltaires, »vielleicht allzusehr auf mein Glück verlassen. Und es ging schließlich auch alles gut. Nur ein Augenblick, ein einziger, der war nicht, wie er sein sollte: da sah ich nämlich Flemming an, daß er mich aus Dresden nicht so bald hinauslassen wollte...«

Flemming n'avait nulle envie que je sortisse de Dresde sitôt. Es ist der *Coniunctivus hortativus,* und dieser Wunsch war der Vater von Flemmings unfrommen Gedanken. Aber er dachte wenigstens noch. Die Lethargie, die seinen Herrn befallen hatte, die häufigen Krankheiten, die den mächtigen Leib des starken August heimsuchten, obwohl dieser noch nicht einmal vierzig Jahre zählte, das alles waren Anzeichen dafür, daß wesentliche Energien dieser Herrscherpersönlichkeit im Ansturm der Ereignisse zum Erliegen gekommen waren. Die schweren Rückschläge in Polen hatten August ebenso zugesetzt wie der aufreibende Kampf um die Unterstützung einer Adelsgesellschaft, die zwar nie einig gewesen war, die aus dieser Uneinigkeit aber stets eine Menge Kapital zu schlagen verstanden hatte. Und da August längst nicht mehr so gesund lebte wie in früheren Jahren, da er die Waffenübungen vernachlässigte und seinen durch frühen Sport muskelbepackten Körper nun mit Speisen und Getränken vollpumpte, statt das gesunde Leben wenigstens ansatzweise weiterzuführen, stellten sich zwangsläufig Schwierigkeiten mit der Atmung, dem Kreislauf und der geistigen Leistungsfähigkeit ein.

Es ist auch nicht auszuschließen, ja zugunsten unseres Helden wollen wir es sogar annehmen, daß sich die ersten Gewissensbisse einstellten. An jenem Punkt angelangt, da jeder Mann sich sagt, daß die Höhe des Lebens überschritten sei, muß auch August sich gefragt haben, ob er nicht seinem ererbten Amt und seinem Sachsenland untreu geworden sei und ihm bislang überwiegend schlechte Dienste erwiesen habe – soferne ein König sich solche Einsichten überhaupt gestattet.

In dieser Lage springen seine Untertanen dem Kurfürsten bei; es kommt zu dem beinahe rührenden, auf jeden Fall für das Jahrhundert aber sehr bezeichnenden Vorgang, daß sich wohlunterrichtete Herren aus dem höheren Bürgertum, dem Beamtenstand, der Verwaltung zu Wort melden und in teils kritischen, teils devoten Denkschriften Ratschläge anbieten, dem Kurfürsten einen Weg aus der Krise und aus dem Niederbruch weisen wollen.

Heute alltäglich, kann diese Bemühung, aus der uns vier oder fünf bemerkenswerte Arbeiten erhalten geblieben sind, im Zeitalter des Absolutismus nur als Ergebnis der gemeinsamen landeskindlichen Sorge um Staat und Kurfürst verstanden werden, und wenn auch die eine oder andere kritische Anmerkung zum Beispiel den vielgewandten Flemming zu Gegenschriften auf den Plan rief, so hat August selbst doch im allgemeinen begriffen, daß seine Sachsen es gut mit ihm meinten und ihm nicht allzuviel übelnahmen.

Dieses Verhältnis zwischen dem Staat, wie ihn der Kurfürst repräsentierte, und dem Bürgertum, das sich durch seine kenntnisreiche Elite äußerte, hatte für Friedrich August zweifellos den Charakter einer Verpflichtung, und wenn er nach Westen blickte, wo die mächtigeren französischen Herrscher seit Jahrzehnten in eben demselben absolutistischen Glanz regierten, dann mußte er sehen, daß es dieses Vertrauen der Landeskinder sei, das die eigentliche Legitimation eines absolut regierenden Herrschers bildete. August hat von dem, was aus seinem Volk auf ihn zukam, zeitlebens nicht allzuviel begriffen; er war zwar populär, aber es war eine etwas einseitige Rolle, die er für das Volk spielte, die Rolle des kunstsinnigen Herrn, des Mäzens, des großzügigen, eindrucksvollen Erbherrschers, der sich zeigt, aber nicht viel fragt, der da ist, aber nur für wenige zugänglich. Aber in diesem Augenblick der Krise 1706/08 nahm er die Kritiker aus dem Volk gegen seine gekränkten Räte in Schutz, schickte einem von ihnen, als er erkrankte, sogar seinen eigenen Leibarzt und trachtete, aus dem, was ihm in einem für unseren Geschmack reichlich komplizierten Deutsch nahegelegt wurde, immerhin einigen Honig zu saugen.

Die gemeinsame Tendenz der Anregungen ging auf eine Straffung des Absolutismus hinaus, keineswegs auf seine Aufweichung oder auf eine Demokratisierung. Das Volk selbst war und blieb also stumm, es hatte die schwedische Einquartierung hingenommen, es hatte unter den Schweden gelitten und für sie bezahlt, und nicht wenige Sächsinnen trugen Besatzungskinder unter dem Herzen. Es hatten sich auch, wie im Gefolge jeder Armee, sehr viele liederliche Weibspersonen in Sachsen eingefunden, die ahnungsvoll zurückblieben, als die Schweden nach Rußland weiterzogen, und die fortan auf der Leipziger Messe ihr Glück versuchten. Man war also arm, aber man war im wesentlichen wieder allein im Kurfürstentum, man fürchtete die Rückkehr Karls XII. und versuchte, die Atempause, die der martialische Schwedenkönig dem Kurfürsten und dem Land gönnte, nach Kräften zu nutzen. Und als brave Untertanen wünschten die wenigen, die sich zu äußern wagten, dem Land keineswegs einen weichen, von den Regierungsgremien beherrschten Fürsten, sondern einen tatsächlich starken August als Mann der Stunde – ein rührendes Zutrauen zu einem noch nicht alten, aber doch immerhin allen längst bekannten Fürsten, dessen Grenzen man eigentlich schon kennen konnte. Ihm jenes *Landgraf werde hart* zuzurufen, wie es der Sage nach der Schmied von Ruhla jedesmal ausrief, wenn er – in Thüringens Notzeiten des zwölften Jahrhunderts – den Hammer auf seine Schwerter niedersausen ließ, das verrät jene Untertanen-Naivität, die so manche Monarchie weit länger als notwendig und empfehlenswert in ihrem Bestand gesichert hat.

Nun, Sachsens Bestand war noch nicht gefährdet. Das Land besaß, was damals den meisten anderen Ländern abging, nämlich eine relativ gut funktionierende Volkswirtschaft. Die Bauern hatten zwar die Kontributionen für die Schweden mittragen und dabei auch für Ödland zinsen müssen, aber in die Berge, die Sachsens Erzbergbau bargen, waren die fremden Reiter ebensowenig gekommen wie in die Städte mit ihren Gewerben, so daß August mit einer gewissen Hilfe des von Schlachten verschont gebliebenen Landes rechnen konnte, wenn er seine Armee wieder aufbauen und einen neuen Ansatz wagen wollte, im Rücken des Schwedenkönigs Polen zurückzuerobern.

Die weniger kostspieligen Versuche in dieser Richtung hatte er ohnedies schon unternommen oder eher geschehen lassen, denn es handelte sich um Aktionen, zu denen sich ein Fürst nicht so ohne weiteres bekennen konnte: Gegen Karl XII. waren – nicht gerade in der Altranstädter Zeit, aber stets, wenn er zwischen Polen und Sachsen unterwegs war – Mörderbanden ausgeschickt worden. Das hatte offensichtlich Flemming angezettelt, wenn es auch eindeutige Unterlagen darüber nicht gibt. Im gleichen Mafia-Stil hatte Flemming sich bemüht, Stanislaw Leszczynski aus der Welt zu schaffen, jenen polnischen Gegenkönig, der stets, wenn August im Vordringen war, sich auf seine angenehmen Besitzungen in der Pfalz zurückzog. Ihm sandte Flemming ein ganzes Entführungskommando auf den Hals, und es bildet den Stoff für eine ungeschriebene Komödie, daß die kriminell unerfahrenen Herren, die sich unbedacht verrieten, von dem großzügigen Polen dann keineswegs ans Messer geliefert, sondern zum Kaffee gebeten und nach milden Ermahnungen wieder heimgeschickt wurden.

Gewiß, es floß Blut im Spanischen Erbfolgekrieg und es floß Blut im Nordischen Krieg. Aber ob es nun die Perücken waren oder die erwähnte Naivität der Subaltern-Gehirne: der Absolutismus erreichte es zumindest in Sachsen nicht, wirklich ernst genommen zu werden. Man kannte sich eben zu gut. Und was man an August am besten kannte, das waren seine erotischen Neigungen, deswegen interessierte man sich mitten in der Staatskrise auch vor allem für seine neue Mätresse...

Anna Constantia von Brockdorff wurde am 17. Oktober 1680 geboren und schon als Neunzehnjährige an den Grafen Adolph Magnus von Hoym verheiratet. Die Legende will wissen, daß der Graf, der seinen Landesherrn nur zu gut kannte, seine junge und schöne Frau eifersüchtig auf einem Gut verborgen hielt, bis man ihn zu einer Wette verleitete, die nur durch die Anwesenheit der Gräfin entschieden werden konnte. Nach anderen Quellen lebte Anna Constantia jedoch seit ihrer Verheiratung in Dresden, vielleicht in freiwilliger Distanz zum Treiben des Hofes, aber doch nicht im Verborgenen. Pöllnitz, auf den das Histörchen von der Wette zurückgeht, schildert die spätere Gräfin Cosel folgendermaßen:

»Sie hatte ein längliches Gesicht, eine zierliche Nase, einen kleinen Mund, prachtvolle Zähne und große schwarze, feurige Augen. Alle ihre Gesichtszüge waren weich, ihr Lächeln bezaubernd und zu Herzen gehend. Sie hatte schwarzes Haar, einen wunderbaren Busen; Hände, Arme und Hals waren formvollendet, der Teint blendend weiß. Ihre Erscheinung war majestätisch, auch tanzte sie vollendet.«

Weniger günstig lautet das Urteil über ihre Charaktereigenschaften, von dem man aber bedenken muß, daß Pöllnitz es niederschrieb, als er die Gräfin Cosel schon geraume Zeit in ihrer Rolle als Mätresse und später auch als Widersacherin des Monarchen studiert hatte:

»Ihr Charakter war nicht ganz so vollkommen. Sie war mehr lebhaft und unterhaltsam als tief, dazu wenig aufrichtig und launenhaft. Höflich war sie nur gegen die, die ihr huldigten, und gänzlich unnahbar zeigte sie sich gegenüber jenen, die es an Verehrung ihrer Person fehlen ließen. Sie war eigennützig, aber auch freigebig, dankbar, wenn man ihr Gutes tat, aber unversöhnlich, wenn sie Grund hatte, jemanden zu hassen.«

Das sind nun, alles in allem genommen, recht weibliche Eigenschaften, welche die Gräfin keinesfalls zu einem Ausbund an Berechnung, Bosheit oder Arglist machen. Sie war eine Frau, und die Lage, in die sie durch ihren Aufstieg geraten war, verlangte ihr Kräfte und Techniken der Selbstbehauptung ab, die den Frauen gemeinhin nicht in die Wiege mitgegeben werden. Hier kam ihr der besondere Reiz ihres Wesens, ein seltener Charme zu Hilfe, ein Bezaubernkönnen, zu dem sie freilich weder Pülverchen noch Mixturen brauchte:

»Wie voreingenommen man auch gegen sie sein mochte«, schreibt Pöllnitz, »wenn sie gefallen wollte, war sie unwiderstehlich. Sie hatte Manieren, die bezauberten, aber auch solche, die abstießen. Für Geld und Ehren tat sie alles... Ihre größte Kunst bestand darin, nie erkennen zu lassen, daß es ihr nur auf den eigenen Ruhm ankam... Unter dem Vorwand, daß sie Feste und Theater liebe, konnte sie sich darin nicht genug tun; in Wahrheit aber kam es ihr nur darauf an, den König zu unterhalten.«

Es war das Rezept der Pompadour, noch ehe diese es selbst anwenden konnte; es war die alte und gerade liebenden Frauen so oft verschlossene Wahrheit, daß der Mann ihres Herzens nicht zu dauerndem Furioso fähig sei, sondern dann dankbar, gelöst und friedlich wird, wenn er sich entspannen, unterhalten und ein wenig gehenlassen darf. Das mag einem von seinen Leidenschaften so dranghaft getriebenen Menschen wie August dem Starken lange nicht bewußt geworden sein; der Zeitpunkt, in dem er es erkannte, traf dann aber mit der Herrschaft der Gräfin Cosel zusammen und erklärt vermutlich die einzigartige Tatsache, daß sie sich volle neun Jahre in seiner Gunst behaupten konnte.

Mit dem gleichen überlegenen Takt, wie ihn wenig später die Pompadour beweisen wird, verstand die Cosel, über die kleinen Liebesabenteuer Augusts hinwegzusehen, insbesondere über seine zwar heftigen, aber kurzen Beziehungen zu Tänzerinnen und Schauspielerinnen wie der Renard oder Angélique Duparc. Nur gegenüber der Lubomirska, der von August als Fürstin Teschen hochausgezeichneten Vorgängerin, blieb die Gräfin Cosel unentwegt wachsam. Sie wußte, daß ihre Gegner bei Hofe mit dem Argument arbeiteten, August brauche als König von Polen eine polnische Mätresse neben der sächsischen, auch könne ihm eine Polin aus guter Familie wichtige Verbindungen in jenem Lande schaffen, das August ja noch immer als Fremder regierte.

Flemming, Fürstenberg und andere Gegner der Gräfin Cosel hatten insofern recht, als die Lubomirska nicht nur eine sehr schöne Frau war – übrigens gleichaltrig mit der Cosel –, sondern als Tochter des Stolnick von Litauen und Nichte des Kardinal-Primas von Polen sehr viel für August tun konnte und auch getan hat. Sie war eine der wenigen Mätressen, die den König wirklich liebten, und sie arbeitete in Polen weiter für ihn, auch als die Gräfin Cosel ihre Verbannung aus Dresden schon durchgesetzt hatte; offenbar hoffte sie, sich mit ihren politischen Verdiensten die Rückkehr in die Gunst des geliebten Monarchen erkaufen zu können.

Tatsächlich kam auch die Gefahr für die Gräfin Cosel nicht aus Dresden, wo sie unumschränkt herrschte, wie eine Königin behandelt wurde und ihr Geld geschickt arbeiten ließ. Selbst zu Besuch weilende Monarchen wie das dänische Königspaar riskierten es, der Cosel zuliebe Augusts legitime Eberhardine zu brüskieren. Dresden aber war nicht Warschau, dort herrschten ganz andere Verhältnisse, August mußte andere Rücksichten nehmen und war auf dem glatten polnischen Parkett ungleich mehr seinem mephistophelischen Ratgeber Flemming ausgeliefert als in der sächsischen Heimat.

Flemming hatte durch seine beiden Ehen selbst ausgezeichnete polnische Verbindungen. Seine erste Gemahlin war eine wunderschöne Prinzessin Sapieha gewesen, und die Liebesheirat hatte Flemming einen hohen litauischen Adelsrang und den Rückhalt bei einem starken Clan eingebracht. In zweiter Ehe vermählte Sachsens mächtiger Minister und Feldherr sich mit einer jungen Witwe aus dem fürstlichen Hause Radziwill und war sehr daran interessiert, daß auch August eine Verbindung eingehe, die eine breitere Basis des Vertrauens und der verwandtschaftlichen Beziehungen unter den großen Familien Polens schaffe. Da die Lubomirska ohnedies weiterhin auf seiten Sachsens stand, hielt der kühl rechnende Kabinettsminister ihre Rückkehr in die Gunst Augusts für überflüssig. Eine neue Mätresse sollte neue, zusätzliche Verbindungen schaffen, und da August mit den Jahren wählerisch geworden war, hatte Flemming eine besonders junge und besonders hübsche Kandidatin ausgewählt: die Gräfin Marie Dönhoff, Tochter des polnischen Großmarschalls Kazimierz Ludwig Graf Bielinski.

Sie war das, was man heute eine sinnliche Schönheit nennen würde, und verfügte über all jene Attribute der Weiblichkeit, die August stets besonders gereizt hatten. Obwohl sie noch keine zwanzig Jahre zählte, waren Brust wie Hüften weiblich gerundet, die Taille aber schlank, die Füßchen klein, kurz, sie war eine jener pikanten Polinnen, deren Reiz auch die Operettenarien als unerreicht preisen. Sie hatte ein munteres Lachen, fröhliche Augen, die zwar nicht sonderlich viel Geist, aber ein angenehmes und frisches Naturell verrieten, und einen gutgezeichneten Mund mit vollen Lippen.

Als Flemming sie im Haus einer Verwandten seiner ersten Frau sah, ahnte er gleich, die aussichtsreichste Kandidatin für die Verwirklichung seiner Pläne gefunden zu haben, und da der Gatte, Graf Bogislaus Ernst von Dönhoff, nicht nur mehr als doppelt so alt war wie die kleine Marie, sondern auch beinahe bankrott, gab es auch von dieser Seite her keine ernsthaften Schwierigkeiten.

Im festesfrohen Warschau, wo stets in einem der Adelspaläste die Gläser klirrten und die Wachskerzen brannten, war das Kennenlernen schnell arrangiert. Marie Bielinska, verehelichte Dönhoff, war zweifellos vorbereitet und zeigte sich nicht spröde, als der König ihr schon am ersten Abend bis etwa vier Uhr morgens zu verstehen gab, wie sehr sie es ihm angetan habe. Und wenige Wochen darauf hatte der Kardinal Grimaldi, Päpstlicher Nuntius in Warschau, jenes Schriftstück vor sich auf dem Schreibtisch, das auf dem Umweg über eine päpstliche Sondergenehmigung eine Scheidung der Dönhoffschen Ehe in die Wege leiten sollte.

Clemens XI., dem August und Sachsen Schmerzenskinder waren, zauderte nicht lange. Schon nach einigen Wochen kam die Genehmigung aus Rom. Und der ältliche Graf, der sich von der Verbindung mit dem Hause Bielinski finanzielle Genesung erhofft hatte und enttäuscht worden war, griff nur zu gerne nach den königlichen Gunstbeweisen, die ihm für die Abtretung seiner jungen Gemahlin denn auch reichlich zuteil wurden.

August II. von Polen aber war nach Monaten, in denen er schlechte Laune gehabt und oft gegrübelt hatte, wieder so gut gestimmt, wie ihn Flemming und Vitzthum schon lange nicht mehr gesehen hatten. Weder das Weihnachtsfest noch die Leipziger Neujahrsmesse vermochten ihn nach Sachsen zu locken; um so öfter aber besuchte er Marie Bielinska in dem kleinen Palais, das er ihr in Warschau geschenkt hatte, und die Familie Bielinski sah Zeiten neuen Glanzes heraufkommen.

In den letzten Tagen des Jahres 1711 zog für das junge Glück in Warschau ein Unwetter auf. Die Reichsgräfin Cosel hatte schließlich auch ihre Vertrauten, und wenn es die nicht gewesen waren, so hatten ihre Feinde ihr schadenfroh die Nachricht zugetragen, daß der König sich eine neue Mätresse genommen habe und mit einer ebenso jungen wie hübschen Polin zusammenlebe.

Trotz winterlichen Wetters machte die energische Cosel sich mit ihrem besten Reisewagen und Kurierpferden von Dresden nach Warschau auf. Aber die Fama, die der Cosel vorausflog, war doch noch schneller. Nicht der König, sondern Flemming erhielt die Nachricht und brachte sie August – vielleicht absichtlich – so brüsk bei, daß der König sich verriet. Er zeigte eine beinahe panische Angst vor der Frau, die nun schon mehr als acht Jahre seine offizielle Mätresse war und deren scharfen Verstand und schneidende Beredsamkeit er zur Genüge kannte. So war es nicht schwer für Flemming, den Befehl zu erwirken, daß die Gräfin notfalls mit Gewalt am Eintreffen in Warschau gehindert und nach Dresden zurückgebracht werden solle.

Flemming nahm die Sache so ernst, wie sie war; er ritt selbst und nahm als Bedeckung den Oberstleutnant La Haye mit zwölf Leibgardisten mit. Vor der Poststation von Kalisch trafen sie auf die Gräfin. Der Wortwechsel war heftig, ja die Cosel soll bei dieser Gelegenheit sogar eine Pistole gezogen und auf ihren alten Gegner angeschlagen haben. Dann aber gab sie plötzlich auf und ließ sich beinahe apathisch nach Dresden zurückgeleiten. Gab sie vielleicht auch noch nicht die Partie verloren, so mußte sie doch erkennen, daß zumindest Warschau außerhalb ihres Machtbereiches lag.

Es kam der Tag, an dem sich zeigen sollte, daß zwei Staaten zu regieren nur unwesentlich schwieriger sei als zwei energische, verwöhnte und anspruchsvolle Mätressen gleichzeitig zu halten. August II. von Polen mußte sich in Friedrich August I., Kurfürsten von Sachsen, zurückverwandeln und nach Dresden begeben, nach Dresden, wo noch immer die Gräfin Cosel residierte, wohin man also die Gräfin Dönhoff nicht so ohne weiteres mitnehmen konnte.

Die kleine polnische Gräfin hatte zudem erkannt, daß ihre Zukunft in Dresden liege, denn wie es um Polen stand, das wußte man in Warschau sehr genau. In Dresden aber war August der wirkliche Herr, und in der schönen Stadt die Hauptrolle zu spielen, war wohl ein paar kleinere Auftritte wert. Also erklärte sie, in Dresden nur dann einziehen zu wollen, wenn die Gräfin Cosel vorher die Stadt verlassen habe. Das war vielleicht auch eine polnische Rache an der Cosel, die ja verlangt hatte, daß die Lubomirska aus Dresden verschwinden müsse, ehe sie selbst sich als Mätresse dort niederlasse.

August sandte den Befehl dem eigenen Zuge voraus nach Dresden, und zwar an Fürstenberg, von dem er annehmen durfte, daß er Gegenvorstellungen der Cosel unzugänglich bleiben würde. Fürst Anton Egon aber, der letzte der Heiligenberger Linie der Fürstenberg und Statthalter von Sachsen, trat den peinlichen Weg nicht selbst an, sondern beauftragte den Generaladjutanten von Thümen, und dieser erwies sich als zu schwach. Anna Constantia zog alle Register, tobte, weinte, führte dem Offizier all ihre Hilflosigkeit und Verzweiflung vor Augen und gab seinem mitleidigen Herzen durch einen Brillantring im Wert von 4000 Talern den letzten Stoß. Die Mission war gescheitert, die Gräfin erklärte sich als krank und reiseunfähig und willigte erst nach einigen Ausbrüchen kurfürstlichen Zorns ein, das nahegelegene Pillnitz aufzusuchen, die reizende Sommerresidenz des sächsischen Hofes an der Elbe, am Fuß des Porsbergs.

Verschreckt und gespannt zugleich verfolgten die Dresdner den Titanenkampf ihres starken Landesherrn gegen die ausgediente Mätresse, die sich zu gehen weigerte, und bald kursierten wieder jene Gerüchte, die von Zauberei und Behexung wissen wollten. Die Enthüllungen des Rochlitz-Prozesses lagen ja nicht viel mehr als fünfzehn Jahre zurück.

»Von Dresden hat man wunderliche Zeitungen gestern spargiret«, teilt Franz Hermann Ortgies in einem seiner Berliner Informationsblätter mit, »wie nemlich S.K.M. von Pohlen (d. h. August der Starke) auf einer Assemblée auf einmal plötzlich auf die Gräfin Dönhoff, Dero Mätresse, gefallen und ihr die Kleider in Stücken sämbtlich vom Leibe gerissen, worüber alle Anwesende höchst bestürtzt worden, zumahlen der König schier in eine Raserey gefallen. Dabey wird debitiret (angenommen), daß der Gräfin Cosel beigemessen würde, solches dem Könige aus Rache und Jalousie (Eifersucht) angethan oder beygebracht zu haben, dahero diese bereits in der Stille decolliret (enthauptet) wäre.«

Es war eine jener Szenen, bei denen die Hofgesellschaft tatsächlich am Verstand des Monarchen zu zweifeln begann, ein Toben gegen alle und jeden, wie man es auch von Peter dem Großen kannte, mit dem August mehr gemein hatte als mit den französischen Monarchen, deren Hofhaltung ihm so sehr imponierte. Die kleine polnische Gräfin hatte nicht gewußt, wie ihr geschah, und, an Augusts brutale Zärtlichkeit gewöhnt, mit sich geschehen lassen, was ihm »auf einmal und plötzlich« in den Sinn gekommen war. Um die stumme Schöne und den brüllenden König hatte sich ein scheuer Kreis gebildet, und August ließ von der Geliebten erst ab, als sie keinen Fetzen Kleidung mehr am Leibe hatte. In diesem Augenblick schien er zu erwachen, verstummte, warf ihr einen beinahe erschrockenen Blick zu und wandte sich schnell ab. Während die Herren ihm folgten, bemühten sich die Damen, die erlöst aufweinende nackte Gräfin notdürftig zu bekleiden und aus dem Saal zu führen.

Eine Woche darauf soll August inkognito nach Berlin gereist sein, in einem Zustand, den die Zeitungen höflich umschrieben, indem sie behaupteten, Seine Majestät sei »per Intervalla an der Vernunft etwas irrig«. Es waren möglicherweise Coselsche Ärgernisse, die auf dieser Reise behoben werden sollten. Denn die Gräfin gab sich nicht geschlagen. Sie drohte gegenüber jedem, der es hören wollte, daß sie die Dönhoff erschießen werde, und verfügte gegenüber August ebenfalls über eine nicht ungefährliche Waffe: über ein Eheversprechen mit verschiedenen Vertragspunkten, das herauszugeben sie sich standhaft geweigert hatte und von dem niemand wußte, wo es tatsächlich aufbewahrt werde. Zudem hatte die Cosel ihr Schloß Pillnitz heimlich verlassen, sich nach Berlin und danach, auf Wunsch der preußischen Behörden, nach Halle begeben und war somit für August unangreifbar geworden.

Von ihrem Exil in der kleinen Universitätsstadt Halle besitzen wir einen Augenzeugenbericht aus der Feder von Johann Michael von Loën:

»Die Gräfin Cosel sah ich als Student in Halle, wo sie als eine vom Hofe verwiesene Liebhaberin des Königs sich hingeflüchtet hatte; sie hielt sich daselbst ganz verborgen in einer abgelegenen Straße bei einem Bürger unweit dem Ballhause auf. Ich ging fast täglich zu einem guten Freunde, der gleich nebenbei wohnte. Das Gerücht breitete sich aus, daß sich daselbst eine fremde Schönheit aufhalte, die ganz geheim lebe. Das Studentenvolk ist vorwitzig. Ich sah sie etlichemale mit gen Himmel aufgeschlagenen Augen in tiefen Gedanken hinter dem Fenster stehen; sobald sie aber gewahr wurde, daß man sie belausche, trat sie erschrocken zurück. Außer den Leuten, die ihr das Essen über die Straße brachten, sah man niemand als einen wohlgekleideten Menschen bei ihr aus- und eingehen, den man für ihren Liebhaber hielt. Man konnte keine schönere und erhabenere Bildung sehen. Der Kummer, der sie verzehrte, hatte ihr Angesicht blaß gemacht; sie gehörte unter die schmachtenden, braunen Schönen, sie hatte große, schwarze, lebhafte Augen, ein weißes Fell (*sic*), einen schönen Mund und eine feingeschnitzte Nase. Ihre ganze Gestalt war einnehmend und zeigte etwas Großes und Erhabenes.«

Das Porträt ist reizvoll, weil es mit den Augen des Studenten gesehen, aber mit der Feder des Weltmanns von Loën fixiert worden ist, der drei Jahre nach diesem Hallenser Aufenthalt durch die Passavantsche Erbschaft sehr reich wurde und sich nur noch seinen Reisen und der Schriftstellerei widmete. Die Gräfin zählte damals fünfunddreißig Jahre und war auf der Höhe ihres Lebens als Frau, zugleich aber am Ende ihrer glanzvollen Existenz.

August hatte in Berlin alles erreicht, was er wollte: Die Gräfin wurde von preußischer Polizei verhaftet und mit allen ihren Schätzen, vielen Kisten und Truhen voll von Gewändern, Geschirr, Geschmeide und Geld, sächsischer Gewalt übergeben und im Dezember 1716 auf die Festung Stolpen gebracht.

Dieses alte, aus dem frühen zwölften Jahrhundert stammende Schloß auf steilem Basaltfelsen über der Weßnitz wurde erst zum Gefängnis, später zum freiwilligen Aufenthalt der schönen Gräfin, und die Wandlung, die sich dort in ihr vollzog, unterscheidet sie vielleicht noch deutlicher als ihre lange Herrschaftszeit von den übrigen Mätressen Augusts. In ihre Turmgemächer gezwungen, warf sich die junge Frau auf jenen Bereich der geistigen Tätigkeit, der am schnellsten die Mauern zum Weichen bringen mußte: Sie vertiefte sich in die jüdischen Geheimlehren, sie ließ sich von dem gelehrten Superintendenten Bodenschatz hebräische Schriften übersetzen (er war damals noch Pfarrer in Uttenreuth und nahm die noblen Honorare gerne an) und verrannte sich in diese selbstgewählte Ersatzwelt so sehr, daß sie sogar die Freiheit ablehnte, als man sie ihr anbot.

Die äußeren Sensationen, Legenden und Fakten rund um

die Gräfin Cosel sind bereits hinreichend spektakulär, aber ob das Wesentliche damit gesagt ist, bleibt zweifelhaft. Sie ist nämlich die Frau, die zu der Frage nach Augusts Verhältnis zu seinen Mätressen Anlaß gibt, sie ist die geistig wohl bedeutendste seiner großen Freundinnen, und darum kommt man um die Grundsatzfrage nicht mehr herum, die für den Mann, den Fürsten und den Liebhaber kaum minder bedeutsam und aufschlußreich ist als für das Land Sachsen selbst.

Wir besitzen von der klugen Türkin Fatima oder Fatime das wichtige, bislang aber wenig beachtete Zeugnis, daß August ein ungeschlachter Liebhaber, ein Kraftprotz im Bett gewesen sei, dem die feineren Elemente des Liebesspiels erst durch die Königsmarck beigebracht worden seien. Die vielwissende Liselotte von der Pfalz berichtet aus Paris schon von dem sächsischen Prinzen, daß ihm die Hofdamen wohl in hellen Scharen nachgelaufen wären, hätte sich die Kunde von seiner *Kraft und Perfektion* rechtzeitig in der Seinestadt verbreitet. Das ist kein Widerspruch, ja gerade der scheinbare Widerspruch ist aufschlußreich und scheint den Keim der Wahrheit zu enthalten. An Kraft und Ausdauer schon des Prinzen ist demnach kein Zweifel erlaubt, und dieser von der Natur schon verschwenderisch ausgestattete Frauenbeglücker machte denn auch an einem Hof Furore, wo das Raffinement allzuoft den Mangel an Frische verdecken mußte.

Für den ersten Heißhunger war August damit gut ausgestattet, seine Partnerinnen wiederum waren gewiß gut bedient, da man von einem so jungen Mann die eigentliche Galanterie und die höhere Verführungskunst ohnedies nicht erwartete. Der Alleinherrscher August, Kurfürst und sogar König, der Hofmann, Souverän und Herr über ein Land, das wie Polen einen stolzen Adel und Europas schönste Frauen besaß, konnte mit dem Ruf des ausdauernden Naturburschen keine Ehre mehr einlegen. Zwar war er inzwischen durch die Schule der Königsmarck gegangen, zwar werden nun auch seine Manieren gerühmt, die zweifellos ungleich besser waren als etwa die am preußischen Hof. Aber es blieb doch gewiß schwierig für ihn, in den Frauen seiner Umgebung echte und tiefere Gefühle zu erwecken. Die Damen der Hofgesellschaft waren in das Karrieredenken ihrer Schicht viel zu sehr eingesponnen, um eine Liaison mit dem König rein amourös zu sehen, mochte August selbst noch so ehrlich enflammiert sein. Mit einer Sinnlichkeit, die er seinem Sternbild zuschrieb, begeisterte er sich schnell und rückhaltlos für Frauen, auch wenn sie ihm nur flüchtig begegneten. Und wenn es auch übertrieben sein mag, daß ihm – wie Prediger behaupteten – die schönen Frauen Dresdens selbst dann zugeführt wurden, wenn sie verheiratet waren, so ist es doch so gut wie sicher, daß er sich eben wegen der interessierten und berechnenden Hofdamen sehr oft bei einem hübschen Kind aus dem Volke erholte oder aber bei einer saftigen Bürgersfrau. Und die waren es wohl auch, die dem Kurfürsten ihre unverblümte Neigung, ihre unstilisierten Gefühle, ihre nicht auf höchsten Lohn berechnete Hingabe zuteil werden ließen und ihm die Rückkehr zu seinen seligen Jungmännererfahrungen aus Frankreich und Italien gestatteten.

Die Gräfin Cosel ist in diesem Reigen von vielleicht hundertzwanzig oder hundertfünfzig Frauen mit der Königsmarck die berühmteste, mit Aurora und der Lubomirska die politisch wichtigste und mit der Gräfin Lamberg die kostspieligste der Mätressen. Was sie für sich allein hat, ist ein Eheversprechen, mit dem freilich nur eine Ehe zur linken Hand gemeint gewesen sein kann, da Augusts Gemahlin ja jung und gesund und der Fürst katholisch war.

Die Cosel hat nach ihren eigenen Worten acht Jahre das Bett des Monarchen geteilt, was sie damit gleichsetzt, daß sie *en service* gewesen sei. Dies ist die Auffassung der Zeit, das würde aber auch, zum Beispiel bei einem heutigen Abgeordneten, ein Ruhegehalt rechtfertigen. Warum gerade die Cosel von der Geschichtsschreibung und auch von den Zeitgenossen so schlecht, ja abfällig beurteilt wird, ist von daher nicht ohne weiteres verständlich. Die Abneigung, die sie hervorrief, muß ihre Ursache in ihren Versuchen gehabt haben, Einfluß zu erlangen, Posten zu vergeben, an der Regierung teilzuhaben.

Diese Regierung war nach der endlichen und offensichtlich

arg verspäteten Inhaftierung des seit jeher korrupten Beichling(en) am 1. Juni 1706, also nach der Inthronisierung der Cosel, neu gebildet worden und sah so aus: Oberhofmarschall und Leiter der ›Direktion für die Geheimen Staatsaffairen‹ war August Ferdinand Graf Pflug(k), Minister bereits seit 1703, Reisegefährte Augusts in Italien, einer der früh in alle Hofgeheimnisse eingeweihten Pagen, ein Mann aus alter adeliger Familie, aber ohne herausragende Begabung. Seine Wiederbestallung hatte mit Coselschen Einflüssen gewiß nichts zu tun. Das gilt natürlich auch für Augusts mephistophelischen Berater Flemming, den ›Geheimen Kabinettsminister für die auswärtigen Angelegenheiten‹, eine Bezeichnung, in der das Wort *Geheim* lediglich die Bedeutung erhöhen soll, ist doch von Staatsaffären, wie sie sich rund um August anspannen, entweder alles geheim zu nennen oder aber gar nichts.

Die sächsischen Zivilaffären, also die Verwaltung und die wichtigen Steuermaßnahmen, denen August besonderes Interesse entgegenbringen mußte, unterstanden Adolph Magnus Freiherrn von Hoym. Man erinnere sich, daß der ältere Hoym (er starb erst 1711) sich in der Affäre Neitschütz außerordentlich bereichern und nach kurzer Haft beinahe all diesen Reichtum auch behalten konnte. Sein Sohn steht auf andere Weise im Zwielicht: als Gatte der Brockdorff, ehe sie die Cosel wurde. Ob die Anekdote von der versteckten Schönheit die Sachlage genau wiedergibt, ist heute umstritten, denn schon Gurlitt gelangen vor sechzig Jahren Aktenfunde, die glaubhaft machen, daß Hoym auf eine Scheidung seiner Ehe hingearbeitet habe, noch ehe August sich für seine schöne Frau interessierte. Es gibt auch mindestens einen Hinweis darauf, daß er seinen Souverän vor der egoistischen Energie, den Launen und der Herrschsucht seiner Frau gewarnt habe, und es gibt ein Scheidungsurteil, in dem der einstigen Freifrau von Hoym, geborenen von Brockdorff, die Wiederverheiratung verboten, ihrem Exgatten jedoch erlaubt wird. Der nicht sonderlich strebsame, vom Vater her bereits mit großem Vermögen ausgestattete Hoym war seiner elf Jahre jüngeren Frau also offensichtlich zu phlegmatisch, und es mochte ernste Zerwürfnisse schon gegeben haben, noch ehe das Auge des Monarchen die besonderen Reize dieser Dame erkunden konnte. Daß sie als Mätresse dann für die Bestallung ihres Exgatten eingetreten sein sollte, ist mehr als unwahrscheinlich.

Adolph Magnus Freiherr von Hoym wurde 1711 mit allen seinen Brüdern in den Grafenstand erhoben und war in zweiter Ehe, also nach seiner Scheidung von der späteren Gräfin Cosel, mit Charlotte Johanna Maximiliane Gräfin von Friesen auf Schönfeld verheiratet. Seltsamerweise blieb auch diese seine zweite Ehe kinderlos, während August der ersten Frau Hoym, der späteren Gräfin Cosel, nicht weniger als drei Kinder machte.

Ansätze für eine gewisse Einflußnahme der Cosel auf die Regierungsgeschäfte boten sich also nicht bei den wichtigsten Ministerien, sondern bei jenen aus dem Bürgertum aufgestiegenen Verwaltungsbeamten, die in der glanzvollen Reihe der Minister nur ihres Fachwissens wegen geduldet wurden. Hans Christian von Kiesewetter, Herr auf Dittersbach, entstammte einer Familie, die schon im sechzehnten Jahrhundert tüchtige Fürstendiener gestellt hatte; er war des starken August oberster Kriegs-Komissarius, gewiß keine beneidenswerte Aufgabe. Heikler war nur noch die Position des unglücklichen Georg Ernst Pfingsten, der als Geheimer Referendar die Verteilung der eingelaufenen Schreiben vorzunehmen hatte, natürlich erst, nachdem sie Seine Majestät eigenhändig erbrochen und selbst alles gelesen hatte, was eine Majestät interessieren kann. Pfingsten – einer der beiden Unterhändler von Altranstädt, die August später zu Sündenböcken machte, um sich selbst vom Tod des armen Patkul reinzuwaschen – konnte in seiner Position keine sauberen Hände behalten. Obwohl persönlich rechtschaffen, wurde er das sichtbarste und am meisten betroffene Opfer der rücksichtslosen Politik Augusts, der mit einer selbst im Absolutismus einzigartigen Selbstverständlichkeit Zusagen brach, Briefe fälschen und Intrigen anzetteln ließ, wie es ihm eben in den Kram paßte und wie die Lage es seiner Meinung nach zu erfordern schien. Sowohl Kiesewetter als auch Pfingsten hatten vermutlich wenig Möglichkeiten, sich Wünschen der Gräfin Cosel zu widersetzen, solange diese – wie sie sagte – *en service* war.

Verblüffend ist dies alles nicht. Dresden war nach heutigen Begriffen eine Kleinstadt; jeder kannte jeden, die Verfilzung war so vollkommen, daß zum Beispiel die Hoymschen Scheidungswünsche und die dazu nötigen Gutachten an Gerichte und Autoritäten anderer Städte zur Behandlung vergeben werden mußten. Um so mehr aber hob es naturgemäß die Position einer Frau in dieser Kleinwelt, wenn sie die eine oder andere Beförderung bewirken, einen Orden verschaffen, eine Gunst vergeben konnte.

Auch für sich selbst war sie emsig bemüht. Da die großen Damen vor ihr hohe Ränge gehabt hatten, die Königsmarck von sich aus eine *Grande Dame* des Jahrhunderts war, die Gräfin Lamberg als Fürstin Teschen, die Lubomirska durch ihren Gatten, begehrte die Cosel zunächst die Anrede Exzellenz und dann die Erhebung zur Reichsfürstin. Der Kaiser, der sich bei der Österreicherin nicht allzu lange hatte bitten lassen, damals vor allem auch die sächsischen Truppen dringend gebraucht hatte, stellte sich taub, als der Gesandte Sachsens aus der Freiin von Hoym eine Fürstin von Görlitz zu machen anregte. Sie mußte noch froh sein, als Gräfin Cosel hinter ihrem Mann nicht zurückstehen zu müssen und hinter dessen zweiter Gattin. Und nur die Enge des Raumes Dresden erklärt, warum eine intelligente Frau wie die Cosel auf solche Dinge soviel Wert legte und so erbittert um jede Position kämpfte, obwohl sie sich beim König selbst damit keineswegs beliebt machte. Flemming betont, sie sei stets aufdringlich, gelegentlich aber ausgesprochen unverschämt gewesen, und der König mag seinem vertrauten Minister manchmal leise vorgeseufzt haben, wieviel Nerven ihn diese schöne, aber viel zu ehrgeizige Mätresse neben all den blanken Talern koste.

Warum dann das alles, möchte man fragen, und erhält die Antwort aus einem Bereich, den Schulden, Kriegswirren und Schlachten bislang allzusehr verdunkelt haben: Friedrich August, der sich schon auf seinen Prinzenreisen nachhaltig für Architektur und für Museen interessierte, war ein Mann von echtem Schönheitssinn. Als Herrscher gewiß ein Großkonsument in der höheren und der mittleren Minne, hatte er doch in den entscheidenden Jahren besonderer Bildsamkeit Eindrücke aufgefangen, die stark genug waren, ein Leben lang in ihm zu leuchten. Während bei anderen Königen die starke Hinwendung zum weiblichen Geschlecht eine natürliche Abstumpfung der übrigen Interessen und der geistigen Regsamkeit überhaupt mit sich gebracht hat, verteilte sich die natürliche Sinnlichkeit dieses Kraftmenschen etwa gleichmäßig zwischen den Frauen und der sublimeren Welt der Künste und der Architektur, wobei natürlich das eine ins andere wirkte.

Wir kennen die Inszenierungen, mit denen er als junger Kurfürst Aurora von Königsmarck gefeiert hatte, Hoffeste im Zeitgeschmack, mit Rokokogetändel und spielerischen Rahmungen weiblicher Schönheiten. Das alles blieb keineswegs mit der Jugend zurück, es erwies sich selbst in den düsteren Jahren des Nordischen Krieges als eine echte Fakultät dieser Mannesseele, als ein offensichtlich tiefes Bedürfnis; anders wäre wohl auch kaum zu erklären, daß selbst Eberhardine, die Gemahlin, in jenen Festzügen paradierte und sich an der Gegenwart etwa der Cosel in der Gestalt der Jagdgöttin Diana nicht stieß.

Das Zeitalter liebt die große Szene, und August braucht bei festlichen Anlässen die Steigerung des Schauspiels durch eine schöne Frau. Er stellt sie in der Rolle irgendeiner Göttin in den Mittelpunkt, nicht nur, weil die Antike Mode ist, sondern weil diese heidnisch-mythischen Gestalten naturgemäß seiner Phantasie viel Raum lassen, wenn er die Erscheinung der Geliebten möglichst anziehend präsentieren, ihre Reize soweit tunlich zur Schau stellen will. Auf dem Weg über den Eros, der ja wohl kein Umweg ist, gelangt Friedrich August zu jenen Aktivitäten, die heute mehr für ihn sprechen als alles, was er im politisch-militärischen Bereich versuchte und nur höchst unzureichend verwirklichte. Daß er als August der Starke bezeichnet wird, hat in der historischen Betrachtung insofern Verwirrung gestiftet, als man von einem starken Herrscher Siege und Landgewinn erwartet, während die Fürsten, die – wie etwa Friedrich, der erste König von Preußen – sich mehr der Ausschmückung ihrer Residenzen als der Aufrüstung widmen, im allgemeinen von den Historikern sehr schlechte Zensuren erhalten.

Niemand zweifelt heute mehr daran, daß die großen Päpste und die bedeutendsten Kardinäle der Renaissance echte Sinnenmenschen und Geschöpfe ihrer Zeit waren, die als Kirchenfürsten eben keine Reiche und keine Dynastien begründeten, aber dank der großen Künstler ihrer Zeit dennoch einen Weg in die Unsterblichkeit fanden. August wäre vielleicht in solch einer Rolle – die ja für die Mächtigsten niemals mit dem Zölibat behaftet war – vielleicht glücklicher und wohl auch besser am Platz gewesen als inmitten der vielfachen Verpflichtungen eines weltlichen Barockfürsten, von dem man kriegerische Tüchtigkeit, ja Feldherrengenie ebenso erwartete wie energische Verwaltung und Weitblick in der großen Politik. Mit all dem war der schwergewichtige Sachse deutlich überfordert, hingegen hatte er den Preußen und Dänen, die ihn gelegentlich in Dresden besuchten, ein echtes und ungebrochenes Verhältnis zur Schönheit, zur Kunst, zur Grazie des Zeitalters in Form von Theater, Malerei und Bildhauerei entgegenzuhalten, zu jener universellen Bildung, wie sie etwa Friedrich Wilhelm I., den Soldatenkönig, in besinnungslose Wut versetzen wird. Das, was man anderswo Alfanzerey, Französisieren usw. nannte, das entsprach frühen und tiefsitzenden Neigungen Augusts, den dennoch alle Welt nach dem Bizeps beurteilte und von dem alle das erwarteten, was seine hünenhafte Figur zu versprechen schien. Er war ein Barockfürst im Herzen und in seinen Vorlieben; jeder seiner Zeitgenossen hätte dies akzeptiert, wäre er schlank und zart vor die Welt hingetreten wie etwa der Prinz Eugen von Savoyen. Aber während dieser Ästhet, Taktiker und diskrete Homoerotiker auf dem Schlachtfeld triumphierte, Gewalten entfesselte und Gewalten bändigte, erwies sich der Hufeisenbieger aus Sachsen überall dort, wo man an seine Stärke appellierte, als ausgesprochen harmlos, ließ sich von einem dünnen Twen mit ungewissen Neigungen durch ganz Polen jagen und im Herzen Sachsens demütigen und bewies sich als Herr und als Fürst nur im Bereich der Künste und der Schönheit. Man kennt die Riesen mit dem schwachen Seelchen; bei August hatte die Seele ein gewisses Volumen aus Neigungen, Vorlieben, Begierden, aber der Charakter verkümmerte daneben. Was blieb, waren die Denkmale, die dieser unsichere, sein Leben lang nach dem Glanz und den äußeren Bestätigungen der inneren Sehnsüchte verlangende Mann sich selbst gesetzt hat.

»Man muß gestehen, daß die Regierung des großen August der eigentliche glückliche Zeitpunkt ist, in welchem die Künste als eine fremde Kolonie in Sachsen eingeführt werden und vor den Augen aller Welt aufgestellt sind«, schreibt Johann Joachim Winckelmann, und man spürt nur im Ansatz dieses Urteils das Mißbehagen. Winckelmanns Zeitgenosse Herder ist deutlicher, wenn er sagt: »Für Deutschland und das Kurfürstentum Sachsen war es ein Verlust, daß ein Fürst von so seltenen Vorzügen, wie Friedrich August sie körperlich und geistig besaß, durch die polnischen Verwirrungen und Kriege gehindert war, für Deutschland allein zu leben.«

Nun kommen die Kriege und die Verwirrungen ja nicht von ungefähr, und sie kamen gewiß nicht ohne das Zutun unseres Helden. Aber obwohl er die leichtfertig gerufenen polnischen Geister nicht mehr los werden sollte, solange er lebte, blieb er doch und trotz aller Finanzkalamitäten der Aufgabe treu, die er sich insgeheim vielleicht schon als Prinz erwählt hatte: der Aufgabe zu bauen, zu verschönern, zu sammeln, der Aufgabe, jene Schönheit der Welt, die sich nicht so ohne weiteres an die Elbe verpflanzen ließ, neu- und nachzuschaffen. Da er nun einmal nicht dauernd unter Säulen und dem Himmel des Mittelmeers leben konnte, wollte er einen Abglanz der ewigen Schönheiten in seinem kleinen Heimatland festbannen.

Man weiß, daß dies mehr oder weniger naiv so mancher viel reisende Fürst versucht hat, und auf einer Rundfahrt durch München gelangt man bekanntlich immer wieder vor gigantische Kopien, wie sie Ludwig I. in seiner Italiensehnsucht aufstellen ließ, als mache die Fassade schon das Weltgefühl, als berge ein Bogen schon die ganze Renaissance. Demgegenüber hatte August tatsächlich mehr Kraft, mehr Selbstgefühl und das tiefere Verständnis. Über den Mätressen, die ja auch nicht nur zufällig an die Seite dieses schönheitsdurstigen Menschen treten, vergißt man häufig, daß er außer den schönen Frauen auch die Schönheits-Schöpfer des Jahrhunderts, die großen Architekten und Goldschmiede, die Bildhauer und Maler in seine Nähe gezogen hat. Der mit seiner kräftigen Sinnlichkeit in ein üppiges Jahrhundert schreitende Mann erwirbt sich das Recht auf alle Genüsse, schafft sich die Authentizität der erotischen Palette durch die Universalität seines Anspruchs. Wer einen Pöppelmann und einen Balthasar Neumann beschäftigt, der darf sich auch die marmorkühle Schönheit der Cosel an die Seite legen, und wer die süßen Pastelle der Rosalba Carriera gleich im Schock nach Dresden holt, der muß pardonniert werden im Umgang mit den rosenwangigen Urbildern dieser erotischen Kleinkunst. Als August den Thron besteigt, hat Dresden knapp 20 000 Einwohner, als er dreieinhalb Jahrzehnte später die Augen schließt, sind es 45 000. Die kleine Residenz ist nicht mehr Provinz, sondern Dresden, Prag und Wien zeichnen fortan eine Linie der Schönheit ins mittlere Europa, von der alle Reisenden schwärmen.

Nichts ist schwerer zu beweisen als Zusammenhänge, vor allem dann, wenn sie sich ganz selbstverständlich aus der Gleichzeitigkeit ergeben. Darum ist den nicht sehr zahlreichen Biographen Augusts bis dato noch nicht aufgefallen, daß die ersten großen Initiativen, die dieser Fürst im Gesamtbereich der Künste setzt, mit der sogenannten Dienstzeit der Gräfin Cosel zusammenfallen, und da wir später Geborenen inzwischen ja wissen, welche bedeutende intellektuelle Entwicklung diese tief veranlagte Frau genommen hat, möchte man vermuten, daß neben der Entlastung durch die schwedische Katastrophe in Polen doch auch die starke Anregung von der Seite einer in jeder Hinsicht anspruchsvollen, fordernden und stimulierenden Geliebten ihre Bedeutung erlangte. Zugleich erfolgte durch die ernsthaften Auseinandersetzungen der Cosel mit dem evangelischen Klerus erstmals auch eine innere Lösung Augusts vom Protestantismus.

Er hat der Religion, die er verlassen hat, ja nie geschadet, und diejenigen, die das damals befürchteten, urteilten nach Augusts intoleranten Zeitgenossen oder waren selbst so intolerant, daß jeder katholische Kirchenbau für sie eine Herausforderung bedeutete. Aber die religiöse Indifferenz war für einen schwachen Charakter wie den starken August natürlich ein weiteres kalmierendes Moment; sie verstärkte seine schicksalhafte Unentschlossenheit und seine Neigung zum Opportunismus. Nun, da die Affäre Cosel ihn seinen neuen Freunden in die Arme treibt, ist endlich ein gewisser Impetus noch nicht in Richtung des spezifisch Religiösen zu erblicken, aber immerhin eine Loslösung von der angestammten protestantischen Austerity. Dieser Vorgang ist die Voraussetzung für alles, was nun beginnt, für den Dresdener Barock, für die Entwicklung Augusts zum Bauherrn und Mäzen, für den Wiederbeginn seiner architektonischen und Antiken-Studien und selbstverständlich auch für den Unternehmungsgeist, mit dem er sich nun auf die Aufgaben wirft, die in und um Dresden seiner harren.

Neben römischen und venezianischen Erinnerungen werden auch die Eindrücke aus Paris wieder wach: die große Gestalt des vierzehnten Ludwig, der das Theater als ein höfisches Ereignis auffaßt und die Zuschauer als seine Gäste, der den Hof gelegentlich mitagieren läßt und der mit Molière gut Freund ist. Das neue Dresdener Komödienhaus stammt noch aus den sorglosen Zeiten vor der Jahrhundertwende; es befriedigt den König akustisch nicht, aber er kann immerhin die italienischen Truppen nach Dresden ziehen in Erwartung jener großen Projekte, die er mit Matthäus Daniel Pöppelmann ausheckt und zu denen sich der Westfale Anregungen in Prag, Salzburg und Wien holen soll, aber auch in Rom und später dann, als der Bau des neuen Schauspielhauses heransteht, sogar in Paris.

Pöppelmann, dessen Lebenszeit sich etwa mit der Augusts deckt, harmoniert mit seinem Landesherrn auf besondere

Pillnitz bei Dresden. Stich um 1840.

Burg und Festung Königstein. Radierung von Canaletto.

Fatime.
Stich von Lindner, München.

Gräfin Dönhoff, ehem. Gräfin Bilinska.
Gemälde von A. Mayoki.

Gräfin Orselska. Stich von V. Froer.

Weise. Die beiden Männer sind, wie sie sich lächelnd eingestanden haben mögen, im gleichen Tierkreiszeichen geboren, der Architekt und Baumeister acht Jahre vor dem König, den er um drei Jahre überleben wird. Als Pöppelmann nach Dresden kam, war August eben sechzehn Jahre alt, und die starken künstlerischen Eindrücke seiner Bildungsreisen standen unmittelbar bevor.

In den ersten Jahren der Polen-Euphorie, vor dem niederschmetternden Altranstädter Frieden, da hatte Pöppelmann gigantische Entwürfe für Dresden und Warschau ausarbeiten dürfen. Es sind Arbeiten, die sich sogar in der Skizze zu erhebender Barockkunst aufschwingen und jene Festesfreude atmen, die der Kurfürst und König mit dem gewaltigen Blasebalg seiner Lebenslust immer wieder anfacht, selbst in dunklen Zeiten. Wir wissen, daß diese Visionen nicht Gestalt wurden, nicht in Stein erstehen konnten, weil die Kriege eben nicht alle Blütenträume reifen ließen. Aber der Fürst und der Baumeister hatten ihre tiefe Übereinstimmung erkannt und auch, daß es ihnen beiden wohl tat, über den Blättern zu sitzen, über die Pläne zu sprechen.

Erinnerungen an Wolf Kaspar von Klengel mögen in diese Gespräche eingegangen sein, an den Mann, der als der Vater des Dresdener Hochbarocks gilt und zugleich der Vater einer munteren und intelligenten bürgerlichen Geliebten des starken August war. Das Architektentöchterlein freilich trat nun völlig zurück hinter der großen Dame, für die Pöppelmann einen Palast bauen mußte: das Taschenberg-Palais (seit 1707), in vier Jahren erbaut, in vier Stunden des Jahres 1945 völlig ausgebrannt und inzwischen wieder aufgebaut.

1711 begann nach jahrelangem Planen die Arbeit an dem wohl berühmtesten Bauwerk Dresdens, an dem sogenannten Zwinger. Es war ein Jahr, in dem August auf der Höhe seiner Macht stand, Karl XII. war geschlagen, der Kaiser gestorben und August als Kurfürst von Sachsen Reichsvikar bis zur Krönung Kaiser Karls VI., die erst im Dezember erfolgte. Kurfürst, König und Verwalter des Reiches, gesegnet mit Gemahlin, mit Geliebten, mit einer Residenz, in der nach den Kriegen nun Arbeitsplätze geschaffen werden mußten, dachte August nicht nur repräsentativ mit dem Bau einer großen Fest- und Spielanlage im Bogen der alten Stadtbastion: er wollte auch, vielleicht, weil er selbst das Alter in den Gelenken zu spüren begann, seinem Volk Freude an der körperlichen Übung und an allerlei öffentlichem Wettkampfbetrieb geben. Sport zu nennen wagt man es nicht, aber daß ihn seine Kräfte und seine ganze mächtige Natur in diese Richtung der Betätigung gedrängt hatten, das mochte wohl über dem für die Stadtarchitektur ungewöhnlichen Gesamt-Bauplan stehen. Es ist ein Gedanke, der dem Barock sehr entspricht, Gartenelemente gehen in ihn ein, frische Luft soll städtische Oasen erhalten, niedrig-gefällige Architektur nicht lasten, sondern erfreuen. Nicht alles wurde ausgeführt, aber neben dem Zwinger erstand wenige Jahre später dann noch ein neues Opernhaus, dessen Inneneinrichtung zwei Venezianer, die Brüder Mauro, 1717 schufen.

Sieht man den 1945 vernichteten, inzwischen aber rekonstruierten Zwingerbau, so denkt man zunächst nicht an die antiken Muster, die sowohl August als Pöppelmann im Süden ja ausgiebig in Augenschein genommen hatten. Aber das altrömische Ineinander von Garten und Bauwerk steht doch hinter der Grundabsicht, so wie ja auch die Ziergärten der Zeit durch malerische Ruinen, kleine Schlösser und Pavillons in eine Landschaft verwandelt wurden, die eher das Malerauge entworfen hatte als der ahnungslose Pan. Pöppelmann schuf in Dresden-Pillnitz (wo die Cosel für einige Jahre Quartier genommen hatte) das Wasserpalais, das Bergpalais und die Gärten und scheint sich bei diesen Aufgaben freier ausgelebt zu haben als bei den Kirchen und den vielen Bürgerhäusern, die er neben seinen königlichen Aufträgen in Dresden noch ausführte (sie sind so gut wie alle durch den furchtbaren Angriff vom Februar 1945 zerstört und nicht mehr aufgebaut worden, nur das von Pöppelmann erweiterte Holländische Palais ist wiedererstanden).

Einer der venezianischen Brüder, nämlich Alessandro Mauro, kehrte 1730, noch bei Lebzeiten Augusts, nach Dresden zurück und erweiterte das Opernhaus, verlängerte die Bühne und sorgte für die Möglichkeit, technische Bühneneinrichtungen anzubringen, die bis an die Schwelle unseres Jahrhunderts nirgends in Deutschland übertroffen wurden: beinahe 900 Quadratmeter Bühnenraum würden noch manchen modernen Regisseur oder Bühnenarchitekten begeistern. Giuseppe Bibiena (1696–1757), Sohn des großen Theaterarchitekten Ferdinando Galli-Bibiena, arbeitete später in Dresden und zeigte den Sachsen, wie dieser neue Bau am besten auch für Hoffestlichkeiten, für Maskenbälle und ähnliche Veranstaltungen genutzt werden könne. Es fehlt hinter all dem, was dem Wiener und dem Salzburger Barock die Seele gibt, nämlich die Fröhlichkeit in Christo; zwischen den Konfessionen und den Ländern stehend, und das ein Leben lang, bleibt August im Grund der heidnische Sinnenmensch, und weil ihm die wichtigste Richtschnur des Fürsten fehlt, jenes feste Gottvertrauen, das selbst aus mediokren Naturen noch erträgliche Souveräne gemacht hat, fällt in seiner Natur im Alter sehr vieles in sich zusammen. Äußere und innere Kraft stehen in einer Wechselwirkung, wie sie die materialistische Weltsicht nach sich zieht, ob man es will oder nicht, ob man es weiß oder – wie August – nur ahnt, nur dumpf fühlt in den verschiedenen Belastungsphasen.

Diesen nicht mehr so starken, aber einem großen Leben nachsinnenden Friedrich August, Kurfürsten von Sachsen und König von Polen, hat uns der Bildhauer bewahrt, zu dem August offensichtlich ein bruchloses persönliches Verhältnis gewann: der am Zwinger allgegenwärtige Balthasar Permoser.

Sein Bildnis des bereits gealterten August des Starken befindet sich heute im Dresdener Altertumsmuseum. Permoser selbst war, als er es schuf, bereits siebzig Jahre alt, und er war schon nicht mehr jung gewesen, als er nach Dresden kam. Der Mann aus Kammer bei Traunstein, aus oberösterreichischer Familie in Bayern zur Welt gekommen, kehrte zum Erlernen seiner Kunst wieder nach Österreich zurück und wurde der größte Schüler des älteren Weißenkirchner. Es war also Salzburger Barock, den er nach Deutschland verpflanzte, vorher aber aus italienischen Eindrücken anreicherte. Nach Berliner Jahren in der Nähe Friedrichs I. kam er, der schon in Florenz eifrig und gut bezahlt gearbeitet hatte, 1710 endlich nach Dresden. Um diese Zeit, so scheint es, mußte man Dresden besuchen, die Ära Cosel war auf ihrem Höhepunkt, August noch nicht wieder seinem Sachsen untreu geworden und nach Polen gegangen.

Balthasar Permoser, der Mann, der zwar nicht gerade in Lederhosen, aber mit seinem eindrucksvollen Älplerbart durch Dresden ging, ist der Beweis dafür, daß ein echter Mäzen es verstehen muß, auch mit einfachen Leuten umzugehen. Denn Permoser, soviel von ihm auch in Italien, Preußen, Sachsen und Österreich heute zum ewigen Vorrat der Kunst gezählt wird, Permoser war in seiner Natur und Wesensart ein großartiger Handwerker, und es gibt unter den vielen Schöpfungen von seiner Hand nur etwa ein Halbdutzend, in denen er tatsächlich über sich und sein Können hinausgewachsen und in die Tiefe gedrungen ist: in einem Marmordenkmal des Prinzen Eugen, in dem Cupido von Charlottenburg, in dem gealterten Friedrich August und in seinem eigenen Grabmal, das er beinahe achtzigjährig noch zu vollenden vermochte. Permosers große Kunstfertigkeit gestattete es Pöppelmann, die Dimensionen jeder Figur vorzuschreiben; der Mann aus Kammer brachte es stets zuwege, seine Konzeption zu verwirklichen, ohne den großen Plan des Architekten zu stören. Friedrich August verstand sich so gut mit ihm, daß es den Zeitgenossen, für die Permoser ja ein Exote war, nicht nur auffiel, sondern auch seinen Niederschlag in den ersten Biographien Augusts gefunden hat:

»Das Bewunderungswürdigste hierbey war, daß er fast alle Künstler übersehen kunte und daher von allen sowohl durch die Kunst als die Natur hervorgebrachten Meisterstücken aus dem Grunde zu urtheilen wußte, dergestalt, daß er sowohl die Mängel als (auch die) Schönheiten daran gleich bey dem ersten Anblick zu entdecken fähig war... Insonderheit hat sein Grünes Gewölbe samt dem holländischen Palais, so wegen des darinnen befindlichen großen Vorraths von Ostindianischem Porcellan auch das Japaneser Haus genennet zu werden pfleget, die Ausländer stets in ein Erstaunen gesetzet, gestalten ich (so daß ich) wohl eher von dem ersten das Judicium (Urteil) habe fällen hören, daß drey der mächtigsten Könige von Europa zusammen nicht so viele Jubelen und Kostbarkeiten besäßen...«

Zu dem Juwel Pöppelmann gesellte sich also das Juwel Permoser, und sie waren's beide sichtlich zufrieden, sonst hätten sie ihren Lebensabend anderswo verbracht. Der kriegerische Jüngling aus Schweden hatte Sachsen eben erst den Rücken gekehrt, als das vielbesuchte Leipzig, vor allem aber die Residenz Dresden zu jenen lichten Städten wurden, als die sie das ganze achtzehnte Jahrhundert kennenlernen wird, Reisende aus allen europäischen Ländern, Diplomaten, Studenten. Noch vor dem Klein-Paris, in dem sich Goethe ebenso schlecht benehmen wird wie soviele nach ihm, ist es Dresden, die Stadt des mitteldeutschen Barocks, die sich vor allem wegen ihrer Kunstdenkmäler und Sammlungen zwischen Berlin und Wien behauptet, als Sachsen selbst schon längst keine Rolle mehr spielt. Und es ist Canaletto, der adelige Maler aus Venedig, der eingeschworene Gegner des Barocks, der uns den Reiz der Elbstadt aus jener Zeit einfängt, den Fluß, die Brücken, die Paläste und das unvergleichliche Licht darüber. Vertieft man sich in dieses Bild, so bedauert man, daß August dem bei aller Prachtliebe doch allzu kriegerischen Sonnenkönig nacheiferte und nicht seinen kunstsinnigen dänischen Vettern oder dem kurz vor ihm zur Königswürde gelangten Friedrich I. von Preußen. Er selbst, vor allem aber Sachsen, hätten es dann viel leichter gehabt.

Es gibt mittelmäßige Charaktere, von denen man, so lange sie leben, überzeugt ist, sie seien leicht zu ersetzen; sterben sie dann, so stellt sich durchaus unerwarteterweise heraus, daß sie doch eine Lücke hinterlassen und daß die Frage der Nachfolge gar nicht so leicht zu lösen ist. Der Mann, den wir meinen, war der Oberhofmarschall August Ferdinand Graf von Pflug(k), kein Sachse, sondern von böhmischen Religionsflüchtlingen abstammend, aber mit dem sächsischen Adel eng versippt. Pflug war erst fünfzig gewesen und man hatte mit ihm noch für eine Weile gerechnet angesichts seiner bemerkenswerten Fähigkeit, auch nach beachtlichem Weingenuß noch immer die schönsten Reden zu führen. Diese Eigenschaft war ihm sehr zustatten gekommen, da der König selbst dem Alkohol reichlich zusprach und an langen Abenden Mengen konsumierte, die sogar am Zarenhof als ungewöhnlich gegolten hätten. Pflug war dann stets der einzige gewesen, der das Gespräch weiterführen und den Monarchen unterhalten konnte, und als er nun erst fünfzigjährig starb, war man sich zwar darüber einig, daß er arrogant und eigensüchtig gewesen sei und nur gegenüber dem König unterwürfig, höflich und stets dienstbereit, daß aber eben diese eigenartige Mischung aus Servilität und Ausdauer in Adelskreisen nicht allzu häufig sei.

Da dieser Tod noch eben in die Herrschaftsperiode der Gräfin Cosel fiel, fühlte sie sich berufen, für die Nachfolge zu sorgen und tat dies zur Überraschung des Hofes in Zusammenarbeit mit ihrem früheren Gemahl, dem Grafen Hoym, der ihr also offensichtlich nichts nachtrug. Neuer Oberhofmarschall wurde der seit 1707 bereits als Kammerpräsident tätige Baron von Löwendal, ein entfernter Verwandter der Königsmarck; den Vorsitz im Ministerrat übernahm der bisherige Außenminister Jakob Heinrich Graf von Flemming, der damit den Gipfel seiner Karriere erreicht und, als August ihn zum Generalfeldmarschall avancieren läßt, seinen letzten Rivalen verdrängt, den Freiherrn von der Schulenburg.

Es gibt in diesem Revirement noch eine Reihe anderer Veränderungen, die erwähnenswert sind: die Grafen von Werthern und von Wackerbarth rücken im Außenministerium nach, zeichnen sich aber zunächst mehr in der Intrige als durch diplomatische Geschicklichkeit aus, und mit Flemmings pommerischem Landsmann von Manteuffel kam ein ausgezeichneter Wirtschaftsfachmann von relativ einwandfreiem Charakter zusätzlich in die Regierung. Der selbstlose Finanzminister Graf Hoym, der gut die Hälfte seines eigenen Vermögens im Staatsdienst verbraucht hatte, schied 1715 krankheitshalber aus und wurde durch den mit Flemming verschwägerten Grafen Christoph Heinrich von Watzdorff ersetzt. Mit ihm hatte August zunächst Schwierigkeiten, der Landedelmann war ihm zu bäurisch. Aber schließlich erkannte er Watzdorffs redliche Tüchtigkeit und befreundete sich mit ihm und seinen erfolgreichen Maßnahmen.

Das beherrschende Ereignis blieb dennoch der Aufstieg Flemmings, der sich weltgeschichtlich auch dadurch auswirkte, daß der übergangene Schulenburg beleidigt seinen Abschied nahm und für Venedig frei wurde: Bei Malplaquet unter den Augen Marlboroughs erfolgreich, vor Douai die rechte Hand des Prinzen Eugen, trat der fähige Offizier, der viel für Sachsens Armee hätte tun können, 1715 in die Dienste der Republik Venedig und vollbrachte mit der siegreichen Verteidigung der nur unzureichend befestigten Insel Korfu eine der legendären Taten der Kriegsgeschichte. Trotz aller Strapazen und tödlichen Gefahren überlebte er seinen Rivalen und den undankbaren König von Polen und starb 1747 als reicher Mann.

Das Urteil über Flemming ist weit weniger einheitlich, vor allem wohl, weil die Lokalhistorie dem Pommer nicht allzugut gesinnt ist, und weil der Sohn Augusts des Starken in dem Grafen Brühl einen Günstling und Alleinminister haben wird, der manche an Flemming erinnert. Der Vergleich ist aber nur sehr bedingt richtig, und Flemming kann auch nicht als Günstling in dem Sinn bezeichnet werden, daß er keinerlei Gaben oder Eignungen für seine verschiedenen Ämter mitgebracht hätte. Sein Aufstieg ist durchaus nicht steil, eineinhalb Jahrzehnte vergehen, ehe der Königsmacher von Warschau wirklich seinen Lohn, nämlich die volle Verantwortung, erhält, nur die kumpelhafte Sympathie, mit der August der Starke gerade Flemming behandelte, hebt ihn aus der Schar der anderen Minister heraus.

Von allen Männern, die unter August hohe Ämter innehatten, scheint niemand den König so gut gekannt und so geschickt behandelt zu haben wie der Graf aus Pommern, und es spricht für August, daß er diesen keineswegs schmeichlerischen, sondern selbständig denkenden und oft kritisch argumentierenden Mann ein Leben lang an seiner Seite duldete, ja vor allen anderen auszeichnete. Als Pommer nicht in die ewigen Rivalitäten des sächsischen Adels verstrickt, vermochte Flemming, wenn es darauf ankam, unabhängiger zu urteilen als die anderen Berater. Ja, er hatte als einziger am Hof einen gewissermaßen internationalen oder doch übernationalen Hintergrund, denn sein Geschlecht war über Schweden und Polen ebenso verbreitet wie in Pommern und endlich in Mitteldeutschland. (Als er in Dresden die höchsten Ämter erhielt und immer reicher wurde, versuchte ein beflissener Actuarius namens Schmidt die Flemmings nach der Sitte der Zeit sogar mit den römischen Flaminiern in Verbindung zu bringen; auch die frühen irisch-schottischen Hofämter der Flemming dürften Legende sein oder nur eine zufällige Namensgleichheit verraten.)

Flemming ist zweifellos der wichtigste Mitgestalter des kursächsisch-polnischen Absolutismus, aber er verstand diese Regierungsform durchaus positiv, da sie seiner Meinung nach einen reichen Menschen, eine echte Persönlichkeit voraussetze und von einem düsteren Tyrannen gar nicht ausgefüllt werden könne. Flemming, der August so ergeben war, daß er in einem Schriftstück sogar von seiner geheiligten Person spricht, ist zu seiner politischen Idee des Absolutismus offensichtlich erst durch den persönlichen Eindruck von August und den Umgang mit ihm gelangt und betont in verschiedenen Äußerungen, daß seine Ergebenheit auf Zuneigung beruhe, nicht auf Furcht. Das läßt sich auch aus allem belegen, was man über Zusammenarbeit und Zusammenleben der beiden Sachsen und Polen beherrschenden Männer weiß: Flemming fand in jeder Stimmung des Königs das richtige Wort, und selbst, wenn er niemanden sehen wollte, wenn er enttäuscht und mißmutig war oder schlechte Nachrichten ihm den Tag verdorben hatten, Flemming wurde stets vorgelassen und verstand es immer, die allerhöchste Laune soweit zu bessern, daß zumindest die laufenden Geschäfte erledigt werden konnten. In Flemmings unschätzbarer Charakteristik des Königs findet sich der Satz: *Il aime qu'on lui dise la verité, mail il n'aime pas qu'on le fasse publiquement ou en Précepteur.* Man konnte August also stets die Wahrheit sagen, soferne dies unter vier Augen geschah und nicht im belehrenden Ton. Und der Tonfall, der die Musik macht, das war eines der Dinge, auf die sich der elegante Graf Flemming besonders gut verstand.

In seiner Lebensweise glich sich Flemming, wie sollte es anders sein, dem Souverän sehr an. Man war ja so oft zusammen, daß Asketentum, Abstinenz, ja jegliche Distanz nicht nur unmöglich geworden waren, sondern auch Mißtrauen erweckt hätten: Man kann sich nicht mit einem Menschen ein Leben lang freundschaftlich herumschlagen, der gerade in den gelösten Stunden, in dem, was man damals *Debauche* nannte, stets nur den Beobachter macht und sich nie selbst ins Vergnügen stürzt. So hatte denn auch Flemming bald seine Schlösser, seine Freundinnen, gab Feste in seinen Gärten und sammelte zu seinem sächsischen Besitz noch einige ertragreiche polnische Güter. Bei flinkem Verstand und aller Ergebenheit für seinen Herrn war er in einem wichtigen Punkt doch zweifellos die falsche Besetzung: als Generalfeldmarschall. Das militärische Genie läßt sich eben nicht durch die allgemeine Intelligenz und ein gewisses *Savoir-faire* auf der politischen Ebene ersetzen, das sollten wenige Jahrzehnte später auch die lebenslustigen Feldmarschälle des fünfzehnten Ludwig leidvoll erfahren.

Der Mann, der die glanzvolle Welt des Barock, die reich gekleideten Fürsten und die charmanten Diplomaten in ihre Schranken verweisen und ein neues soldatisches Ideal der Pflichterfüllung auch für die Fürsten aufrichten wird, kommt in eben dem Jahr zur Welt, da Flemming zum Premierminister aufrückt: Friedrich, Kronprinz von Preußen, geboren am 24. Januar 1712. Im Februar 1728, eben sechzehn Jahre alt geworden, wird er mit seinem Vater Dresden besuchen, und Flemming wird dann gerade noch zwei Monate zu leben haben. Die Ära Flemming löst die Ära Cosel ab, und sie ist, im Ganzen gesehen, die beste Zeit für August, soferne man sich mit dem Grundirrtum des Engagements in Polen abfindet.

1710 war Peter der Große wieder in die baltischen Staaten eingerückt (die damals allerdings kein mündiges Volk hatten, sondern nur durch eine deutsch-schwedische Oberschicht repräsentiert wurden). August hatte seinen polnischen Thron wieder besteigen können, und Stanislaw Leszczinski, der kultivierte Exil-Pole, dem Lothringen noch heute dankbar Feste darbringt, wartete im Vertrauen auf seine bessere Gesundheit auf eine zweite Chance.

Peter der Große – als ahnte er, daß er nicht viel Zeit habe – widmet sich immer stärker den Reformen im eigenen Land. Er heiratet das schöne Bauernmädchen, das sein Leben schon seit einer Weile begleitet, unbekümmert um alle Prinzessinnen, die man ihm anbietet, er erhebt Petersburg zu seiner Hauptstadt und öffnet Deutschen, Niederländern und Franzosen die Grenzen seines Landes.

August erhält jedoch einen neuen tüchtigen Verbündeten gegen Schweden, und zwar Friedrich Wilhelm I., den Soldatenkönig, der die Gunst der Stunde wahrnimmt, Schwedens Besitzungen an der südlichen Ostseeküste an sich bringt und Preußen als Militärmacht aufsteigen läßt. Karl XII., der so kühne Feldzüge durch Polen und das südliche Rußland auf sich nahm, ist nicht mehr der jugendliche Kriegsgott von einst: in einem eigensinnigen Feldzug gegen Norwegen (!) fällt er im Jahr 1718. Da drei Jahre vorher der Sonnenkönig gestorben ist, da 1725 Peter der Große erst dreiundfünfzigjährig stirbt, hat sich die Reihe der großen Monarchen erheblich gelichtet, und August ragt mit seiner mächtigen Gestalt in eine Zeit der Übergänge hinein: der Soldatenkönig von Preußen bereitet den Boden für einen größeren Sohn, in Frankreich regiert der intelligente, aber verkommene Herzog von Orléans für den kindlichen Urenkel des Sonnenkönigs, in England ist die letzte Stuartherrscherin gestorben, und das deutsche Haus Hannover gelangt auf den britischen Thron. Alles ist anders geworden, und August der Starke fühlt sich alt oder genauer: er beginnt, gewisse Veränderungen festzustellen.

Ein Leben lang hatte er den riskanten Jägertrick praktiziert, einen hechelnden Bären, der sich zum Angriff aufrichtet, an der Zunge zu packen, diese seitlich aus dem Bärenmaul zu ziehen und das Tier auf diese Weise zu bändigen. In Polen, wo es noch Bären genug gibt, ehrfurchtslose Bären, die diese königlichen Bravourstücke nicht kennen, hat ihn dabei erstmals ein Bär gebissen, und der Mittelfinger ist steif geblieben.

Auch eine alte, halb vergessene Verletzung hat sich wieder gemeldet. In Italien, also in fernen, glücklichen Jugendjahren, war dem Prinzen eine schwere Marmortafel auf den Rist gefallen. Die Stelle, nie ganz geheuer, hatte nun wieder zu schmerzen begonnen, der Schenkel war von der Inflammation ergriffen worden, und die Ärzte befürchteten bereits das Schlimmste, da August zuckerkrank war. 1726 wird das Jahr, in dem der König, der seinen Körperkräften stets so vertraut hat, schon das Ende nahe fühlt, aber er erholt sich wieder und schafft es, sein Gewicht, das 1712 nicht weniger als 260 sächsische Pfund (zu 567 Gramm) betragen hat, im Krankheitsjahr 1727 auf 180 Pfund zu senken. Er wiegt also, groß und mit starkem Knochenbau, nur noch vierundachtzig Kilo, hatte demnach gewiß eine strenge Diät befolgt und übersteht die Operation an einer brandig gewordenen Zehe, zu der angeblich ein berühmter Chirurgus aus Paris nach Sachsen gerufen wird. Dieser Eingriff bringt zwar eine gewisse Erleichterung, doch bleibt August behindert, und der Soldatenkönig, selbst nicht allzugut auf den Beinen, kann nicht umhin, zu bemerken, wie mühsam sich der große und kräftige Mann bewegt, der in früheren Jahren soviel Sport trieb.

Wir wissen heute genug von der Zuckerkrankheit, um uns zu sagen, daß sie auch Augusts Stimmungen beeinflußt haben muß. Wenn die sächsischen Protestanten fürchteten, daß ganz Sachsen wieder katholisch werden könnte, so war das zweifellos übertrieben. August wurde zwar vom Papst sehr nachdrücklich in diese Richtung gedrängt, ja Clemens XII. sandte sogar einen seiner Neffen im besonderen Auftrag nach Dresden. Er intrigierte in dieser Richtung auch gemeinsam mit dem Kaiser in Wien, da Augusts Sohn doch eine Erzherzogin heiraten und dereinst in Polen herrschen sollte, zwei Gründe also, ebenso katholisch zu werden wie der Vater.

August selbst aber hatte keineswegs die Absicht, seinem schwer geprüften Land diese überflüssigsten aller Leiden aufzuhalsen. Er blickte mit großem Interesse nach Preußen, das aus seiner Toleranzpolitik Jahr für Jahr deutlicher Gewinn zog, und verstand sich in Sachsen zwar zu einer Reihe von Zugeständnissen an die Katholiken, aber zu keiner einzigen Unterdrückungsmaßnahme gegen die Protestanten. Und da die Katholiken in diesem Mutterland des Protestantismus vor August ja so gut wie keine Rechte genossen hatten, liegen alle Verordnungen, die zugunsten der katholischen Religion erlassen wurden, die Zuweisung von Bethäusern, Kirchen und anderen Räumlichkeiten, eindeutig auf der Linie der Toleranz. Der protestantische Klerus freilich war damit ebensowenig zufrieden wie der Papst, so daß sich das seltsame Bild eines Königs ergibt, der die christlichen Tugenden der Nächstenliebe und der friedlichen Duldung aller Gebete energischer verfocht und in die Tat umsetzte als die beiden religiösen Parteien selbst.

Tatsächlich war ja genug zu tun, denn Europa kam nicht zur Ruhe, und daß die Zeit drängte, das fühlte August, auch wenn die alte Energie und Lebensfreude immer wieder in ihm aufflackerten. Nach den Siegen über Schweden hatte er die Armee auf einen Effektivstand von nur 16 000 Mann vermindert (gegen 60 000 im nahen Preußen), damit sich die Staatsfinanzen erholen könnten. Nun, als die Erbfolgeprobleme im Haus Habsburg neue Unruhe schufen, als alle

Staaten wieder rüsteten und August nicht abermals abseits stehen wollte, mußte diese geringe Heeresstärke verdoppelt werden.

August hielt sich auch beim Rekrutieren an das Vorbild seines tüchtigen Nachbarn im Norden: man fing mit sanfter Gewalt alles zusammen, was sich an präsentablen Männern auf den Landstraßen herumtrieb oder sonstwo keinen festen Wohnsitz und Arbeitsplatz nachweisen konnte, und ganz wie der Soldatenkönig bevorzugte auch August dabei die ›langen Kerls‹, also die großen Männer, die Leute mit Gardemaß, die sich in Uniform dann einigermaßen gut ausnehmen würden. Die Werber hatten den Auftrag, vor allem solche künftige Zierden eines Regiments ›gütlich zu persuadieren‹, also ihnen mit Handgeld und Zureden, aber ohne drastische Gewalt zuzusetzen. Mit dem Einverständnis einiger Nachbarländer durfte auch in diesen für Sachsen rekrutiert werden, was auf die Arbeitsmarktlage in den zwanziger Jahren des achtzehnten Jahrhunderts ein bezeichnendes Licht wirft.

Die Bemühungen in dieser Richtung sind erwähnenswert, weil August, wiewohl an der Kunst und den Lustbarkeiten nach wie vor besonders interessiert, sich in allem, was die Armee betrifft, nun, nach bitteren Erfahrungen, als weitblikkender Landesvater erweist. Er läßt nicht von dem Gedanken eines Volksheeres, er nährt unablässig Pläne für eine Volksmiliz, um ein letztes Aufgebot zur Hand zu haben, wenn der Feind sich abermals den Landesgrenzen nähern sollte. Jede Einzelheit in diesem Bereich interessiert ihn, vom Exerzierreglement bis zur Uniform, und da er sich schon als junger Mann für Befestigungen mit starker Abwehrkraft besonders erwärmte, ist er auch jetzt bemüht, durch Fortifikationsbauten und schwere Artillerie sein Land gegen Einfälle zu sichern. Es sind also defensive Maßnahmen, und sie entstammen wohl der Einsicht, daß er mit seinen Sachsen keine großen Eroberungen werde machen können. Am meisten hatten sie ihm noch stets eingebracht, wenn er sie dem Kaiser geliehen hatte, sei es nun gegen die Türken oder gegen Frankreich. Üben freilich mußten seine Truppen im heimatlichen Sachsen, und diesen Manövern widmete August bis ins Alter größte Aufmerksamkeit.

Als ziemlich modern kann eine Karte aus jenen Jahren gelten, auf der sich August von seinen Generalen die Flüsse seines Landes und alle wichtigen Übergänge einzeichnen ließ, um auf diese Weise, mit Hilfe natürlicher Hindernisse, sein Land für einen Gegner unpassierbar zu machen, auch wenn dieser militärisch stark überlegen sein sollte. Man kann unschwer erraten, daß diese Vorkehrungen und Pläne sich vor allem gegen Preußen richteten und für den Fall eines preußischen Angriffs auf Österreich vorbereitet wurden. August hatte also die ganze erste Phase des Siebenjährigen Krieges, den preußischen Überfall ohne Kriegserklärung und die Invasion Sachsens, richtig vorausgesehen, nur daß er dann nicht mehr leben würde: einer seiner begabtesten Söhne, der Feldmarschall Graf Rutkowski, sollte die Ehre haben, die sächsische Armee dem großen Friedrich entgegenzuführen...

Dieser Friedrich erhielt als Kronprinz zweimal Gelegenheit, sich Sachsen anzusehen, einmal das friedlich-fröhliche, einmal das martialische. Der Besuch im Lager Zeithain bei Riesa war der zweite, Friedrich war achtzehn Jahre alt, und sein Vater nahm ebenso wie viele andere Fürstlichkeiten im Juni 1730, drei Jahre vor Augusts Tod, an jener militärischen Großveranstaltung teil, die im Rückblick vielleicht bisweilen falsch verstanden wurde. Ein Exerzier- und Manövergelände von etwa zwanzig Quadratkilometern dehnte sich zwischen den Dörfern Zeithain und Radewitz und war von zahlreichen Zeltstädten umgeben. Für die hohen Gäste war in den Schlössern und Landsitzen der Umgebung Quartier gemacht worden, zudem hatte der vielgewandte Pöppelmann aus Holz allerlei Palästchen und Lustbauten aufführen müssen. Diese Pöppelmannschen Dörfer waren es, die manchen Betrachter dazu verleiteten, das militärische Schauspiel der 30 000 paradierenden und Schaukämpfe vorführenden Sachsen nicht ernst zu nehmen, aber es war ernst, zumindest dem nunmehr sechzig Jahre alten König, der auf diese ihm vertraute und ihm angemessene Weise eine Bilanz zog. Nach einem Niederbruch, der nun mehr als zwei Jahrzehnte zurücklag, hatte er mit Hilfe der ersten indirekten und folglich auch Adel und Geistlichkeit treffenden Steuer seine Armee wieder aufgebaut, nach preußischem Muster ausgebildet und ließ sie nun zeigen, was sie konnte.

Für den König war das Ereignis jedenfalls von größter auch persönlicher Bedeutung; er ließ es darum, hundert Jahre vor der Erfindung der Fotografie, von Zeichnern und Kupferstechern verewigen, ja er regte sogar eine ganze Anzahl leider sehr mittelmäßig begabter Poeten dazu an, sich in Prosa oder Versen um einen Report zu bemühen. Der Soldatenkönig, der mit Kennerblick durch das Lager stapfte und sich die Regimenter des Gegners von morgen aus sehr durchsichtigen Gründen genau besah, konnte zwar nicht alles gut finden, lobte aber einiges doch sehr markig. In unsere Orthographie übersetzt: »Die drei Regimenter Kronprinz gut, Weißenfels gut, sehr gut; Pflugk sehr miserabel, schlecht. Die Befehlsgebung gut. Von der Kavallerie habe (ich) Kommandos gesehen, die finde ich sehr *propre* (ordentlich), in Montur und Reiten gut. Viele ordentliche Offiziere, die aber sehr *bahs* (bescheiden) gehalten werden.«

Ältere Biographen Augusts, wie der sehr verdienstvolle und sehr genau arbeitende Paul Haake, Schüler von Max Lenz und Erich Marcks, sind angesichts dieses deutlichen Anstiegs der sächsischen Militärmacht ins euphorische Träumen geraten und haben eine sächsische Machtpolitik imaginiert, zu der es, wie man weiß, nie gekommen ist. Während der Weltmann von Loën, der scharfblickende Großoheim Goethes, schon 1718 feststellte, daß der sächsische Stamm zum Soldaten nicht tauge (»weil sie zu wollüstig und zu gemächlich sind«), sieht Haake mit vielen *Wenns* doch noch eine Möglichkeit: August hätte zehn bis zwanzig Jahre länger leben und hätte nach der Armee auch die Beamten auf Vordermann bringen müssen.

Es fehlte also an allen Ecken und Enden, und August wußte ja auch sehr genau, warum er so viele leitende Posten an Ausländer vergab, das heißt an Deutsche aus nichtsächsischen Staaten. Aber alle diese Einsichten kamen sehr spät, alle Reformen liefen an, als August nur noch eine begrenzte Lebenszeit vor sich hatte, und öfter als einmal mag der König sich gestanden haben, daß die Jahre, die Energien und die Gelder, die er an Polen verschwendet hatte, die bitterste und teuerste Lehre seines Lebens beinhalteten.

In einem seltsamen, ja ambivalenten Verhältnis erscheint dieses neue Sachsen, dieser Phönix aus der Asche fremder Siege und eigener Niederlagen, mit dem größeren Nachbarn im Norden verbunden, der in der gleichen Zeit einen ungebrochenen Aufstieg nahm, obwohl mindestens einer seiner Monarchen – nämlich Friedrich I. – in vielem ganz ähnliche Ambitionen hegte wie Friedrich August von Sachsen. Es fällt auf, daß bei Augusts Festivitäten des letzten Jahrzehnts die Preußen stets eine besondere Rolle spielen, nicht etwa nur der König und der Kronprinz, sondern auch der schillernde Grumbkow, und die Herren aus Berlin, in jahrelangem Training aus den Tabakskollegien des Soldatenkönigs trinkfest geworden, wetteifern in der *Debauche* mit einem gealterten Herrscher, der jedoch bei diesen Gelegenheiten an seine alte Leistungsfähigkeit anknüpft und den Preußen zeigt, was er noch immer zu bewältigen imstande sei.

Der philosophisch gestimmte und eher stille Minister von Manteuffel erlebte eine solche Nacht auf Gut Hartha, das dem Grafen Flemming gehörte. Zehn Herren leerten sechsundsechzig Flaschen Wein, man tanzte in Hausschuhen, balgte sich auf dem Boden und trieb noch anderen Unsinn, und doch war der König am nächsten Morgen früher zur Weiterreise angezogen und bereit als seine Minister. So eindrucksvoll das auch sein mag, für einen schweren Mann, der die Zuckerkrankheit in sich hat und sie in jener Zeit ja nur mittels Diät bekämpfen konnte, brachte jede dieser Nächte den Tod um vieles näher.

Insofern hat Wilhelmine Friederike, Markgräfin von Bayreuth, auch recht, wenn sie in ihren berühmten Memoiren behauptet, dem König von Polen, wie sie August immer nennt, seien wegen seiner Ausschweifungen alle Zehen amputiert worden. Es war zwar nur eine einzige, und was immer er mit seinen Mätressen auch getrieben haben mag, die Zehen fallen einem davon ja doch nicht ab. Aber der Suff hatte natürlich die Zuckerkrankheit so verschlechtert, daß manche alte Wunde wie jene, die einst eine Marmortafel an seinem Fuß verursacht hatte, im Alter zum Problem werden konnte.

Die Markgräfin, Schwester Friedrichs des Großen und eine der bedeutendsten Frauen der preußischen Geschichte, ist auch unsere Hauptquelle über jenen winterlichen Besuch, den Friedrich Wilhelm I. mit großem Gefolge in Dresden machte, einen Besuch, der August den Starken aufs neue ins europäische Gespräch brachte und die tiefen Gegensätze zwischen Dresden und Berlin deutlich werden ließ.

Kronprinz Friedrich, der spätere Friedrich der Große, sollte, da er erst sechzehn Jahre zählte und da Dresden als Sündenpfuhl verschrien war, an der Reise zunächst gar nicht teilnehmen, aber Wilhelmine, der ihr maßlos enttäuschter, ja verzweifelter Bruder leid tat, steckte sich hinter den vielvermögenden Minister Grumbkow. Dieser wiederum stellte es als eine politische Notwendigkeit hin, den Kronprinzen mitzunehmen, vor allem, da ja auch August einen allerdings etwas älteren Sohn habe und die beiden prinzlichen Nachbarn einander so früh wie möglich kennenlernen sollten. Friedrich durfte sich sogar in aller Eile eine schmucke Offiziersuniform zurechtmachen lassen und folgte dem Vater nach Dresden nach.

Die Reise, zu der eine Einladung Augusts seit geraumer Zeit vorlag, war zweifellos politisch nützlich, hatten die beiden Staaten doch hinsichtlich Schwedens, Polens und der kaiserlichen Politik eine Unmenge ernsthaften und wichtigen Gesprächsstoffs und gemeinsame oder doch einander berührende Interessen. Dennoch war sie nur anberaumt worden, weil der Soldatenkönig, ein strammer Säufer und aller Bildung außerhalb der Bibel und des Katechismus abhold, seit einiger Zeit die düstersten Stimmungen an den Tag legte und sogar von Abdankung sprach, um sich in die Einsamkeit zurückziehen und für die Religion leben zu können. Der gegenüber seiner Familie ungemein harte Mann hatte nämlich einen Zuchtmeister gefunden, und zwar in der Gestalt des Pietisten August Hermann Franke, eines bedeutenden Hallenser Pädagogen von großer persönlicher Ausstrahlung. Statt das schwierige und unbedingte Wesen des Königs von Preußen ein wenig zu mildern und ihn zu einem umgänglichen Menschen zu machen, »machte dieser Geistliche ihm die unschuldigsten Dinge zur Gewissenssache; er verwarf als verdammungswürdig selbst die Jagd und die Musik... er (der König) wurde immer bigotter, und man durfte nicht mehr um ihn lachen noch lustig sein«.

Was die Tochter bemerkte und später in ihren Memoiren aufzeichnete, das blieb natürlich auch den Ministern nicht verborgen, und darum hatten sie dringend zu einer Reise nach Dresden geraten in der stillen Hoffnung, daß man dort den von Franke malträtierten Preußenkönig nachdrücklich aufheitern werde. Leicht war es nicht gewesen, den Plan durchzusetzen, denn Friedrich Wilhelm I. hatte sein Abdankungskonzept fertig, er wollte sich mit 10 000 Talern Rente nach Wusterhausen zurückziehen und Frau wie Töchter mitnehmen, die dort, während er beten wollte, den Haushalt besorgen sollten. »Der König las uns alle Nachmittage eine Predigt vor, sein Kammerdiener stimmte einen Gesang an, den wir alle begleiteten. Meinen Bruder und mich ergriff oft die Lachlust so gewaltig, daß wir ausbrachen (d. h. uns das Lachen nicht verkneifen konnten).«

Es ist interessant für uns, daß in diesem heiklen Fall, aber gewiß nicht nur dies eine Mal, ein Aufenthalt in Dresden gleichsam verordnet wurde. Es war der glanzvollste aller deutschen Höfe, ja sogar Ludwig XIV. – der zu diesem Zeitpunkt allerdings schon dreizehn Jahre tot war – soll sich abfällig über August geäußert haben, weil dieser ihm auf deutschem Boden nacheifere, was man in Versailles mit einigem Grund für ein vergebliches Bemühen hielt. Angesichts der Wirkungen Frankes in Berlin – er führte an der königlichen Tafel das große Wort und redete immerzu nur von Gott und den Sünden – mag August sich beglückwünscht haben, daß Halle nun preußisch und daß er selbst seinen heimischen Puritanern entronnen war: die Jesuiten waren zwar ihrer Intelligenz und Bildung wegen besonders gefährlich, aber sie waren eben viel zu klug, sich bei einem Fürsten dadurch unbeliebt zu machen, daß sie ihm jene Vergnügungen verboten, die sich so viele Päpste und Kardinäle reichlich gestattet hatten.

Die Preußen kamen also 1728 nach Dresden, das Jahr war noch jung, das Wetter schön und kalt, Dresden im Winter noch schöner als im Sommer. Ein barocker Serail erwartete die Gäste, die noch die letzten Predigten Frankes im Ohr hatten:

»Ich habe schon erwähnt«, fährt die Markgräfin von Bayreuth in ihrem Bericht fort, »daß der König von Polen die Weiber sehr liebte. Er hielt sich ein wahres Serail. Seine Ausschweifungen sowohl in dieser Hinsicht als auch im Trinken überstiegen alle Begriffe, und man sagt, daß er von seinen Mätressen 354 Kinder gehabt haben soll. Seine damalige Mätresse oder wenigstens jene unter seinen Frauen, die er besonders auszeichnete, war seine eigene Tochter, die er mit einer in Warschau wohnenden französischen Kammerfrau gezeugt hatte; er hatte sie inzwischen zur Gräfin gemacht, und sie nannte sich Orzelska.«

Die Kammerfrau, von der die scharfzüngige Markgräfin hier spricht, ist bei Pöllnitz, der es mit den Namen nicht genau nimmt, eine Weinhändlerin namens Duval. Andere Quellen geben ihr den Namen Drian, der sehr ungewöhnlich wäre und wohl eine phonetische Umschreibung von Truand ist. Sicher ist, daß Duval-Truand nicht nur gute Weine importierte, sondern sie auch ausschenkte und als Hauptattraktion für seinen Laden eine hübsche Tochter namens Henriette vorzuweisen hatte. »Die ganze vornehme Jugend Warschaus machte ihr den Hof«, behauptet Pöllnitz, »und keine Schönheit der Hauptstadt wurde mehr gefeiert. Sie war gegen alle gleich liebenswürdig, und niemand konnte sagen, welchen Anbeter sie begünstigte. Von diesem jungen Mädchen war auch am Hofe viel die Rede, so daß der König selbst sich schließlich nach ihr erkundigte.«

Kurioserweise war es Rantzau, ein Vetter der Cosel und von ihr als Adjutant und Aufpasser für August eingesetzt, der das erste Rendezvous mit der schönen Wirtstochter zustande brachte, freilich vor seiner Base mehr zitternd als August selbst. Eine Riesenintrige wurde gesponnen, Graf Tobianski bemüht (ein einflußreicher Verwandter der schönen Geliebten des Kardinal-Primas von Polen), und als man schließlich noch der ahnungsvollen Cosel, die den König begleiten wollte, den nächtlichen Ausflug ausgeredet hatte, konnte August endlich verkleidet zu Duval-Truand gehen, dort ein Zimmer nehmen und die Schöne kommen lassen. Daß dies alles so glatt ging, stimmt bedenklich: August war nicht erkannt worden, es mußte also üblich gewesen sein, daß reiche Gäste das schöne Mädchen aufs Zimmer kommen ließen. Dieser Umstand gibt Lobrednern des Sachsenkönigs auch eine kleine Chance: wenn Henriette sehr vielen Männern gehört hatte, war sie vielleicht nicht gerade von August schwanger, und die zur Welt gekommene Tochter (wiewohl sie als Erwachsene August dann sehr ähnlich sah) vielleicht doch nicht ein Kind von ihm. Zumindest der Vorwurf der Blutschande wäre aus diesem Wüstlingsleben dann zu streichen...

Pöllnitz gibt noch eine Menge Einzelheiten: die kühle Begrüßung zwischen dem König und der Cosel, die noch auf war, als er, voll von den Nachklängen dieser Liebesnacht, zu seiner Mätresse zurückkehrte. Pöllnitz erzählt die Szene, die Rantzau durchzustehen hatte, weil die Cosel natürlich etwas ahnte und so fort – selbst ein Duell mit einem heißblütigen polnischen Verehrer Henriettens soll Rantzau ausgefochten haben, unter den Augen des Königs, der erst eingriff, als ein Freund des Polen ebenfalls den Degen zog.

Henriette gebar eine Tochter und schrieb darüber an den König, als er sich in Dresden aufhielt. Die Post kam ins Zimmer der Cosel, die nach der Geburt einer Tochter bettlägerig war. August hatte also, wie im Fall des Kronprinzen und des Marschalls von Sachsen, wieder zwei Kinder etwa zugleich gezeugt. Mit ihrem sechsten Sinn ahnte die Cosel, was der Brief enthielt, wollte ihn lesen, erhielt ihn aber nicht und sprang nackt aus dem Bett, um ihn an sich zu bringen, obwohl der Minister von Bose ebenfalls im Zimmer war. Die Szene, die sie nun August machte, ihre Drohung, nach

Warschau zu reisen und Mutter wie Kind zu töten (!), ließen den Keim der Zwietracht und der Trennung schnell gedeihen. Die Liebschaft mit Angélique Duparc, einer Tänzerin, die August in Brüssel gesehen und nach Dresden verpflichtet hatte, schuf dann jene neuen Verhältnisse, in denen die Cosel zwar Macht und Position einer *Maitresse en titre* behielt, das Herz des Monarchen jedoch nicht mehr besaß. Es war der Anfang vom Ende, und es war eine Wirtstochter von leichten Sitten, wenn auch von großer Schönheit gewesen, die eine so kluge und stolze Frau aus dem Sattel gehoben hatte.

Wieviel Friedrich Wilhelm I. oder gar sein Sohn von all diesen Dingen wußte, als sie nach Dresden kamen, sagt die Markgräfin von Bayreuth nicht. Der Soldatenkönig war allenfalls ein wenig neugierig, der Kronprinz hingegen versuchte einen Blick in jene Welt zu werfen, von der man ihn so konsequent fernhielt und die er wegen seiner heimlichen Lektüre französischer Autoren und Gazetten für die alleinseligmachende hielt, für das wahre Leben, für die große, wirkliche, bunte Welt.

»Sobald der König nach Dresden kam«, erzählt die Markgräfin, »ward er von Vergnügen zu Vergnügen fortgerissen, wodurch seine Schwermut und Frömmigkeit ihn verließen. Die Freuden der Tafel wurden nicht vergessen, der Ungarwein ward nicht gespart, und die Freundschaft der beiden Könige war die innigste.

Als Grumbkow seinen Herrn auf so gutem Wege sah, zweifelte er nicht mehr daran, ihn zu Ausschweifungen verführen zu können, wozu er sich mit dem König von Polen verabredete. Eines Tages, nachdem man weidlich geschmaust hatte, führte dieser (gemeint ist August) meinen Vater immerfort schwatzend von einem Zimmer ins andere, wobei ihnen die übrigen Gäste, unter ihnen mein Bruder, stets nachfolgten. Endlich gelangten sie in ein großes, schön tapeziertes Zimmer, das aufs prächtigste eingerichtet war. Mein Vater bewunderte alle diese Schönheiten, als plötzlich eine Tapetenwand niedersank und das überraschendste Schauspiel sich darbot. Ein Mädchen, schöner als die Grazien, lag nachlässig auf einem Ruhebett; im Zustand unserer ersten Eltern vor dem Sündenfall zeigte sie einen Körper, wie Elfenbein so weiß und schöner als der der mediceischen Venus. Das Kabinett, worin sie sich befand, war von so vielen Kerzen erhellt, daß sie das Tageslicht übertrafen. Der König von Polen sowohl wie Grumbkow glaubten, daß diese Angel, die sie für den König ausgelegt hatten, fassen müßte – allein es kam ganz anders. Bei dem ersten Blick auf die Schöne nahm der König seinen Hut, hielt ihn dem sechzehnjährigen Kronprinzen vors Gesicht und befahl ihm dann, sich zu entfernen. Aber es war zu spät! Der Prinz hatte genug gesehen... Der König aber wandte sich an seinen Gastgeber und sagte nur: ›Sie ist recht schön‹, worauf er fortging. Noch an demselben Abend sprach er mit Grumbkow und sagte ihm, daß er solche Dinge nicht liebe; er solle besorgt sein, daß derlei nicht wiederholt werde.«

Als diese berühmt gewordene und inzwischen sogar in Fernsehstudios nachgestellte Szene sich ereignete, hatte Friedrich, der Kronprinz, freilich längst seine Wahl getroffen, und es war keine schlechte Wahl: er hatte sich mit der jungen Gräfin Orzelska zusammengetan, also mit der Tochter der schönen Henriette aus Warschau. Sie war zu diesem Zeitpunkt längst legitimiert, lebte schon seit ihrem fünfzehnten Jahr am Hof Augusts, und es konnte auch keinen Zweifel mehr daran geben, daß sie nicht nur wiederholt sein Lager geteilt hatte, sondern auch das ihres Halbbruders (immer vorausgesetzt, daß August ihr Vater war), des gut aussehenden und hochbegabten Grafen Rutkowski.

Zwischen August und diesem Sohn, den er mit der Türkenprinzessin Fatime gezeugt hatte, scheint es seltsamerweise wenig Streit oder Eifersucht um den Besitz der schönen Orzelska gegeben zu haben. Das eigenwillige Mädchen dominierte in jeder Verbindung, und die in diesem Punkt wohl nicht ganz glaubwürdige Markgräfin von Bayreuth behauptet sogar, sie habe mit allen ihren Brüdern geschlafen, die erstens allesamt schlimmstenfalls Halbbrüder wären und zweitens denn doch zu sehr in den Weiten Europas verstreut waren, als daß dies praktisch möglich gewesen wäre.

Der (spätere) Maréchal de Saxe, der Sohn Augusts und der Königsmarck, hatte in diesem Winter andere Sorgen: seine Mutter war am 15. Januar 1728 verstorben, nachdem sie sich 1726/27 ihm zuliebe noch hoch verschuldet hatte. Er wollte nämlich Herzog in Kurland werden, und der allgegenwärtige Behrend Lehmann, Dresdens geschickter Hofjude, hatte ihr 20 000 Dukaten geliehen, damit Moritz, Graf von Sachsen, eine Armee aufstellen könne. Diese Schulden kamen nun, nach dem Tod der Mutter, auf den Sohn zu, außerdem waren die Begräbniskosten zu berappen. Die Äbtissin von Quedlinburg, die auch ihre Juwelen für den hoffnungsvollen Sohn verpfändet hatte, war nämlich bettelarm gestorben. Eine Barschaft von ganzen 52 Dukaten stand Bestattungskosten von etwa zwanzigfacher Höhe gegenüber, und die neue Äbtissin, die der viel reisenden und viel liebenden *Grande Dame* tiefsten puritanischen Abscheu entgegenbrachte, ließ den schlichten Holzsarg mit der toten Aurora ungerührt ein Jahr lang im Stift herumstehen, bis endlich die Kosten entrichtet wurden.

Nur der Sohn der Cosel, ein Chevalier de Saxe (da sie sich ja völlig unberechtigt Comtesse de Saxe nannte) kommt als Mitbewerber um die Gunst der Orzelska in Frage, so daß sich also drei Männer um die arrogante Schöne bemühten, die leidenschaftlich ritt, mit Vorliebe Uniformen trug und durch diese Kostümierung den alten August vollends um den Verstand brachte. Als nun gar Preußens Friedrich, ein hochintelligenter, eigenartiger, gebildeter und feinnerviger Prinz, als vierter Mann auf den Plan trat, machte August dem Starken der ganze Besuch aus Berlin plötzlich überhaupt keinen Spaß mehr. Während der Preußenkönig den Kronprinzen von aller leichteren Weiblichkeit fernhielt, konnte er gegen die gemeinsamen Ausritte Friedrichs und der Orzelska wenig unternehmen – eine Tochter des Königs, und sei sie auch keine Prinzessin, konnte man schließlich nicht als unerwünschten Umgang bezeichnen. Die jungen Leute freundeten sich um so schneller an, als Friedrich bei der intelligenten und literarisch interessierten Halbfranzösin Echo und Anregung auch für die eigenen geistigen Neigungen fand. Auf vielen Ritten wurden Schlösser, aber auch Sammlungen besucht, und dem Kronprinzen ging das Herz auf, ob man nun Porzellan, Chinoiserien und Gemälde besichtigte oder nur durch die Wälder streifte. Es waren Tage und Wochen einer glückhaften Erfüllung, ja vielleicht Verwandlung.

Da Friedrich der Große ungleich mehr Biographen gefunden hat als August der Starke, ist die Orzelska, seine erste Liebe und seine Lehrmeisterin in Liebesdingen, auch sehr bekannt geworden. Für Friedrichs Persönlichkeit war es gewiß charakteristisch, daß er sich nicht der hübscheren Comtesse Bielinska zuwandte, einer anderen Tochter Augusts, oder einer der vielen gefälligen Hofdamen im Lustrevier des Polenkönigs. Die Orzelska vereinte in sich alles, was den Prinzen anziehen mußte, und sie kam ihm, dem unscheinbaren, dünnen und linkisch-überschwenglichen Sechzehnjährigen, mit der vollen Herzensgüte und Verständnisbereitschaft entgegen, die man in ihrem späteren Leben, in ihrer bekannten Großzügigkeit, bestätigt findet.

Ein selten beachteter, aber neben dem Eros doch sehr wichtiger, ja von ihm nur schwer zu trennender Aspekt ist jedoch durch all das gegeben, was Friedrich an der Seite der Geliebten erleben und kennenlernen durfte: »Friedrich sah in Dresden zum erstenmal eine große Kulturstätte in friedlichem Betrieb und durfte ein einziges Mal in seinem Dasein teilnehmen an dem beglückenden Fest des gesteigerten Lebens.« (Hegemann)

Selbst Ulrich Graf Schwerin, der sich vor allem mit Friedrich und seiner großen Jugendliebe, der Frau von Wreech, beschäftigt hat, stellt zur Orzelska fest: »Ein unschuldiges Mädchen im Sinne landläufiger Moral war sie sicherlich nicht. Eine gewisse Sympathie kann man ihr aber nicht absprechen. Sie... fiel durch Geist, Bildung und literarische Interessen auf, und ihr gutes Herz zeigte sich in ungemessener Wohltätigkeit.«

Nun, wir wissen, wie es weiterging: Alarmiert durch die tiefe Neigung, die zwischen den Königskindern aufkeimte, vielleicht auch eben darum von der Orzelska abgewiesen oder kühl behandelt, sandte August seine Tochter nach Warschau. Man hatte ja schließlich zwei Höfe. Es war eine Aktion von jener Brutalität, wie sie Friedrich bis dahin nur vom eigenen Vater zu erdulden gehabt hatte, und August, dessen gesellschaftliche Talente, dessen geistvolles Gespräch und souveräne Lebenskunst in dem Prinzen bis dahin nur Sympathien erzeugt hatten, wurde fortan für Friedrich ein Mann, dem er nicht mehr traute, den er als doppelzüngig und sogar als hinterhältig ansah. Obwohl August längst nicht mehr lebte, als sich Preußens Truppen gegen Sachsen bewegten, mag diese frühe Enttäuschung, diese Vernichtung eines jungen Glücks bewußt oder unbewußt zu der außerordentlichen Härte beigetragen haben, mit der Friedrich den Sohn des starken August später behandeln wird in Szenen, von denen alle Zeitgenossen behaupten werden, daß noch nie ein Monarch den anderen derart gedemütigt habe.

»Mein Bruder also war sehr verliebt in die Orzelska«, resümiert die Markgräfin, »und der König von Polen, der sehr eifersüchtig auf seine Mätresse war, bemerkte dies. Um das gute Einverständnis der beiden zu stören, ließ er ihm (*nachdem die Orzelska abgereist war*) die schöne Formera anbieten – sie war die Venus des Kerzenkabinetts gewesen. Mein Bruder akzeptierte, und sie wurde seine erste Mätresse. Mein Vater ging sehr zufrieden von Dresden hinweg und lud den König von Polen ein, nach Berlin zu kommen und der Musterung der preußischen Truppen beizuwohnen.«

Weit weniger zufrieden schied der Kronprinz. Die Sache mit der Formera stimmt zwar, wenn auch nicht ganz klar ist, ob August sie dem verlassenen und verzweifelten Prinzen anbot oder ob – wie ebenfalls behauptet wird – Friedrich sie sich von August ausbat, um eine gewisse Ablenkung zu haben. Die schöne Tänzerin war bereits reichlich entlohnt worden, sie tat ihr Bestes für Friedrich, und das war sehr viel. Zweifellos gewährte sie dem Prinzen mehr als die Orzelska, aber das Herz Friedrichs blieb dennoch bei der Entschwundenen, die man ihm so schnell von der Seite genommen hatte.

»Mein Bruder war seit seiner Rückkehr von Dresden in eine schwarze Schwermut versunken; alle meine Versuche, ihn herauszureißen, blieben vergeblich... Nach und nach schien er auszuzehren, er verlor alle Eßlust, ward sichtlich mager, und häufige Schwächeanfälle machten uns besorgt. Der König machte sich viel Unruhe, denn er hatte von Natur ein gutes Herz, und ungeachtet des Widerwillens, den ihm Grumbkow gegen den armen Kronprinzen eingeflößt hatte, bereute er es nun, ihn so hart behandelt zu haben. Allein, man war weit entfernt, sein Übel zu erraten: Friedrich war einzig nur liebeskrank, wie sich einige Zeit darauf zeigte... Die nahe Ankunft des Königs von Polen gab ihm endlich die Gesundheit wieder, denn er hoffte, seine alte Bekanntschaft mit der Gräfin Orzelska wieder aufnehmen zu können, die der Reisegesellschaft angehören sollte.«

Diese Reise wurde zur eigentlichen Ursache für die Abneigung, welche die Markgräfin von Bayreuth fortan und bis in ihre späten Memoiren gegenüber August von Sachsen und Polen hegt. Der elegante Flemming, der keinerlei Mühe hatte, die eingeschüchterte kleine Prinzessin für sich einzunehmen, versprach ihr nämlich wispernd eine große Zukunft, ja ihr Glück zu machen, und betrieb auch mit größter Heimlichkeit eine Heirat nicht etwa zwischen Augusts Sohn und der Schwester Friedrichs des Großen, sondern zwischen ihr und dem inzwischen doch einigermaßen bejahrten König: »Der König von Polen kam am 29. Mai (1728) an, worauf er sich sogleich zur Königin begab. Er war damals fünfzig Jahre alt (*er war 58!*), hatte eine majestätische Haltung und Gesichtszüge und alle seine Handlungen drückten Güte und Höflichkeit aus. Seine ungeheuren Ausschweifungen hatten ihm ein Übel am Fuß zugezogen, weswegen er nicht gehen und nicht lange stehen konnte. Die Königin setzte sich mit ihm auf Taburetts, der König und wir übrigen standen vor ihnen, obschon er ihn und uns oftmals bat, uns doch niederzulassen. Er betrachtete mich sehr aufmerksam, lobte unsere ganze Familie und sagte jedem von uns etwas Angenehmes...«

Augusts Sohn hingegen wirkte auf die spätere Markgräfin nicht so günstig, sie fand ihn weniger leutselig, ja geradezu stolz und gelegentlich sogar unhöflich. Sie war also ganz auf den alten König eingeschworen, den sie für acht Jahre jünger schätzte, und es wurde darum auch eine bittere Enttäuschung für sie, daß die Ehe, die Flemming heimlich für sie anzubahnen suchte, schließlich am Unterschied der Konfessionen scheiterte. Sie hat in ihrem Duodezfürstentum Bayreuth, wo sie mit einem Bruder der 1727 verstorbenen Eberhardine vermählt war, offensichtlich immer wieder an das glänzende Dresden gedacht, dessen Königin sie hätte werden können. Im Mai und Juni 1728 in Berlin sah alles noch rosig aus, die hübschen unehelichen Töchter des Sachsenfürsten, nämlich die Orzelska und die Bielinska, nahmen in Berlin stets an der Tafel teil, und die findige Tochter der schönen Henriette scheint daneben Möglichkeiten zu nicht wenigen heimlichen Begegnungen mit dem Kronprinzen Friedrich gefunden zu haben. Jedenfalls stellt die Markgräfin fest: »Die Orzelska, die er insgeheim besuchte, hatte ihn völlig geheilt. Wir vertrieben uns in des Königs Abwesenheit (*Friedrich Wilhelm I. bereiste Preußen*) die Zeit ganz herrlich; es waren viele Fremde anwesend, die dem Hof Glanz gaben, und der König von Polen schickte seine besten Musiker, damit die Königin (*von Preußen*) sie hören könne.«

August der Starke hatte also wieder einmal mit seinem Charme alles gut gemacht, was er durch Wortbrüche und Wankelmut in einem langen Herrscherleben an Achtung verscherzt hatte, ja der rechtschaffene Preußenkönig scheint damals tatsächlich zu einer engen Anlehnung an das nachbarliche Sachsen bereit gewesen zu sein, einer Allianz, die in der nächsten Generation die größte Bedeutung hätte erlangen müssen. Es besteht kein Grund, daran zu zweifeln, wenn die Markgräfin ausführt:

»In dieser Zeit erfuhren wir, daß mein Vater auf dem Punkt gewesen war, mich mit dem König von Polen zu verloben... Die Sache wäre für beide Fürsten vorteilhaft gewesen; mein Vater sollte dem König von Polen drei Millionen leihen und einen ansehnlichen Brautschatz geben, dagegen versprach Polen (*in diesem Fall richtiger: Sachsen*) die Lausitz auf zwanzig Jahre als Schuldpfand nebst der Verwaltung der Einkünfte dieser Provinz; auch mein ansehnliches Wittum wurde auf sie angewiesen, und um von Seiten der Religion jedes Hindernis zu beheben, sollte ich allezeit zu Dresden verbleiben (*und nicht ins katholische Warschau reisen*). Der schöne Plan scheiterte; der Kronprinz von Polen wollte diese Artikel nie unterzeichnen, die ganze Unterhandlung schlug also fehl.«

Der Kronprinz von Sachsen und Polen war, im Unterschied zu Friedrich, kein Jüngling mehr. Als einziger ehelicher Sohn des sonst so fleißig um seine Nachkommenschaft besorgten starken August war er am 17. Oktober 1696 in Dresden zur Welt gekommen, zählte also im Jahr der großen Berlin-Kontakte bereits zweiunddreißig Jahre. Schon als sechzehnjähriger Prinz war er heimlich zum Katholizismus übergetreten und hatte diesen Akt 1717 in Wien dann öffentlich wiederholt. Die Freundschaft seines Vaters mit Josef I. hatte es mit sich gebracht, daß er gleichsam schon vor seiner Geburt mit einer Erzherzogin versprochen worden war, und als Flemming die Heiratspläne seines Vaters mit der Preußenprinzessin Wilhelmine Friederike zu verwirklichen suchte, war der sächsische Kronprinz bereits im zehnten Jahr mit der Habsburgerin verheiratet. Man versteht, daß es eine Revolution für sein Leben und seine Allianzen bedeutet hätte, wäre die Verbindung mit der erstarkenden protestantischen Hauptmacht im Norden zustande gekommen. Dennoch war die durch das Veto des Kurprinzen entstandene Konstellation für Sachsen, wie sich zeigen sollte, von größtem Nachteil: der kaiserliche Einfluß wirkte kaum über die böhmischen Randgebirge hinaus, gegen Preußen aber lag Sachsen offen und, wie August der Starke nur zu gut wußte, so gut wie wehrlos da. Ein mit Preußen stabil verbündetes Sachsen hätte in Polen den russischen Einfluß zurückdrängen und die baltischen Staaten unter deutschem Regiment halten können. Brandenburg-Preußen und Sachsen-Polen wären gemeinsam in den Wettbewerb mit dem großen Zarenreich eingetreten, und Polen hätte kaum den Nachteil davon gehabt. Aber das sind jene Wenn und Aber der Geschichte, die vor allem heute, da das deutsche Siedelgebiet östlich der Oder wieder überlagert ist, wirklich nur noch Spielereien sind und in die endlose Reihe versäumter Gelegenheiten gehören, die jedes der großen europäischen Völker im Schrank seiner Erinnerungen aufbewahrt.

Nicht auszuschließen ist, daß bei dieser weitreichenden Entscheidung die stolze Erzherzogin aus Wien ihre Hand im Spiele hatte. Schon als sie 1719 nach Dresden gekommen war, hatte sie, die junge Schwiegertochter des Kurfürsten und Königs, bei Hof durchgesetzt, daß eine aus dem kleinen Adel stammende und folglich einflußlose Liaison Augusts aus Dresden entfernt und in ein Kloster nach Prag geschickt werde. Es handelte sich um Henriette von Osterhausen, die für ihren geliebten König sogar katholisch geworden war und als sündigende Katholikin die Erzherzogin Josephine ebenso aufgebracht hatte wie durch ihre bis zur Selbstaufgabe gehende Ergebenheit für August. Der König, von der schönen, aber kühlen Erdmuthe Sophie von Dieskau nicht gerade verwöhnt, hatte sich mit dem Fräulein von Osterhausen in einer Weise vergnügt, die Josephine nicht dulden zu können vorgab und denn auch wirklich obsiegte. Der sächsisch-polnische Kronprinz scheint vor seiner energischen Frau ebensoviel Respekt gehabt zu haben wie einst sein Vater vor der Gräfin Cosel...

Die engen Berliner Kontakte bestanden, auch wenn sie nicht zu Familienbanden geführt hatten, immerhin weiter, solange der Soldatenkönig seinen Saufkumpan auf dem Dresdener Thron wußte, und die Sachsen ahmten, wiewohl sie doch unstreitig den prächtigeren Hof hatten, zumindest die Saufrunden preußischer Prägung nach, indem sie eine *Société de la Table ronde* begründeten. Sehr bald wurde daraus, wie Haake zu berichten weiß, eine Gesellschaft zur Bekämpfung der Nüchternheit, deren Vorsitzende die beiden Könige waren. Die Tafelrunde war aus preußischen, sächsischen und polnischen Lebemännern zusammengesetzt, die nach einer bis heute beibehaltenen Sitte Spitznamen erhielten. Diese verraten etwa jenen Kasino-Humor, wie man ihn aus dem Tabakskollegium des Soldatenkönigs kennt, wenn Manteuffel in Anspielung auf Namen und Amt *le Diable et l'Aumonier* (Teufel und Almosenier) genannt wird, der Artilleriegeneral von Linger sich ›Hänschen in der Granate‹ nennen lassen mußte und der Graf Dönhoff, der nur sehr ungern Wasser an seine Haut ließ und entsprechend roch, gar Starosta Schmutzky genannt wurde. Im übrigen war man nicht kleinlich: der dem eigenen männlichen Geschlecht zuneigende von der Marwitz war ein beliebter Kumpan, aber er hieß *le Parfum*. Die jeden treffende Verpflichtung, an einem Abend mindestens eine Flasche Wein zu leeren, klingt harmlos, es blieb nur nie dabei.

Auf die Namen der Könige in diesem Kreis – Patron und Copatron – spielt Friedrich Wilhelm I. von Preußen wiederholt an, wenn er gegenüber Grumbkow und in anderen Äußerungen den Kurfürsten und König stets »Unsern guten Patron« nennt. Als Flemming auf einer Dienstreise nach Wien Ende April 1728 starb, erhielt diese freundschaftliche preußisch-sächsische Politik freilich ihren Todesstoß. Flemmings Nachfolger ließen sich so stark von Frankreich beeinflussen, daß bald Zwietracht und Rivalität zwischen den Trinkkumpanen entstand, und 1733, im Todesjahr Augusts, war der Bruch offenbar: Preußen empfand Augusts neuerlich angemeldete Ansprüche auf Jülich, Cleve und Berg als Bedrohung im Westen, seine Versuche, Polen fester in den Griff zu bekommen, jedoch als Bedrohung im Osten. Bitter stellt Friedrich Wilhelm I. fest:

»Der Patron stellt sich an, als wenn er es mit mir ehrlich meinet. Einmal hat er mir düpieret, zum andern Mal bekommet er mir wieder nit. Ich bin die Düppe (der Getäuschte) von seiner Freundschaft gewesen. Ich habe mir eingebildet, daß er so redlich wäre als ich. *Enfin*, es ist geschehen. Wollte Gott, Flemming wäre noch Herr, so wäre dies alles nit geschehen.«

Nach dem Tod des Mannes, der so oft als der Mephisto im Leben des starken August hingestellt wird, hatte die sächsisch-polnische Politik jene Stabilität verloren, die sie nach der schweren Niederlage des Schwedenkönigs bei Poltawa nach und nach wieder erlangen konnte. Selbst der preußische Kronprinz war in diesem Punkt nun einer Meinung mit seinem Vater, und obwohl er in Dresden sehr glücklich gewesen war, obwohl er August – einen so deutlichen Gegensatz zu seinem eigenen Vater – anfangs sehr bewundert hatte, schrieb er 1733, nun immerhin einundzwanzig Jahre alt, an den Minister Grumbkow, er halte August von Sachsen und Polen für den falschesten Fürsten von Europa – was etwas heißen wollte – und hege gegen ihn die tiefste Aversion. Man sollte diese Worte vielleicht nicht auf die Goldwaage legen, denn Friedrich und Grumbkow hatten ein ziemlich komplexes und starken Schwankungen unterworfenes Verhältnis zueinander; aber daß sich der spätere große Friedrich über Sachsen keine Illusionen mehr machte, sobald er vom Jüngling zum Mann gereift war und die glänzenden Manieren seines Nachbarn zu durchschauen vermochte, das kann man als gesicherte Tatsache hinnehmen.

Damit war, zumindest für den Berliner Copatron und seine Familie, das Erlebnis der Besuche, die unter besonderen Bedingungen zustande gekommene *Entente cordiale* der Familien und der Höfe wieder zerronnen, und Friedrich wandte sich, von seiner Schwester darin herb verurteilt, Zerstreuungen zu, wie sie jede Kaserne zu bieten hat: »Keith, so hieß der Page, hatte Verstand, aber keine Erziehung; er diente meinem Bruder aus wahrer Zuneigung und benachrichtigte ihn von allen Schritten des Königs, bei dem er sehr in Gunst stand. Uns waren diese schönen Schliche alle unbekannt, und obgleich ich bemerkte, daß mein Bruder mit diesem Pagen auf einem viel vertrauteren Fuß stand, als seine Position ihm erlaubte, hielt ich ihre Freundschaft doch nicht für so innig.«

War, wie spätere Verbindungen Friedrichs zeigen sollten, diese Abschweifung auch nur vorübergehender Natur, sie trug zweifellos zur Entfremdung zwischen August, einem *homme à femmes* stärkster Ausprägung, und dem zum Lebensgenuß erwachenden Preußenprinz bei. Zudem entdeckte Friedrich nun, was alles vor ihm lag, nicht zuletzt, weil er in Dresden einen Blick in eine fröhlichere Welt hatte werfen können, während August sich anschicken mußte, diese Welt zu verlassen.

Die Frauen am Hof blieben jung und schön, es kamen ja

immer neue nach, nur der König war alt geworden. Als die vielreisende Lady Montague auch nach Dresden gekommen war, da war er noch recht ansehnlich gewesen und der ganze Hof hatte sich bemüht, seine Farcen und Manieren nachzuahmen: »Die Damen hier sind sehr gut nach der englischen und französischen Mode gekleidet und haben im allgemeinen hübsche Gesichter, aber sie sind die entschiedensten Zieräffinnen auf der ganzen Welt. Sie glauben, es sei eine Todsünde wider die gute Sitte, würden sie jemals auf natürliche Weise sprechen oder sich bewegen. Sie affektieren alle ein artiges, sanftes Lispeln und dazu Trippeln sie auf eine ebenso niedliche wie unglückselige Weise.«

Das scharfe Auge der Britin sah Dinge, die den deutschen Beobachtern offensichtlich nicht im gleichen Maße mißfielen. Von Loën, der Weltmann und Frauenkenner, der Augusts letzte Lebensjahre noch als Zeitgenosse begleitet, sagt es überzeugt und – da er Vergleichsmöglichkeiten hat – auch wohlbegründet:

»Der Hof zu Dresden war der prächtigste und galanteste der Welt. Das sächsische Blut ist das schönste in Deutschland: es ist feuriger, zärtlicher und verbuhlter als dasjenige seiner Nachbarn. Bei Hof, bei den Damen und im Umgang überhaupt gibt es keine artigeren Leute als die Sachsen. Das Frauenzimmer, und darunter vorzüglich das meißnische, hat etwas überaus Holdseliges und Liebreizendes. Hier findet man die besten Sprachmeisterinnen der Deutschen, und der liebliche Klang ihrer Stimme macht auch unsere sonst rauhen Töne zärtlich und angenehm. Das sächsische Frauenzimmer übertrifft noch die Engländerinnen an Wuchs und Schönheit, es hat die Freiheit der Französinnen und das Feuer der Italienerinnen; in seinem schmeichelhaften und zärtlichen Wesen aber geht es allen vor. Es hat dem Ansehen nach etwas sehr Sittsames und Unschuldiges; es schlägt aber die Augen insgemein (*im allgemeinen*) nur deswegen nieder, um mit einem geschärften Blick desto mehr Unheil anzurichten.«

Loën sagt es, und kaum ein anderer Fürst hat den Frauen auch soviel Gelegenheit dazu gegeben, wie August der

Starke. Nur bleibt auch ein Mann wie er nicht ein Leben lang stark. In Berlin fiel seine Behinderung auf; der Kampf dieses mächtigen Körpers gegen die lähmende Zuckerkrankheit muß entsetzlich gewesen sein, vor allem, da der König und Kurfürst sich nur höchst selten darüber auszusprechen wagte. Er wollte möglichst bis zum letzten Augenblick so bleiben, wie man ihn kannte, dem Fürstenbild getreu, das er, im Guten wie im Bösen, nun endlich doch dem ganzen Deutschland vorgelebt, ja das er dem Jahrhundert gleichsam auferlegt hatte.

So wie damals jeder Hof seinen Einflüsterer hatte – die Herren Könige waren eben nur ausnahmsweise Genies –, so hatten die Fürsten auch ihre Mätressen, und August der Starke wäre vielleicht weit weniger beachtet worden, läge seine Regierungszeit gleichauf mit der des fünfzehnten Ludwig, den man ja den Vielgeliebten nannte und der die permanente Versorgung mit Beischläferinnen, wohlverstanden neben und zwischen den großen Mätressen, so vollkommen organisiert hatte und mit so deutlichem eigenen Interesse verfolgte wie kein zweiter Monarch des Jahrhunderts. Aber es war nun einmal so, daß zwischen der schönen Olympia Maldacchini, die sich Papst Innozenz X. hielt, und zwischen der Pompadour und der Dubarry, mit denen die ausschweifende Epoche zwischen 1670 und 1770 ausklang, nur ein einziger deutscher Fürst Persönlichkeit, Auftreten und Allüren der Art hatte, die ihm gestatteten, in diesem erlauchten Reigen ebenfalls, und zwar mit Auszeichnung zu paradieren. Was bedeuteten da schon die 150 Gärtnerinnen des Markgrafen Wilhelm von Baden-Durlach, sie waren rosige Schweinchen, sonst nichts, auch die häßlichen, dicken Mätressen, die sich die ersten englischen Könige aus dem Haus Hannover von ihren deutschen Lakaien nachschicken ließen, weil sie nicht Englisch lernen wollten, konnten niemanden wirklich interessieren. Darum steht der starke August, schon als Mann eine imponierende Erscheinung, mit einer Reihe von Mätressen und kleinen Freundinnen an der Wende vom Barock zum Rokoko, wie sie höchstens der fünfzehnte Ludwig mit seinem riesigen Pariser Jagdgebiet in den Schatten stellen konnte. Die acht großen Damen des Sachsenherrschers, vermehrt um einige bekannte Schönheiten, können sich immerhin sehen lassen und sind darum auch von aufmerksamen Historiographen namentlich verzeichnet worden. Wir stellen sie vor allem, um die Nachkommenschaft übersichtlicher zu gestalten, hier noch einmal zusammen:

Auf die Amouren in Paris, Spanien und Italien folgte als erste bekannte heimische Mätresse die spätere Gräfin Rochlitz, die August gewiß schon vor seinem älteren Bruder, wenn auch nur kurz, beglückt hatte. Als der Skandal um die Generalin (vgl. S. 57) ausbrach, deckte der Prinz sich durch eine Liebschaft in greifbarer Nähe, nämlich mit der Tochter Wolf Kaspar von Klengels, des Lehrers für Architektur und Festungsbau, den er besonders verehrte.

Auf sie folgte ein Fräulein von Kessel, die später in die an Mätressen ohnedies schon reiche Familie Haugwitz einheiratete, danach als erste der Berühmten Aurora von Königsmarck, die Mutter des Marschalls von Sachsen.

Ortswechsel brachten Mätressenzuwachs: Wien die Gräfin Esterle, geborene Gräfin Lamberg, Warschau die Fürstin Lubomirska, geborene von Boccum,und aus dem eigenen Serail die schöne Türkin Fatime, Gesellschafterin der Königsmarck. In Warschau, kurz bevor August es unter schwedischem Druck verlassen mußte, stellte sich noch die kurze, aber folgenreiche Beziehung zu der französischen Wirtstochter mit den vielen Namen (Duval, Truand, zuletzt Renard) ein, die Mutter der Orzelska, zu einer Zeit, da in Sachsen bereits die Herrschaft des Dämons begonnen hatte, der als Gräfin Cosel in die Geschichte einging. Sie gebar dem König den Grafen Cosel, auch Kosel geschrieben, der General wurde, und zwei Töchter, die späteren Gräfinnen Bielinska und Friesen.

Der Frankreichfeldzug vermehrte die Schar um die hübsche Tänzerin Duparc aus Brüssel, und das Ende der Cosel wurde herbeigeführt durch die sympathische Gräfin Dönhoff, eine geborene Bielinska. Die Damen Dieskau, Osterhausen und Orzelska machen das prominente Dutzend voll, und da man von den anderen nicht allzuviel weiß, stehen den vielen Quellen, die von mehr als dreihundert, ja bis zu siebenhundert Liebschaften sprachen, auch Skeptiker gegenüber, die diese stolze Ziffer dezimieren wollen und dabei von der Tatsache ausgehen, daß vergleichsweise wenige Kinder Augusts mit Sicherheit bekannt sind: die bloße Ähnlichkeit der Gesichtszüge, der charakteristische Mund mit der auffälligen Kinnpartie machte nämlich keineswegs überall die Vaterschaft so deutlich glaubhaft wie im Fall der Orzelska.

Die Zahl der legitimierten Kinder ist denn auch, schon wegen der Staatskasse, erstaunlich gering, es sind vier Söhne (von geschätzten hundert) und vier Töchter (von geschätzten hundertfünfzig). Der vermutlich erstgeborene Bastard wurde auch der berühmteste: der am 28. Oktober 1696 in Goslar geborene Moritz Graf von Sachsen, späterer Maréchal de France, einer der größten Feldherrn des achtzehnten Jahrhunderts, ein Mann von Geist und Charme, Verfasser militärischer und philosophischer Schriften, der Liebhaber der schönen Schauspielerin Adrienne Lecouvreur und Ahnherr der George Sand.

Nächst ihm ist zu nennen der als Charakter und Truppenführer bedeutende Friedrich August Graf Rutkowski, Sohn der Fatime und Geliebter der Orzelska, ein Mann von großer Kultur, den die schwache Politik Augusts III. an einer größeren Rolle in der Weltgeschichte hinderte. Er war einer der ganz wenigen Sachsen, denen selbst Friedrich der Große persönliche Achtung entgegenbrachte.

Der einzige Sohn der Cosel wurde ein akzeptabler General, aber nicht mehr, was auch für den Chevalier de Saxe gilt, den die Lubomirksa geboren hat. Die Spuren der vier legitimierten Töchter verlieren sich in den Familien, in die sie heirateten, mit Ausnahme der bis zu ihrem Tod zu verfolgenden Orzelska, einer Art Caterina Cornaro des Rokokos. Hätte August auf seine Nachfahren soviel Aufmerksamkeit und Mittel verwendet wie auf seine Mätressen, so hätte ihm sein Sohn Moritz, der sich mit ein wenig Schmuck von seiner Mutter und zweitausend kurländischen Söldnern der Zarenarmee Menschikoffs entgegenzustellen wagte, für ihn all die

Schlachten gewonnen, die zur Erreichung seiner großen Ziele nötig waren. Als Heerführer allem überlegen, was zwischen 1725 und 1733 in Polen auf den Plan trat, hätte der Bastard Augusts mit der Königsmarck für seinen alten Vater die hochfliegenden Pläne verwirklichen können, von denen noch heute manche altsächsische Familie träumt: Großsachsen, mit Polen bis zur Ostsee vorstoßend, auf Schlesien und die böhmischen Randgebirge gestützt, mit Habsburg familiär verbunden und dank dieser Rückendeckung auch stark genug, Preußen in seine Sandkiste zurückzutreiben. Für die Wettiner ist dieser Traum ausgeträumt...

Fünf Jahre lang wehrte sich der mächtige Körper Augusts des Starken gegen den Tod, den er bereits in sich hatte, und man möchte annehmen, daß ihn noch etwas anderes am Leben erhielt: das Bewußtsein, seine ersten zehn Regierungsjahre nicht sinnvoll genützt zu haben, die Überzeugung, seinem eigenen Volk noch manches zu schulden. Dazu kam gewiß das Verlangen, Fortschritte und Vollendungen zu erleben, denn es war nicht wenig, was er noch in seinem sechsten Lebensjahrzehnt begonnen hatte.

Daß die Sinnlichkeit ein Lebenselixier sein kann, sofern sie sich nicht nur auf den platten Geschlechtsgenuß erstreckt, sondern unser Gesamtverhältnis zu Welt und Leben kultiviert, das scheint durch die letzten Lebensjahre dieses Königs bewiesen zu sein, dessen letztes Kind im Jahr 1722 geboren wurde, also elf Jahre vor seinem Tod. Zwar hatte er bis zum Schluß Mätressen, und es ist auch sicher, daß er dem Hang zum Frauenzimmer, wie man das damals nannte, niemals entsagt hätte, und wäre er so alt geworden wie Methusalem. Aber die auffällige Tatsache, daß die Kinderschar sich nun nicht mehr vermehrt, deutet doch darauf hin, daß die Beischläferinnen zu Gespielinnen geworden sind, daß so manches Figürchen aus dem höfischen Umkreis dem alten König etwa in der Art gefallen haben mochte, wie ihm das weiße glatte Porzellan des Adepten Böttger zusagte. Die Zeit, in der August sich nach westlichen Vorbildern mit stolzen oder gar herrschsüchtigen Mätressen auseinanderzusetzen und an ihnen seine Kräfte zu messen liebte, die ist mit dem Ende der Ära Cosel offensichtlich endgültig vorbei. Schon deren Nachfolgerin, die Gräfin Dönhoff, war ein sanftes Geschöpf mit angenehmen Rundungen des Körpers und der Seele gewesen. Ja sie war in ihrer Ergebenheit für August so weit gegangen, ihm nicht nur Anekdoten und Schnurren zu erzählen, sondern auch ein ausgesprochenes Kuriosum in sein Bett zu praktizieren – ihre Freundin Potocka nämlich, die quirlige junge Gemahlin des litauischen Kronfeldherrn.

Dazu muß man wissen, daß nach dem Glauben der Zeit die Frauen des litauischen Stammes allesamt Hexen waren oder doch das Zeug dazu hatten, und die Potocka, klein und zart wie ein Meißner Figürchen, hatte ein unbändiges Temperament, war eine ebenso kühne Reiterin wie die Lubomirska und hatte Mut zu allem. Um ihr Temperament zu bezwingen, soll sie gelegentlich selbst und nur in Gesellschaft des von ihr geliebten Grafen Friesen die Kurierpost von Warschau nach Danzig oder von Danzig nach Dresden gebracht haben, und in der Zweisamkeit mit August ließ sie es an nichts fehlen, weswegen die offenbar allwissende Markgräfin von Bayreuth von ihr behauptet, sie sei *très fameuse pour son libertinage*, also geradezu berühmt durch ihre erotische Freizügigkeit.

Seit der Potocka und der Gräfin Dönhoff, die 1730 starb, fehlen die großen Namen, wenn man nicht die Orzelska, von der schon die Rede war, ihnen zuzählen will. Auch ihr scheint August schließlich entsagt zu haben, vielleicht brachte ihr inniges Verhältnis zu Preußens Kronprinzen die endgültige Entfremdung, vielleicht nahm August aber auch Rücksicht auf seinen begabten Sohn mit Fatime, den Grafen Rutkowski, der in die Orzelska in einer nicht alltäglichen Weise verliebt war. Jedenfalls wurde die wilde junge Dame mit dem herrischen Gesicht am 10. August 1730 dem Prinzen Karl Ludwig von Holstein-Beck angetraut, einem Mann, der in seinem ganzen Leben, wie man sagt, nur eine einzige denkwürdige Aktion zu verzeichnen hatte, als er nämlich zur katholischen Konfession übertrat. Für Augusts Liebe zu ihr, aber wohl auch für die Tatsache, daß er sie als seine Tochter ansah, spricht das Hochzeitsgeschenk: es bestand in dem prächtigen Flemmingschen Palais, das am 23. November 1730, zu ihrem Geburtstag, mit einem einzigartigen Fest und Feuerwerk eingeweiht wurde. Daneben erhielt sie eine Mitgift von 80 000 Talern und im Testament eine Jahresrente von 8000 Talern zusätzlich zu einem Gutsbesitz im Böhmischen, den August ihr vermachte. Sie muß jedenfalls gut versorgt gewesen sein, denn sie duldete den Niemand aus dem Norden nur drei Jahre an ihrer Seite: Kaum war ihr des Königs Testament bekannt geworden, ließ sie sich scheiden und lebte fortan dort, wo eine Frau von Welt in diesem galanten Jahrhundert sich durchaus wohlfühlen konnte, nämlich in Avignon und in Venedig.

Ein Geheimgang zwischen dem Flemmingschen Palais und dem königlichen Schloß nützte einen Bogen über die alte Schießgasse hinweg und den sogenannten Schwarzen Gang, der Festung und Schloß miteinander verband. Damit war zwar die Möglichkeit gegeben, daß August die Orzelska oder, wegen der Beschwerlichkeit des Weges, wohl eher sie ihn ungesehen besuchte, doch ist nicht sicher zu beweisen, daß diese Möglichkeit tatsächlich erst 1731 geschaffen wurde; sie kann ebensogut auch dem Grafen Flemming gedient haben, der ja oft noch zu später Stunde und zu geheimen Gesprächen bei seinem König auftauchte. Seine Amouren hingegen hat August der Starke nie versteckt.

Die Orzelska starb 1769 und wurde damit genauso alt wie der von ihr so geliebte Halbbruder, der Feldmarschall Friedrich August Graf Rutkowski (19. 6. 1702 – 16. 3. 1764). Auch er hatte ein Unterpfand väterlicher Liebe erhalten, nämlich das herrliche Lustschloß von Pillnitz, auf dem er allerdings nach seinem Abschied im März 1763 nur noch ein Jahr der Muße pflegen konnte.

Die Wege der Söhne und Töchter verwirrten sich also auf das Merkwürdigste. Rutkowski, der Sohn einer vornehmen Türkin, hatte 1737 das sächsische Reichskontingent in den neuen Türkenkrieg geführt und sich tapfer geschlagen, die Orzelska war in Augusts geliebtes Venedig gezogen, und ihre Mutter verbrachte unter dem angenommenen Namen Renard einen ruhigen Lebensabend in Rom. August hatte sogar für ihren Bruder, also seinen illegitimen Schwager, gesorgt und ihn in die sächsische Armee übernommen. Im Todesjahr Augusts war er Generalquartiermeister, sieben Jahre später in den Reichsgrafenstand erhoben und später General der Infanterie. Die schlesischen Wirren jener Jahre, in denen zahlreiche große Güter billig verschleudert wurden (Eichendorffs Erinnerungen berichten darüber) brachten diesem geschäftlich offenbar sehr begabten Mätressenbruder einen so umfangreichen Besitz ein, daß die Grafen Renard im neunzehnten Jahrhundert zu den reichsten Grundherren Schlesiens gezählt wurden und seit 1812 dann auf der prächtigen Herrschaft Großstrelitz saßen. Andreas Graf Renard schuf dort einen der schönsten Parks von Deutschland, was im Schlesien des Fürsten Pückler-Muskau etwas heißen will, und beim Erben des Besitzes, einem Grafen Tschirschky-Renard, war Wilhelm II. häufiger Jagdgast – eine späte Versöhnung der Hohenzollern mit dem vielliebenden August, eine späte Reverenz des Kaisers aus Preußen vor der ersten Geliebten des großen Friedrich (wenn er's überhaupt wußte). Das Schicksal Dresdens ereilte auch das schlesische Schloß: in der Nacht vom 20. zum 21. Januar 1945 brannte es im russischen Artilleriefeuer aus...

In dieser Weise könnte man jedem der 354 oder, nach anderen Quellen, 364 Kinder des starken August nachspüren, und eine Deszendenztafel nach diesem in dieser Hinsicht unstreitig außerordentlichen Monarchen müßte sich wie eine Kultur- und Gesellschaftsreportage aus Mitteleuropa lesen. Die Damen, die er mit seiner Gunst auszeichnete, waren ja nicht, wie etwa im Fall Ludwigs XV., von willigen Lakaien auf der Straße zusammengefangen oder einfachen Familien wegeskamotiert, um in einem Teenager-Harem dem feisten König zu Willen zu sein; es handelte sich in erster Linie doch um Damen der Gesellschaft, allenfalls um Hoffräuleins aus dem Landadel und nur gelegentlich um eine jener Schönheiten, wie sie immer wieder auf dem Allerweltsboden aufblühen: auf den Bühnen, von denen er neben der Duparc und der Femora noch andere Gespielinnen bezog, aber auch in den Gaststätten, deren der vielreisende König im Lauf seines Lebens sehr viele besucht haben muß.

Was auffällt, ist der Umstand, daß unter den namhaften, den interessanten Geliebten, den Damen mit der folgenreichen Liebschaft und der attraktiven Nachkommenschaft, die Sächsinnen relativ selten sind. Nicht darum freilich, weil der unsterblich gewordene Typus der Minna von Barnhelm so häufig und die Tugend die Regel gewesen wären, sondern weil die Sächsinnen es dem König vielleicht allzu leicht machten und das Kleingebäck seiner erotischen Tafel bildeten, jene Zukost, die im schließlichen *Compte rendu* gar nicht eigens aufgeführt wird. »Die sächsischen Damen«, schreibt der kluge Kritiker und Zeitgenosse Wolfframsdorff, »machen ihren Fürsten keine Ehre, wenn sie von ihnen zu Mätressen gewählt werden: ihre Gesinnung ist zu niedrig und ihr Geist zu unbedeutend, sie erwecken kein Ehrgefühl, sondern reißen nur zu Ausschweifungen fort. Es gibt eine eigene Klasse Leute bei Hofe, die, da sie aus eignen Mitteln nicht leben können, ihre Frauen dem Vergnügen des Königs opfern, um sich in seiner Gunst zu erhalten.«

Johann Friedrich von Wolfframsdorff war königlich polnischer und kursächsischer Kammerherr, Legationsrat und Amtshauptmann zu Rochlitz, und vielleicht war es dieser Ortsname, der ihn zeitlebens (er starb schon 1709) an den unseligen Beginn der Regierungszeit des Königs erinnerte, an die galante und in allen Künsten bewanderte Gräfin Rochlitz. Denn Wolfframsdorff, Herr auf vier Gütern und Nachfahre angesehener meißnischer Herren, riskierte Kopf und Kragen in seinem Kritischen *Portrait de la Cour de Pologne*, 1704 verfaßt, nach dem Tod Augusts handschriftlich verbreitet und noch 1739, als Autor und Objekt der Kritik längst der Rasen deckte, nur pseudonym veröffentlicht. August kannte das Manuskript, und wenn es auch nach damaligem Brauch unumgänglich war, den Verfasser kurzzeitig in milde Haft zu nehmen, so hat er ihm doch seine offenen Worte nie nachgetragen, ja ihn oft in Audienz und zu offenen Aussprachen empfangen. Den kernigsten Ratschlag des Amtshauptmanns scheint August allerdings niemals befolgt zu haben. Wolfframmsdorff schließt nämlich sein Porträt der sächsischen Hofdamen mit der Aufforderung, *»de leur donner un coup de pied après s'en être servi«*, das heißt, sie mit einem Fußtritt zu verjagen, nachdem man sich ihrer bedient hat. Hätte August diese Maxime befolgt, er hätte sich neben der gewiß kostspieligen polnischen Krone wohl noch eine weitere kaufen können...

Was er sich ebensowenig kaufen konnte wie irgendein anderer, das waren die Lebensjahre. Im Januar 1727, auf der

Reise von Grodno nach Warschau, hatte das tödliche Übel sich gemeldet. 1728 hatte August in körperlich schlechter Verfassung seine Berliner Gäste empfangen und den Besuch dann erwidern müssen. Die Behinderung in der Bewegung wirkte sich sehr nachteilig auf seine ganze Lebensführung aus. An Sport gewöhnt, jedenfalls an das, was man damals so nennen konnte – an die Kampf- und Ballspiele, in denen er schon als Prinz viel geleistet hatte –, setzte August, der eben ein Schlemmer war, nun sofort wieder Fett an. Sein Körpergewicht stieg auf 110 Kilo und mehr, vielleicht auch, weil die bacchantischen Ausschweifungen ihm nun die erotischen ersetzen mußten und er sich der irrigen Meinung hingab, Essen und Trinken, selbst unmäßig betrieben, würden seine Kräfte steigern oder doch erhalten. Erstaunlicherweise erholte er sich trotzdem immer wieder: Im Februar 1732 bereits todkrank, war er im Dezember desselben Jahres wieder quicklebendig. Friedrich Wilhelm I. verfolgte von Preußen aus mit größter Aufmerksamkeit die Zustände seines Nachbarn und ungetreuen Patrons, wohl nicht nur aus freundschaftlicher Besorgnis: »Alle sagen, daß er so woll und gesundt ist als ein junger Adler. Er soll Medicine haben von ein(em) Franzosen bekommen. Das hätte ihn wieder gantz neue gemacht, so wie er vor zwantzig Jahr gewesen. Dieses ist keine Historie vom Fischmarkt, es ist gewiß!«

Was ihn so anregte, was seinen düsteren Humor, wie man damals sagte, zerstreute und gute Stimmung schuf, das war wie beinahe alljährlich die Herbstmesse, ein Ereignis, das Sachsen und Leipzig aus seiner Provinzialität heraushob, das vor allem dem leichtlebigen Monarchen Spaß machte, auch wenn er sich aus dem Auftrieb an leichten Mädchen vielleicht nicht mehr so unbefangen bediente wie in früheren Jahren. Nach der Messe gab es Festivitäten auf Schloß Moritzburg, wo er einst die Königsmarck an seine Seite gezogen hatte, und schließlich den Karneval in Dresden.

Im Januar 1733, als die Reise nach Warschau sich nicht mehr aufschieben ließ, stellten sich die ersten deutlichen Todesahnungen Augusts ein. Das winterliche Polen, die schneeigen Einöden, durch die er reisen sollte, die Entfernung von der schönen und fröhlichen Elbstadt stellten Friedrich August unvermittelt die Wahrheit vor Augen. Von seinen Ärzten zur Schonung gemahnt, soll er widersprochen haben: »Ich fühle die mir drohende Gefahr, doch ich bin verpflichtet, mehr auf meine Völker Bedacht zu nehmen als auf meine Person«, ein Ausspruch, der so oder ähnlich bestimmt getan und denn auch kolportiert wurde, der aber nicht wörtlich zu nehmen ist. Hätte August die Nähe des Todes wirklich mit voller Deutlichkeit empfunden, so wären ihm vor allem die Polen herzlich gleichgültig gewesen, und er wäre in Dresden geblieben.

Daß er an seinen Tod noch nicht glaubte, geht aus der Besprechung mit dem preußischen Unterhändler General Grumbkow hervor, eine wichtige Konferenz, die in Krossen, einem Städtchen an der Oder, stattfand. Grumbkow warnte August, sich mit Frankreich einzulassen, und machte ihm deutlich, daß Sachsen dann zwischen Österreich und Preußen zerrieben werden würde – was zwanzig Jahre später dem strikt neutralen Sachsen dennoch widerfuhr. August betonte, daß ihm am Weiterbestand des guten Verhältnisses zu Preußen liege, deutete Verhandlungsbereitschaft hinsichtlich seiner Ansprüche auf Jülich, Cleve und Berg an und soff mit dem wohltrainierten Grumbkow wiederum unmäßig, weil ihn – nach dem Bericht Leopold von Rankes über diese Szene – eine Landkarte Polens und der Ostseegestade zu neuen, weitausgreifenden Eroberungen inspirierte. So denkt und plant kein Mann, der den Tod nahe weiß; nur daß er soviel trank, obwohl Grumbkow sich den Wein wässerte, daß er am Morgen in elender Verfassung war, während der Preuße frisch und munter erschien, um das Gespräch weiterzuführen, das zeigt uns, daß August nicht mehr der alte war. Manteuffel hatte ihn noch zehn Jahre zuvor als einen Zecher gefunden, der am Morgen als erster aufstand und sich zur Reise rüstete, als sei nichts gewesen.

Selbst Bärenkräfte verzehren sich also, selbst eine Kraftnatur wie die des Königs und Kurfürsten gelangt auf den Punkt, wo es keine Umkehr mehr gibt, wo alle Reserven verbraucht sind. Auf der Weiterreise über das Dorf Schiedlo stellten sich die ersten Schwächezustände ein, Ohnmachten, weil der Kreislauf immer wieder kurzzeitig zusammenbrach. In Warschau zeigte sich dann, daß der vier Jahre zuvor operierte Fuß stark geschwollen und schmerzhaft entzündet war. Die Amputationsnarbe begann zu bluten und die Ärzte mußten dem König sagen, daß das Ende nahe sei. Daß es von der operierten Stelle seinen Ausgang nahm, hat zu Diskussionen darüber geführt, ob tatsächlich der große Jean-Louis Petit seinerzeit die Operation vorgenommen habe oder aber, der gebotenen Eile wegen, der deutsche Leibchirurg Weiß. »Weiß wußte längst, daß die Zehe abgeschnitten werden müsse«, schreibt zu dieser Frage Friedrich Bülau in einer Anmerkung seines Aufsatzes über die Gräfin Cosel, »die Leibärzte aber wollten nicht daran. Weiß war aber überzeugt, daß der König die Ankunft Petits nicht erleben würde, benutzte also einen, vielleicht durch ein Opiat bewirkten Schlaf Augusts, ihm die Zehe *brevi manu* abzuschneiden, worauf er ihm einen Fußfall that und seinen Kopf zum Pfande setzte, daß die Sache nöthig gewesen. Der König beruhigte ihn und versprach vorderhand Geheimniß. Bald aber erfuhr man, zur Beschämung der Herren Leibärzte, daß Petit, nachdem er den Krankenbericht gelesen, erklärt habe: Wenn die Zehe nicht abgeschnitten werde, so sei der König todt, bevor er (Petit) nach Dresden kommen könne.«

Die Frage, ob Weiß einen Fehler gemacht habe, ob Petit – wäre er rechtzeitig in Dresden gewesen – anders oder an einer geeigneteren Stelle amputiert hätte, läßt sich heute nicht mehr klären. Sicher ist, daß angesichts der langen Krankheit des Königs und seines unvernünftigen Lebenswandels niemand dem Chirurgen die Schuld gab; er blieb in Ehren, ja seine Nachkommen wurden geadelt, er selbst offenbar nur darum nicht, weil er seinem mosaischen Glauben nicht entsagen wollte.

Die letzten Stunden waren bitter. Angesichts der Möglichkeit, dem polnischen Reichstag gleichsam als Sterbender die Zustimmung zur Nachfolgerschaft seines Sohnes abzuringen, reagierte August endlich illusionslos und nüchtern: für ihn sei die Königskrone eine Dornenkrone gewesen; er wolle es darum seinem Sohn vollkommen freistellen, ob er dies alles ebenfalls auf sich nehmen wolle oder nicht. Damit war der Frieden dieses Abschieds gesichert, August mußte sich nicht zu einem letzten theatralischen Auftritt vor dem Reichstag der Polen zwingen, sondern konnte mit den Priestern über sein Leben sprechen. Am Abend des 31. Januar beichtete er ein zweites Mal, und am frühen Morgen des 1. Februar, gegen vier Uhr, kam der Tod. August hatte noch die Kraft, den Arm zu heben, führte die Hand an die Augen, als wolle er sie sich selbst zudrücken, und starb ohne ein Wort.

Nun hob das ganze prunkvolle Zeremoniell an, mit dem Polen seine Könige, nachdem es ihnen das Leben so schwer gemacht hat, zu Grabe geleitet. August, der schon bei seiner Krönung die schwersten und prächtigsten Gewänder getragen hatte, wurde in schillernde Ornate gekleidet, für die Warschauer aufgebahrt und zur Schau gestellt und endlich in Krakau pomphaft beigesetzt. Auch hierüber gibt es erstaunlicherweise zwei einander diametral widersprechende Berichte, obwohl das Ereignis doch noch kein Vierteljahrtausend zurückliegt und uns aus diesem Herrscherleben sonst Einzelheiten in Fülle überliefert sind. Die vielgerühmte Biographie von Gurlitt läßt das Herz des Königs in Krakau, den Leib aber in der katholischen Dresdner Hofkirche die ewige Ruhe finden, Vehse und Haake sagen genau umgekehrt, daß nur das Herz des Königs, in eine silberne Kapsel eingeschlossen, nach Dresden gebracht worden sei. Für diese Version, der wir uns anschließen, spricht eine Äußerung des in sächsischer Geschichte wohlbewanderten Friedrich Christoph Förster, des Dichters und Freikorpskämpfers, der zu diesem Tod bitter sagte: »Der König hat dies (d. h. die Verbringung des Herzens nach Dresden) selbst so verordnet, allein das Geschenk kam zu spät. Was half dem treuen Volke ein Herz nach dem Tode, das im Leben nie für dasselbe geschlagen hatte?«

Was auf jeden Fall zu spät kam, das war die königliche Reue. Zeit, Ort und Umstände seines Todes hätte sich

August anders gewünscht, das hat er ziemlich deutlich gemacht. Zunächst hatte er, als Philippe von Orléans, der elegante Regent Frankreichs, gestorben war, sich dessen Tod gewünscht. Philippe, an Intelligenz, Weitblick und Geschick dem starken August deutlich überlegen, hatte sich in einem Leben ungehemmter Ausschweifungen schnell verbraucht und war zwar nicht gerade in den Armen einer Geliebten gestorben, wie August nach dem Gerücht angenommen hatte, aber seine Geliebte, die junge Herzogin von Faleri, hatte immerhin bekannt, daß sie nicht sofort hatte Hilfe holen können, weil sie nackt gewesen sei und wegen der Winterkälte (sic) einen Mantel habe überwerfen müssen, ehe sie durch die leeren Galerien des *Palais Royal* stürmte, um einen Arzt zu suchen.

Auch der Ort, jenes Warschau, das ihm sein Leben verkürzt und immer wieder nur Ärger bereitet hatte, konnte nicht Augusts in der zweiten Hälfte seiner Regierungszeit deutlich gewordenen Neigung entsprechen, sich seinen Sachsen als fürsorglicher Fürst zu zeigen, und Förster ist ungerecht oder verteilt die Gewichte falsch, wenn er die vielen eher praktischen als spektakulären Maßnahmen verkennt, die August für sein Land noch einleitete und sogar teilweise zum Abschluß brachte, von der Verbesserung der Wege und der Postverhältnisse bis zur Hebung des Handels und der gewerblichen Wirtschaft. Für Deutschland, und das ist ein zweifelhafter Ruhm, führte er die etwa in den Niederlanden bereits erprobte Mehrwertsteuer ein, sie hieß Generalakzise, weil sie auf den gesamten Warenumschlag angewendet wurde, und bewirkte eine Stabilisierung des Staatshaushalts, der bis dahin bei Mißernten und anderen Zwischenfällen immer wieder ins Soll geraten war.

Die Bilanzen, die man über dieses Leben gezogen hat, waren zunächst durch den provinziellen Gesichtspunkt gekennzeichnet, betrafen also sein Verhältnis zu den anderen sächsischen Territorien, was inzwischen natürlich völlig überholt ist. Später versuchte man, ihn an den anderen Herrschern der Zeit zu messen, wo er in der reinen Regierungsleistung zunächst sehr schlecht abschneidet, nach der

Niederwerfung seines Hauptgegners, des blindwütigen Schwedenkönigs, dann aber doch Gelegenheit erhält, zu zeigen, was in ihm steckt. Die Konstellation seines ersten Regierungsjahrzehnts war eben durchaus ungünstig, was Größeren auch schon passiert ist – bei Ludwig XIV. waren es die letzten fünfzehn Jahre, die beinahe alles zunichte machten, was er in einem halben Jahrhundert aufzubauen vermocht hatte.

Daß Friedrich Wilhelm I. und Peter der Große in ihren Ländern imposantere Leistungen vollbringen konnten, lag vor allem daran, daß dort auch mehr zu tun war. Es kann keinen Zweifel daran geben, daß Kursachsen gegenüber Brandenburg-Preußen ungleich stärker entwickelt, dichter besiedelt und wirtschaftlich besser erschlossen war; Energie und Sparsamkeit, wie sie der Soldatenkönig zum ärgsten Mißfallen seiner Umgebung an den Tag legte, hätten, auf Sachsen angewendet, diese industrielle Herzkammer des Kontinents zu einem reichen Land gemacht. Nur auf den Sieg gedrillte Kampfmaschinen, das sind die Sachsen eben nie gewesen.

Mit überraschender Naivität haben Nachkommende noch mehr als Zeitgenossen das Kolossale von Augusts äußerer Erscheinung auf die Ansprüche übertragen, die an diesen Fürsten zu stellen waren. Es war, als habe man mit einem gewissen Aufatmen nach tausend Jahren des Wartens endlich einen sächsischen Monarchen von wahrhafter Bedeutung zu feiern versucht, noch ehe feststand, ob er dafür andere als äußere Voraussetzungen mitbrachte, und dabei übersehen, daß im Konzert der deutschen Stämme die Sachsen aus der Mitte des Reiches eben gerade diese Erwartungen kaum je zu befriedigen vermochten.

Als ein Jahrhundert nach Augusts Tod verstrichen war, hatte sich der Hader um die Parteiungen im Wesentlichen gelegt. Preußen und Österreich waren als deutsche Hauptmächte nicht mehr aus dem Sattel zu heben, und daß Sachsen dazwischen keine echte Wachstums- oder Machtzuwachs-Chance mehr hatte, war offenbar geworden. Nun setzten jene Würdigungen ein, die das Gewicht mehr auf die Persönlichkeit des Herrschers und seine künstlerischen Neigungen legten. Der Bauherr August und seine Dresdener Initiativen, die glücklichen Schöpfungen mit Pöppelmann, Permoser und begabten französischen und italienischen Architekten wurden in die Bewertung der Regierungszeit miteinbezogen. Und als gar das ganze Deutschland nördlich des Alpenvorlandes ein Kaiserreich wurde, als man sich mit der Eisenbahn durch die deutschen Staaten frei bewegen konnte, da avancierte Dresden etwa in dem Sinn zu einer der stilleren deutschen Hauptstädte, wie dies heute bei dem an sich aller zentralen Funktionen entbehrenden München der Fall ist. Künstlerkolonien wie die von Hellerau entstanden, und wenn Berühmtheiten aus der ganzen Welt eine Deutschlandreise machten, dann besuchten sie die Stadt mit den reichen Sammlungen Augusts des Starken und seines Sohnes, die Stadt der Sixtinischen Madonna und der Richard-Strauss-Uraufführungen.

Das alles war ganz zweifellos dem Nachruhm dieses seltsamen und widersprüchlichen königlichen Charakters zuzuzählen, und ebenso zweifelsfrei steht fest, daß dieses Erbe sich im Februar 1945 in dem furchtbarsten und überflüssigsten Luftangriff des ganzen, längst schon entschiedenen Zweiten Weltkriegs in Flammen und Rauch auflöste, in Ruinen und Asche zerfiel. Und daß die mühsam wiedererstandenen, den Stadtprospekt heute auf ganz andere Weise akzentuierenden Prachtbauten von damals lange Zeit hinter einer Grenze lagen, die keinen von uns freuen konnte und die wir schwereren Herzens überschritten haben als jede andere, das trug natürlich nicht dazu bei, das Bild jenes Herrschers zu erwecken, der mit seiner Konzilianz und Großzügigkeit tatsächlich ein homogenes Mitteleuropa friedlichen Kulturgenusses vor Augen hatte, deutlicher und bewußter als jeder andere Monarch seiner Zeit. Eben darum möchte man ihm jetzt, wo Mauern, Todesstreifen und Selbstschußanlagen überwunden sind, um so lieber die Hand reichen, dem Mann, der trotz seiner polnischen Jahre, seiner polnischen und französischen Freundinnen und trotz seines barbarischen Französisch dem heimatlichen Sächsisch treu geblieben ist und es sogar in unnachahmlich phonetischer Pseudo-Orthographie in seinen Aufzeichnungen schriftlich festhielt. Er verkörpert in seinem bizarren Mäzenatentum, in seiner Unfähigkeit zur Unmenschlichkeit, in seiner gegen alle Pressionen durchgesetzten Toleranzpolitik jenes unverwechselbare, im besten Sinn gemütlich-genüßliche Sachsen der Barockzeit. Er brachte die Puritaner seiner protestantischen Fakultäten ebenso zur Verzweiflung wie Papst und Nuntius, die vergeblich auf die Rekatholisierung Sachsens warteten, und er impfte seinem Sohn immerhin das ein, was an ihm selbst das beste gewesen war: eben diese Toleranz und die Neigung zu den Künsten.

Es ist gewiß kein Zufall, daß die Geschichte Friedrich August I., Kurfürsten von Sachsen und als August II. König von Polen, das Prädikat ›der Große‹ verweigert hat, und jenes treudeutsche Altlexikon, das für Friedrich II. von Preußen gar den Zusatz ›der Einzige‹ vorschlägt, urteilt über den zweiten und den dritten August mit bemerkenswerter Schärfe. Wilhelminische Figuren waren sie also beide nicht, weder der Vater noch – schon gar nicht – der Sohn. Aber es ist bezeichnend, daß der sonst so harte Soldatenkönig für dieses königliche Zirkuspferd in seinem südlichen Vorfeld immerhin ein amüsiertes Verständnis und eine gewisse schlecht verhehlte Zärtlichkeit an den Tag legt, während der verbitterte Sohn dem Mann der großen Allüren und der gebrochenen Schwüre die Touren, die er ihm gespielt (so drückte Friedrich sich aus) nicht verzeihen kann – ein Leben lang. Die Touren, das sind die frühen Enttäuschungen und Schmerzen um die schöne Orzelska, das sind Wunden, die der Frauenheld August nicht zählte, weil sein Körper, was dies betraf, ohnedies narbenbedeckt war, während Friedrich II. die wenigen Frauen seines Lebens einem unglücklichen Hang zur Sublimierung aller Erlebnisse, einem verzweifelten Drang zur Spiritualisierung aller natürlichen Neigungen abzuringen versuchte und dem Bonvivant von Dresden gerade diese höhere Lebenskunst bei zweckmäßig gedrosselter Moral nicht verzeihen konnte.

Wir beschließen diese Ansätze einer Bilanz mit einem Zitat aus der Charakteristik Augusts, die der Graf Flemming zu Papier gebracht hat und die nach der übereinstimmenden Meinung aller Historiker, die sich ernsthaft mit dem Sachsenherrscher beschäftigt haben, als die beste gilt, zugleich aber auch, in ihrer aphoristischen Prägnanz, als die lesbarste. Manch anderer hat in dicken Büchern nicht soviel gesagt wie der Graf aus Pommern auf sechs Seiten. Die vor achtzig Jahren angefertigte deutsche Übersetzung ist heute so gut wie unzugänglich, wir exzerpieren aus dem ein wenig umständlichen Diplomaten-Französisch Flemmings das vor allem, was noch nicht so sehr zur Sprache kam:

»Der König ist ein gut aussehender Fürst, der zu gefallen versteht und die Herzen jener gewinnt, die ihn sehen. Er ist kräftig und gesund geartet, und wenn er sich nicht allzuviel zumuten würde, so könnte er auch ein hohes Alter erreichen.« (Flemming starb bekanntlich einige Jahre vor seinem Herrn.) »Er ist im Grund ein Melancholiker, daher seine vielen Pläne, seine zahlreichen Luftschlösser und der Umstand, daß er auf ihn zukommende Gefahren oft übertreibt... Er ist überzeugt, daß niemand, den er ernsthaft für sich zu gewinnen wünschte, ihm widerstehen könne, und eben darum wird er nur zu oft von unehrlichen Menschen getäuscht.

Vergnügungssucht und Ehrgeiz sind die ihn beherrschenden Leidenschaften, aber nach dem Vergnügen verlangt er doch wohl noch stärker: Nur zu oft haben ihm seine Vergnügungen einen Erfolg verwehrt, aber noch nie hat er sich von der Ambition bei einem Vergnügen stören lassen. Sein Wissen ist erstaunlich umfassend, und er hat zeitlebens viel Energie darauf verwendet, die Ansätze seiner Jugend in späteren Studien zu vervollständigen. Sein Verhältnis zum Geld ist oft mißdeutet worden. An sich bedeutet es ihm wenig, er braucht es nur als Mittel zum Zweck und zur Erreichung seiner Ziele, und eben darum sind ihm zur Geldbeschaffung alle Mittel recht und alle Menschen genehm.«

Diese wichtige Bemerkung zielt auf den Kanzler Beichlingen und verlangt einen Exkurs. Beichling-Beichlingen, eine Kreatur schon der Rochlitz, war lange Zeit unentbehrlich, weil er mit einer Rücksichtslosigkeit sondergleichen Geldquellen erschloß. Flemming, der eben dieses Geld für die Königswahl mit beiden Händen ausgab, vermochte damals noch wenig gegen Beichling, und dieser begann, als alle anderen Möglichkeiten erschöpft waren, Friedrich August zum Verkauf von Ländereien, Erbschaftsansprüchen und anderen Titeln zuzureden, so daß sich der eigentlich sächsische Besitz des Kurfürsten verminderte, um den unseligen Feldzug für Polen und gegen Schweden durchführen und durchstehen zu können. Auf Beichling zielt Flemming, wenn er diesen Abschnitt mit der Bemerkung schließt, daß August die Männer, die er nur als Geldbeschaffer gebraucht hatte, in dem Augenblick fallen ließ, da sie diese ihre einzige Fähigkeit verloren zu haben schienen.

Während man das in etwa erwartet hatte, wirken die Bemerkungen des Grafen Flemming über August und die Liebe geradezu sensationell:

»Unter den Vergnügungen stand bei ihm die Liebe obenan, doch zog er daraus nicht jenen außerordentlichen Lustgewinn, den er glauben machen wollte. Auch hier liebte er den Glanz, den großen Auftritt, das Theater und umgab vor allem die Anfänge der Affäre gern mit einem gewissen Mysterium. Der Kühnste war er – wie er selbst zugegeben hatte – in diesen Dingen nicht und setzte sich darum nur selten der Gefahr aus, zurückgewiesen zu werden. Aber es gab eine ganze Reihe an sich angenehmer und unkomplizierter Liebesbeziehungen, in die erst er selbst die Schwierigkeiten hineintrug, um ihnen einen gewissen Eclat und den romanhaften Charakter zu geben. Darum gab er auch vor, eifersüchtig zu sein, aber gerade das war er ganz gewiß nicht, sonst hätte er nicht beinahe alle seine Freundinnen aus zweiter Hand empfangen oder gar solche akzeptiert, die schon durch mehrere Hände gegangen waren. Ja gelegentlich verschmähte er nicht einmal Grisetten von der gewöhnlichsten Art.«

Das ist einer der Punkte, wo man zugeben muß, daß Flemming naturgemäß viel besser unterrichtet war, als wir es jemals sein werden. Selbst wenn August aus dem Grabe aufstünde, könnte er uns über seine Amouren nicht so viel erzählen wie Vitzthum, der Gelegenheitsmacher und Leibwächter bei den frühen Liebschaften, und Flemming, der danach durch dreißig Jahre alles wußte und sich selbst bei den Mätressen auch soviel herausnehmen konnte wie kein zweiter. Und daß August nicht eifersüchtig war, das wußte Flemming zumindest seit seinen Erlebnissen mit der Dönhoff auf einem ausgelassenen Soldatenfest, bei dem die hübsche Mätresse schließlich allerdings so betrunken war, daß sie, sonst eine glänzende Reiterin, sich nicht mehr im Sattel zu halten vermochte. Von Loën machte eines dieser Feste im Sommer 1718 mit und hörte, wie Flemming, selbst nicht mehr nüchtern, die beschwipste Schöne immerzu umarmte und dazu lallte: »Du kleine Hure, ... bist doch eine gute Hure, ein gutes Luderchen.« Loën setzt hinzu: »Dergleichen Komplimente war die Gräfin Dönhoff vom Feldmarschall, wenn er getrunken hatte, schon gewöhnt. Sie beantwortete solche mit

Lachen und bemühte sich nur, ihn vom König fernzuhalten.«

Und das war offenbar gut so, ja das beweist, daß diese junge Frau, die sich so harmlos gab, den König sehr gut kannte. Denn August »gab sich zwar sehr volkstümlich«, schreibt Flemming, »aber er hielt auf seine Größe, seine Einmaligkeit. Bei gemeinsamen Ausschweifungen nahm er nichts krumm, aber so betrunken er war, er sah und hörte doch alles, und es gab natürlich Dinge, die ihm erheblich mißfielen.«

Und nun die Kernsätze, die den Grafen, dem man so oft eine nur durchschnittliche Begabung zuerkannt hat, als einen ausgezeichneten Psychologen ausweisen:

»Der König hat kein Verlangen, irgend etwas Böses oder Boshaftes zu tun, aber man kann ihn dazu bringen. Er ist zärtlich, will es aber nicht zeigen. Ruhm und Erfolg anderer (Fürsten) machen ihn eifersüchtig und erwecken seinen Neid. Beleidigungen vergißt er nicht so leicht, aber es fällt ihm nicht schwer, sie zu verzeihen. Er behauptet, mit seinen Absichten hinter dem Berg halten zu können, aber gerade diese Fähigkeit fehlt ihm und hat ihm bei Verhandlungen schon sehr geschadet... Davon abgesehen aber bringt er die besten Gaben für einen großen Herrscher mit. Er ist großzügig und hat ein mildes Herz, er ist tapfer wie sein Degen und sein guter Verstand erfaßt die Dinge schnell und ohne Mühe. Sein Nachteil war nur, daß er nicht für die Herrschaft erzogen wurde, sondern in einem ausschweifenden Prinzenleben wertvolle Jahre vergeudete, unziemliche Neigungen annahm und unehrliche Menschen an seine Seite zog.«

»Die Mehrzahl seiner Mätressen und auch seiner Minister hat sich in ihm getäuscht. Die Damen bilden sich ein, er liebe sie so sehr, wie er es ihnen immer wieder sagt, aber er hält sie sich nur des eigenen Vergnügens wegen, und wenn die Passion ihm auch die eine oder andere Forderung von ihrer Seite, Ärger oder Ausgaben einbringt, er nimmt dies alles doch nur bis zu einem bestimmten Punkt hin. Dann befiehlt ihm seine Vernunft, Schluß zu machen, und er nimmt lieber den Vorwurf auf sich, den Wechsel zu lieben. Ganz ähnlich steht es mit seinen Ministern, die er ja auch nur wählt, um sich Mühe zu sparen.« Auch hier spricht Graf Flemming, gegen den ebensoviel intrigiert wurde, wie er selbst es tat, aus Jahren leidvoller Erfahrung. August hat ihm aber stets bewiesen, daß er einem Menschen, für den er sich einmal entschieden hatte, ohne Kleinlichkeit sehr vieles durchgehen ließ; darin war er wiederum seinem Berliner Widerpart ganz ähnlich, der alles, was man mit guten Gründen gegen Grumbkow vorbrachte, kurzerhand in den Wind schlug. Der von Österreich gekaufte General und einflußreiche Diplomat starb am Vorabend von Friedrichs II. Regierungsantritt, was ihm gewiß Festungshaft ersparte.

Gewisse Gemeinsamkeiten zwischen den Kraftnaturen des Soldatenkönigs und Augusts des Starken erschöpfen sich in Unerheblichem, und man tut unserem Helden auch keinen Gefallen, wenn man ihn mit dem großen Friedrich vergleicht. Das Jahrhundert des Barocks mit seinem Überschwang und das Zeitalter der Vernunft, das ohnedies reichlich spät seinen Einzug hielt, sie traten zueinander nicht in Konkurrenz, sondern lösten einander ab mit fließenden Grenzen. Und wenn man Friedrich II. mehr in seiner Innen- als in seiner Außenpolitik oft als einen Vorreiter späterer, hellerer Zeiten empfunden haben mag, so ist der starke August eher ein Nachzügler und der im Ganzen doch imposante Bannerträger einer Nachhut absolutistischen Glanzes.

1656–1680	Johann Georg II. Kurfürst von Sachsen
1661	Isachar Halevi Bermann geboren. Er wird als Hofjude in Hannover, Dresden und Warschau besonders einflußreich
1668	Geburtsjahr des Prinzen Johann Georg (später J.G. IV.)
1670	Prinz Friedrich August geboren (später F. A. I.)
1674–1696	Sobieski als Johann (Jan) III. König von Polen
1675	Geburtsjahr der Magdalena Sibylla, späteren Gräfin Rochlitz
17. Oktober 1680	Anna Contantia von Brockdorff, die spätere Gräfin Cosel, geboren
1683	Entsatz von Wien durch einen Truppenverband unter dem Polenkönig Jan Sobieski und mit sächsischen Kontingenten unter Johann Georg III. von Sachsen
1685	Großbrand in Dresden
1686/87	Die Prinzen Johann Georg und Friedrich August reisen mit ihrer Mutter in deren Heimat Dänemark
Januar/März 1689	Friedrich August in Venedig
1689–1691	Konflikt des Theologen Spener mit dem Hof zu Dresden wegen der Mätressenwirtschaft.
1691	General Hans Adam von Schöning, geb. 1641, tritt aus preußischen Diensten in die Kursachsens über
12. Sept. 1691	Kurfürst Johann Georg III. von Sachsen stirbt in Tübingen an einer Seuche
1692–1775	Lebenszeit des Abenteurers und Chronisten Karl Ludwig Freiherrn von Pöllnitz
20. Januar 1693	Friedrich August heiratet die Bayreuther Prinzessin Eberhardine (geb. 1671)

4. April 1694	Die Reichsgräfin von Rochlitz erliegt den Pocken
27. April 1694	Kurfürst Johann Georg IV. stirbt an der gleichen Krankheit, sein Bruder wird als Friedrich August I. Kurfürst von Sachsen
Mai 1694 – Juli 1697	Prozeß gegen die Generalin (Mutter der Gräfin Rochlitz) und zahlreiche Mitschuldige unter der Anklage, Joh. Georg III. und Joh. Georg IV. mit magischen u. a. Mitteln ermordet zu haben.
Juli 1694	Philipp Christoph Graf Königsmarck wird in oder bei Hannover von gedungenen Mördern getötet.
August 1694 – März 1696	Inhaftierung des Kammerdirektors Ludwig Gebhard von Hoym auf der Festung Königstein wegen Bereicherung in der Affäre Rochlitz
Juni 1696	Friedrich August tritt zum katholischen Glauben über
Juli 1696	In der Schlacht an der Bega werden die kaiserlichen Truppen unter Friedrich August um den Sieg über die Türken gebracht, weil der Kurfürst nachts zuvor zuviel getrunken hatte.
Oktober 1696	Geburt des Kurprinzen Friedrich August (später als August III. König von Polen) und des Hermann Moritz, späteren Marschalls von Sachsen (Sohn Augusts und der Aurora von Königsmarck)
15. Januar 1698	Friedrich August, Kurfürst von Sachsen hält als August II., König von Polen, feierlichen Einzug in Warschau
1699	Treffen zwischen Joh. Reinhold von Patkul und August, Vorbereitung des Nordischen Krieges, der 1700 ausbricht
19. Juli 1702	Sächsische Niederlage gegen Schweden in der Schlacht von Kliszow.
1702–1764	Lebenszeit des Feldmarschalls Grafen

	Rutkowski (Sohn Augusts mit der Türkin Fatime)
1703	Peter der Große, Zar von Rußland 1682 bis 1725, begründet seine Hauptstadt Petersburg, das heutige Leningrad
1703 oder 1704	Geburtsjahr von George, Chevalier de Saxe (Sohn Augusts mit der Fürstin Lubomirska)
September 1706	Sonderfrieden zwischen August und Karl XII. von Schweden
Oktober 1706	Der russische General Menschikoff schlägt die Schweden unter Mardefeldt
Oktober 1707	Joh. Reinhold von Patkul, Sonderbotschafter des Zaren, wird von den Schweden grausam hingerichtet
25. Juli 1708	Die Schweden unter Karl XII. erreichen die Beresina, Kosakenhetman Mazeppa (geb. 1640) stellt Hilfstruppen
1710	Die Porzellanmanufaktur in Meißen beginnt zu produzieren
1710	Der Bildhauer Balthasar Permoser, ein Bayer, kommt aus Berlin nach Dresden
1711	Beginn der Bauarbeiten am Zwinger zu Dresden
24. Januar 1712	Friedrich, Kronprinz von Preußen, der spätere Friedrich II. geboren
1715	Feldmarschall von der Schulenburg tritt in die Dienste der Republik Venedig
1715	Eine britisch-holländische Handelsflotte durchbricht mit etwa dreihundert Schiffen die schwedische Ostseeblockade und erreicht Petersburg
20. August 1719	Augusts einziger ehelicher Sohn heiratet die Erzherzogin Maria Josepha gemäß einer Absprache aus dem Jahr 1696
1722	Das letzte Kind Augusts wird geboren
1726	Erste Anzeichen schwerer Krankheit bei August

1726/27	Aurora von Königsmarck nimmt Geld auf, um den Kampf ihres Sohnes um die Kurländer Herzogswürde zu finanzieren
16. Februar 1728	Tod der Aurora Gräfin von Königsmarck in Quedlinburg
Februar 1728	Friedrich Wilhelm I., König von Preußen, besucht mit seinem Sohn und Minister von Grumbkow den Hof Augusts
April 1728	Unerwarteter Tod des Grafen Flemming auf der Reise nach Wien. Starke Rückwirkungen auf die sächsische Politik
Mai und Juni 1728	Augusts uneheliche Töchter, die Gräfinnen Bielinska und Orzelska, besuchen in seiner Begleitung Berlin
Juni 1730	Besuch zahlreicher Fürstlichkeiten, darunter auch der preußischen Königsfamilie, in Augusts Prunklager Zeithain
Januar 1733	Augusts letzte Reise nach Warschau unter starken Beschwerden
1. Februar 1733	gegen vier Uhr morgens: Tod Augusts des Starken in Warschau. Sein Testament stellt es dem Sohn frei, die Nachfolge in Polen anzustreben oder auch nicht.
Dezember 1745	Rutkowski kommandiert in der letzten Schlacht des Zweiten Schlesischen Krieges
1745/46	Nach zwei gewonnenen Schlachten gegen die Engländer wird Moritz Graf von Sachsen, natürlicher Sohn Augusts und der Gräfin Königsmarck, Generalfeldmarschall aller französischen Armeen
30. November 1750	Tod des Moritz Gf. von Sachsen, genannt Maréchal de Saxe, auf seinem Schloß Chambord
August 1756	Der Siebenjährige Krieg beginnt mit dem Überfall Friedrichs des Großen auf das neutrale Sachsen
1769	Tod der Gräfin Orzelska

LITERATUR IN AUSWAHL

BÜLAU FRIEDRICH: Geheime Geschichten und räthselhafte Menschen. Sammlung verborgener oder vergessener Merkwürdigkeiten. 12 Bde., Leipzig 1863 ff.

CZOK KARL: Am Hofe August des Starken. Stuttgart 1990.

CZOK KARL: August der Starke. Sein Verhältnis zum Absolutismus und sächsischen Adel. Berlin 1991.

CZOK KARL: August der Starke und Kursachsen. Berlin 1990.

DELAU REINHARD/BÖHME HANS: August der Starke. Bilder einer Zeit. Halle 1990.

DÜSTERWALD ERICH: Moritz von Sachsen, Marschall von Frankreich. Sankt Augustin 1972.

GRETZSCHEL MATTHIAS/MENZHAUSEN DAVID/KARPINSKI JÜRGEN: August der Starke und seine Schlösser. Eine Bildreise. Hamburg 1990.

GURLITT CORNELIUS: August der Starke. Zwei Bände. Dresden 1924.

HAAKE PAUL: August der Starke im Urteil seiner Zeit und der Nachwelt. Dresden 1922.

HAAKE PAUL: August der Starke. Berlin 1926.

HANSMANN WILFRIED: Im Glanz des Barock. Ein Begleiter zu Bauwerken August des Starken und Friedrich des Großen. Köln 1992.

KLOTZSCH JOHANN FRIEDRICH: Die Liebeszaubereien der Gräfin Rochlitz. Aus der Handschrift hrsg. von Johannes Jühling. Stuttgart 1914.

LOËN JOH. FRH. VON: Kleine Schriften. 4 Bde. s.l. 1751–65.

MÖRNER BIRGER GRAF: Maria Aurora von Königsmarck. München 1921.

PILTZ GEORG: August der Starke. Träume und Taten eines deutschen Fürsten. Berlin 1994.

PÖLLNITZ KARL LUDWIG VON, Das galante Sachsen. München 1992.

PÖNICKE HERBERT: August der Starke. Ein Fürst des Barock. Hrsg. von Günther Franz. Göttingen 1972.

SCHMIDT OTTO EDUARD: Kursächsische Streifzüge. Dresden 1926.

STRYK L. V.: Beiträge zur Geschichte der Rittergüter Livlands. 2 Bde. Dorpat 1877 (Reprint Hannover-Dören 1969).

STURMHOEFEL KONRAD: Illustrierte Geschichte der Sächsischen Lande und ihrer Herrscher. 2 Bde. Leipzig 1908.

VEHSE EDUARD: Geschichte der Höfe des Hauses Sachsen. 12 Teile in 3 Bdn. Hamburg 1854.

VOLTAIRE: Histoire de Charles XII. Paris 1968.

WITTRAM R: Peter I., Czar und Kaiser. 2 Bde. Göttingen 1964.

PERSONENREGISTER

Ahlden, s. Sophie Dorothee
Albrecht, Kurfürst v. Sachsen 12
Althan, Comtesse 149, 157
Anhalt-Dessau, Prinzessin v. 157, 158
Anna Sophie, Gemahlin Johann Georgs III. 14, 15, 20, 26, 27, 38
Ansbach, Markgräfin v., Gemahlin J. Georgs IV. 31, 75
Archenholz, Historiker 153
Arnim, v. 63
Arnstedt, Jobst Friedrich v. 186
Arquien, Marquis d' 92
August III., Kurfürst v. Sachsen, Kg. v. Polen 131, 153, 165, 236, 250, 252, 253, 254, 259
Austria, Don Juan d' 127

Baden, Markgraf v. (Türkenlouis) 68
Bakunin, Michael A. 184
Barfuß, General v. 72
Bebel, August 184
Beichling (Beichlingen) Wolf Dietrich v. 26, 35, 43, 45, 59, 67, 85, 146, 170, 171, 172, 184, 217, 275
Bengtsson, Frans G. 175
Berlepsch, Wilhelm Ludewig Graf v. 136
Bermann, Isachar Haleví 105, 279
Berwick (Feldherr) 127
Bezalel (Zolleinnehmer) 107
Bibiena, Giuseppe 227
Bielinska, Maria Magdalena, Gräfin 152, 248, 251, 258, 282, (später Gräfin Dönhoff, s. dort)
Bielinski, Adelsgeschlecht 116
Bielinski, Franciszek Graf 152
Bielinski, Kasimierz Ludwig Graf 209
Bielinski, Michael Graf 152
Bloch, Ernst 71
Blomberg, Barbara 127
Bockum, Adelsgeschlecht 117
Bockum, Ursula Katharina 154 (später Fürstin Lubomirska, s. dort)
Bodenschatz, Superintendent 214
Böttger, Johann Friedrich 124, 125, 184, 261
Bonde, Claes 180
Bonneval, Alexander v. 117
Bose, v., Minister 244
Bothmer, Johann Caspar Graf 67
Braganza, Katarina v. 128
Brecht, Bertolt 198
Brockdorff, Anna Constantia 26 (Gräfin Cosel, s. dort) 217, 279
Brockdorff, Marie Elisabeth v. 26
Brockdorff, Obrist v. 26
Brühl, Graf 231
Budäus, J. Christian Gotthelf 32
Bülau, Friedrich 130, 268
Bünau, Heinrich Graf v. 67, 130
Büsching 49
Bussche, Albrecht Philipp v. dem 79
Byron, Lord 198

Callenberg, Graf 58
Calvin, Johann 18
Caprara, Graf 13, 68, 69, 70
Carpzow, Dr. Benedikt 15, 37, 53, 54, 55, 90, 98, 99, 119
Carriera, Rosalba 156, 223
Chevalier de Saxe s. George
Chopin, Fréderic 74
Christian V., Kg. v. Dänemark 20
Christian-Ernst, Markgraf v. Brandenburg-Bayreuth 140
Christian Ulrich, Hzg. v. Württemberg-Öls 88
Christiane Eberhardine, Gemahlin Augusts d. Starken 95 s. Eberhardine
Chwalkowski v. Chwalkowa, (Gesandter) 73
Clemens XI., Papst 210
Clemens XII., Papst 236
Colonna, Fürstin 134
Conti, Prince François-Louis de 93, 94, 96, 97, 101, 103, 109, 110, 112
Cornaro, Caterina 259
Cosel, Gräfin 26, 66, 155, 206, 207, 208, 210–216, 218, 219, 220, 223, 224, 226, 228, 230, 234, 243–247, 253, 258, 259, 261, 268
Cosel, Graf 156
Cosel, Graf (Sohn der Gräfin C) 258
Coustou, Guillaume 95
Creutz, Reitergeneral 197

Dedo der Feiste 182
Dieskau, Erdmuthe Sophie v. 253, 258
Dietrichstein, Gräfin 17
Dönhoff, Adelsgeschlecht 116
Dönhoff, Bogislaus Ernst Graf v. 209, 210, 254
Dönhoff, Gräfin Maria (geb. Bielinska, s. dort) 209–213, 258, 261, 276
Dombski, Stanislas 109
Dubarry, Marie Jeanne 257
Du Héron, franz. Gesandter 170, 171, 174
Dumas, Alexandre 147
Dunin, Martin Graf v. 41
Duparc, Angélique 208, 245, 258, 264

Duval-Truand, Henriette 243, 244, 246, 251, 258
Duval-Truand, Weinhändler 243, 244

Eberhardine, Gemahlin Augusts des Starken 85, 86, 114, 115, 140, 141, 156, 208, 220, 251, 279
Eichendorff, Joseph Frhr. v. 263
Einsiedel, Anna v., geb. Rumohr 183
Eleonore Erdmuthe, Gemahlin J. Georgs IV. 42, 43, 45, 48, 58, 60
Eltz, Adam Frhr. v. der 80
Engelschall, Christoph Heinrich 36, 62, 63
Erdmannsdorff, v. 58
Ernst August, Kurfürst v. Hannover 78, 81
Erskine, Philipp 148
Esterle, Gräfin (geb. Lamberg, s. dort) 88, 89, 143, 144, 147, 150, 157, 258
Esterle, Graf 90, 145, 146
Eugen, Prinz v. Savoyen 68, 69, 70, 87, 117, 161, 221, 228, 231

Faleri, Herzogin v. 270
Fatime, Türkin (Maria Aurora, später Frau v. Spiegel) 143, 145, 147–152, 215, 246, 258, 259, 262, 281
Femora 264
Fernandino, Herzogin v. 137
Finsen, Arzt 46
Flemming, Haino Heinrich v. 165
Flemming, Jakob Heinrich Graf v. 96, 97, 98, 101, 103, 109, 110, 116, 144, 146, 151, 165, 169, 172, 201, 202, 203, 205, 208, 210, 211, 217, 219, 230–234, 240, 250, 251, 252, 254, 262, 263, 274–278, 282
Förster, Friedrich Christoph 269, 270
Formera, Tänzerin 249
Francke, Wolf 59
Franke, August Hermann 242
Franzos, Karl Emil 105
Friedrich I., Kg. in Preußen (als Kurfürst v. Brandenburg Fr. III.) 72, 94, 96, 124, 156, 192, 221, 227, 229, 240
Friedrich der Große 100, 124, 126, 130, 153, 234, 238, 241, 246–249, 254, 255, 259, 262, 264, 273, 274, 278, 281
Friedrich der Sanftmütige, Kurfürst v. Sachsen 12
Friedrich Wilhelm v. Brandenburg, der Große Kurfürst 52, 71, 92, 96
Friedrich Wilhelm I., Kg. v. Preußen 151, 152, 221, 234, 235, 237, 239, 240, 241, 242, 245, 246, 250, 251, 253, 254, 266, 271, 274, 278, 281
Friesen, Charlotte Johanna Maximiliane Gräfin v. 218, 258
Friesen, Graf 262
Fürstenberg, Adelsgeschlecht 121, 122
Fürstenberg, Anton Egon Fürst v. 70, 121, 122, 124, 208, 211
Fürstenberg, Wilhelm Egon Graf v. 121

Galli-Bibiena, Ferdinando 227
Gauhen, Historiker 181
Gebhardt 62
Generalin, Die s. Neitschütz
Georg Ludwig, Kurfürst v. Hannover (später Georg I., Kg. von England) 81, 141, 142
Georg II., Kg. v. England 81
Georg Wilhelm, Herzog 81
George, Chevalier de Saxe (später Fürst v. Teschen) 156, 247, 259, 281
Giraud, General 184
Giscard d'Estaing, Valérie 55
Görtz, Graf 194
Goethe, Johann Wolfgang 99, 229, 239
Grießbach, Mathias 29
Grimaldi, Kardinal 209
Grimmelshausen 12
Grumbkow, v., General (Minister) 240, 241, 245, 246, 250, 254, 255, 266, 278, 282
Gundling, Professor 90
Gurlitt, Cornelius 111, 143, 217, 269
Gustav Adolf, Kg. v. Schweden 182
Gutzkow, Karl 190
Gyldendal, Fähnrich 196

Haake, Paul 135, 239, 253, 269
Hagen, Regimentspfarrer 188
Hamel, Marquis du 131
Hannover, Nathan 106
Hartel, Architekt 120
Hasse, Joh. Adolf 91
Haugwitz, Adelsgeschlecht 65, 67, 258
Haugwitz, Friedrich Adolf v. 16
Haugwitz, Friedrich August v. 17, 47, 67
Haugwitz, Schwester Fr. Augustus v. H., verheiratete Neitschütz (s. dort) 17, 18
Haxthausen, Christian August v. 22, 25, 27, 30, 34, 59, 116, 128, 131, 148, 149
Haxthausen d. J. 149
Henriette Agnes, Prinzessin 158
Herder, Johann Gottfried 222
Hoenegg, Hoe v. 12
Holstfer, Gertrud v. 164
Horn, Klaus-Gustav Graf 141
Horn, schwed. General 202
Hoym, Adolph Magnus Graf v. 66, 206, 217, 218, 219, 230, 231, 280
Hoym, Freifrau v., geb. v. Brockdorff 217, 219, s. Cosel
Hoym, Ludwig Gebhard v. 65, 67
Hugo, Victor 198

Imhof 182

Innozenz X., Papst 257
Innozenz XII., Papst 134, 135

Jan Kasimierz, Kg. v. Polen 106, 191
Jaurès, Jean 164
Johann Georg I., Kurfürst v. Sachsen 12, 13
Johann Georg II., Kurfürst v. Sachsen 13, 119, 279
Johann Georg III., Kurfürst v. Sachsen 13–16, 18, 19, 22, 28, 30, 39, 57, 59, 68, 98, 144, 279
Johann Georg IV., Kurfürst v. Sachsen 20, 27, 28, 30–38, 40–48, 50, 53, 54, 56–61, 64, 66, 73, 99, 100, 279, 280
Johanna die Wahnsinnige 127
Jona, Emmanuel ben 107
Joseph, Erzherzog (Kaiser Joseph I.) 144, 145, 147, 195, 252
Josephine, Erzherzogin 253

Karl der Große 121
Karl V., Kaiser 127
Karl VI., Kaiser 225
Karl II., Kg. v. England 128
Karl II., Kg. v. Spanien 136, 139
Karl XI., Kg. v. Schweden 178, 188
Karl XII., Kg. v. Schweden 112, 162, 163, 164, 169–178, 180, 182, 185–188, 190, 192–198, 201, 202, 204, 205, 225, 234, 271
Karl Ludwig, Prinz v. Holstein-Beck 262
Katharina, Tochter Augusts d. St. 151, 152
Kaufungen, Kunz von 11
Keith, Page 255
Keller, Gottfried 143
Kessel, Eleonore v. (später v. Haugwitz) 84, 149, 157, 258
Kiesewetter, Hans Christian v. 218
Klencke, Wilken v. 80
Klengel, Demoiselle v. 22
Klengel, Wolf Kaspar v. 21, 22, 225, 258
Klemm, Obrist 43, 44, 46
Klotzsch, Johann Friedrich 35, 38, 63
Kneschke, Historiker 151
Knesebeck, Eleonore v. dem 78, 79
Königsmarck, Adelsgeschlecht 76, 117
Königsmarck, Aurora Gräfin v. 70, 71, 73, 74, 75, 81–90, 96, 115, 141, 143, 145–151, 157, 174, 175, 176, 215, 216, 219, 220, 230, 247, 258, 260, 266, 280, 282
Königsmarck, Graf 74, 148
Königsmarck, Karl Johann Graf v. 74, 75
Königsmarck, Philipp Christoph Graf v. 75–82, 128, 141, 142, 280
Königsmarck, Marschall 83
Krapp, Frau 57, 62
Kratz, Dr. 13
Kühlau, Agnes Dorothea v. 44, 45, 48, 60, 61, 63

La belle Stewart 128
La Haye, Oberstleutnant 211
Lamberg, Gräfin 90, 96, 115, 143, 144, 216, 219
Lamberg, Johann Philipp 144
Laskaris (Alchimist) 124
Lecouvreur, Adrienne 74, 86, 259
Lehmann, Behrend 80, 88, 106, 109, 110, 247
Leisnig, Graf v. 20
Leis(t)er, Johann Siegmund 57, 58
Lemberg, Comtesse 70
Lenôtre, André 130
Lenz, Max 239
Leopold I., Kaiser 39, 40, 68, 70
Leopold I., Fürst v. Dessau 152, 153
Lesage, Alain René 137
Leszcynski, Stanislaw, Kg. v. Polen 180, 193, 194, 205, 234
Lewenhaupt, Gräfin 150, 151
Lewenhaupt, General 195, 196
Lexington, Lord 148
Leyser, Augustin v. 58
Lindner, Anna Margarete 57, 62
Lindner, Kornett 57, 62
Linger, v., General 254
Lipsius (Architekt) 120
Liselotte v. d. Pfalz 21, 24, 25, 26, 75, 84, 111, 128, 142, 215
Loën, Johann Michael Frhr. v. 99, 213, 214, 239, 256, 276
Löwendal, Baron v. 230
Löwenhaupt, Gräfin 84, 87
Logau, Friedrich v. 83
Lowicz, Kastellanin v. 113
Lubomirska (geb. v. Bockum) Fürstin v. Teschen 151, 154–158, 175, 208, 209, 211, 216, 219, 258, 259, 262, 281
Lubomirski, Georg Dominik Fürst 155
Lubomirski, Hieronymus Fürst 173, 177
Ludewig, v., Professor 90
Ludwig I., Kg. v. Bayern 222
Ludwig XIV., Kg. v. Frankreich 10, 13, 21, 23, 24, 46, 53, 68, 87, 92, 93, 94, 112, 121, 224, 229, 234, 235, 242
Ludwig XV., Kg. v. Frankreich 17, 46, 74, 180, 233, 257, 264
Ludwig XVI., Kg. v. Frankreich 187
Lüttichau, v. 27
Lully, Jean-Baptiste 53
Luther, Martin 18, 94, 122

Machiavelli, Niccolo 50
Magdalena Sibylla s. Neitschütz

Maintenon, Marquise v. 21, 113, 120
Maldacchini, Olympia 257
Mancini, Olympia 68
Manteuffel, v., Minister 231, 253, 267
Mantua, Hzg. v. 133
Manzera, Marques de 137, 138
Manzera, Marquesa de 136, 137, 138
Marcks, Erich 239
Mardefeldt, schwed. General 185, 281
Maria, Kgn. v. England 40
Maria Anna, Königin v. Spanien 136
Maria Josepha, Erzherzogin 147, 281
Maria Kazimiera (Marysienka) Gemahlin Jan Sobieskis 92, 93, 108
Marlborough, J. Churchill, Hzg. v. 193, 239
Marwitz, v. der 254
Mattei, Signora 133
Mauro, Alessandro 226
Mauro, Brüder 226
Max Emanuel, Kurfürst v. Bayern 68, 93, 95, 96
Mazarin, Kardinal 69
Mazeppa, Iwan Stepanowitsch 191, 192, 193, 195–198, 281
Menschikoff, russ. General 185, 259, 281
Meusebach, v. 27
Meyer (Hofjude) 125
Miltitz, Anna Katharina v. 35
Mocenigo, Signora 131
Molière, Jean Baptiste 23, 224
Moltke, Helmuth v. 70
Moltke, v. (Oberjägermeister) 78
Montagué, Lady 256
Montalban, Don Nicolò, Graf 79–82
Montecuccoli, Fürst 108
Montespan, Madame de 87
Monti, Signora 134
Monmouth, Hzg. v. 127
Moritz Hermann Graf v. Sachsen (Marschall u. Maréchal de France) 86, 127, 141, 152, 156, 247, 258, 259, 280, 282

Napoleon I. 24, 70, 126, 161
Neitschütz, Adelsgeschlecht 32, 35, 36, 38
Neitschütz, v., General 18, 35, 39, 53, 62, 64
Neitschütz, Magdalena Sibylla (später Gräfin Rochlitz, s. dort) 18, 19, 20, 27, 28, 30, 31, 33, 35, 36, 38–41, 43, 44, 45, 47, 48, 49
Neitschütz, Rudolf Heinrich v. 65
Neitschütz, Ursula Margarete v. (Die Generalin) 28–31, 33, 36, 39, 41, 44, 48, 51, 54, 56–63, 65, 67, 126, 217, 258
Neumann (Arzt) 179, 197
Neumann, Balthasar 223
Nietzsche, Elisabeth 35, 57, 62
Nostradamus 167

Olbreuze, Eleonore d' 81
Opitz, Martin 83
Orléans, Hzg. v. 235
Orléans, Philippe v. 270
Ortgies, Franz Hermann 212
Orzelska, Gräfin 171, 243, 246–249, 251, 258, 259, 262, 274, 282
Osterhausen, Henriette v. 253, 258

Palffy, Comtesse 145, 147
Patkul, Friedrich Wilhelm v. 164
Patkul, Johann Reinhold v. 164–172, 174, 175, 176, 182–191, 198, 218, 280, 281
Pauli, Arzt 56
Permoser, Balthasar 227, 228, 229, 272, 281
Peter der Große 55, 112, 113, 147, 163, 168, 169, 170, 180, 185, 186, 187, 190, 192, 194–198, 200, 212, 271, 281
Petit, Jean-Louis 268
Pfingsten, Georg Ernst 182, 218
Pflug(k), August Ferdinand Graf v. 16, 17, 217, 230
Pignatelli, Antonio 134
Piper, Karl Graf 174, 175, 178, 181, 194, 198
Platen, Graf v. 77
Platen, Gräfin v. 76, 77, 78, 80
Plessen v. Tiesenhausen, Baron 190
Pöllnitz, Karl Ludwig Frhr. v. 84, 126, 130, 131, 133–136, 140, 151, 154, 206, 207, 243, 244, 279
Pöppelmann, Matthäus Daniel 223– 226, 228, 229, 238, 272
Pompadour, Marquise de 34, 207, 257
Poniatowski, Fürst 198
Ponickau, v. 49, 63
Potocka 261, 262
Potocki, Adelsgeschlecht 117
Pozzo di Borgo 164
Przebendowski, Jan Jerzy 97, 101, 200
Pückler-Muskau, Fürst 264
Puschkin, Alexander S. 147, 198

Quevedo, Don Francisco 137

Radziejowski, poln. Primas 94, 154
Radziwill, poln. Adelsgeschlecht 97, 103, 109, 117, 181, 209
Radziwillowa, Konstantia 97
Ranke, Leopold v. 267
Rantzau 243, 244
Rehnskjöld, Feldmarschall 202
Renard, Andreas Graf 263, 264
Renard, Tänzerin 208
Richmond, Hzg. v. 128

Rochlitz, Gräfin v. (s. Magdalena Sibylla v. Neitschütz) 34, 43, 45, 46, 50, 53, 54, 56–61, 70, 73, 89, 99, 122, 126, 127, 128, 130, 135, 146, 171, 212, 258, 265, 275, 279, 280
Rochlitz, Wilhelmina Maria Friederika Gräfin 40, 47
Rosen, Adelsgeschlecht 117
Rosen, Erich Theodor Frhr. v. 74
Roth, Joseph 105
Rutkowski, Friedrich August, Graf 151, 152, 153, 156, 238, 246, 259, 262, 263, 281, 282

Sachsen-Zeitz, Christian August v. 101
Salavin (Sprachlehrer) 27
Sand, George 74, 87
Sapieha, poln. Adelsgeschlecht 103, 113, 117, 181
Sapieha, Prinzessin 208
Savoyen-Carignan, Dynastie 69
Schenck, Pieter J. 83, 140
Schmidt, Actuarius 232
Schnath, Georg 79, 80
Schönfeld, Adelsfamilie 67
Schöning, Hans Adam v. 38, 71, 72, 73, 94, 148, 279
Schrader, Dr. 37
Schrey, Dr., Jurist 59
Schulenburg, Henriette v. der 131
Schulenburg, Johann Matthias v. der 86, 87, 117, 184, 185, 230, 281
Schultz, Oberst 188
Schwerdtner, Johann David 40
Schwerin, Ulrich Graf 248
Seingalt, Cavaliere di 129
Sieniawski, General 194
Sobieski, Jakub 91
Sobieski, Jakub (Sohn Jan Sobieskis) 97, 103, 118
Sobieski, Jan III. (Kg. v. Polen) 13, 56, 69, 70, 91–94, 97, 104, 105, 107–110, 114, 168, 279
Sobieski, Prinzessin 155
Sophie, Kurfürstin (Hannover) 25, 76
Sophie Charlotte, Königin v. Preußen 156, 157, 158
Sophie Dorothee, Gemahlin Friedrich Wilhelms I. 81
Sophie Dorothee, Prinzessin v. Ahlden 75–79, 81, 128
Spattenbach (Staatsrechtler) 71
Spener, Philipp Jakob 14, 15, 16, 98, 99, 279
Spiegel, Frau v. s. Fatime
Stakelberg 187
Stalin, Josef 167
Starke, Johann Georg 16
Steenbock, Gräfin 85
Stepney, brit. Gesandter 148
Strauss, Richard 272
Sturmhoefel, Konrad 113

Taube, Grafen 67
Teresa, Tochter Jan Sobieskis 93
Thomasius, Christian 53, 57, 90
Thümen, v. 211
Tilly, Joh. Graf v. 52
Tobianski, Graf 244
Towianska, Woiwodin 177
Trompettina, Signora 133
Tschaikowski, Peter Iljitsch 198
Tschirnhaus, Ehrenfried Walter v. 124
Tschirschky-Renard, Graf 264

Valois, franz. Dynastie 115, 127
Vauban, Sebastian de 22
Vehse, Karl Eduard 7, 17, 49, 129, 159, 269
Vietinghoff 187
Violante Beatrix, Prinzessin 133
Visconti, italien. Dynastie 42
Vitzthum, Adelsgeschlecht 67
Vitzthum v. Eckstädt, Friedrich Graf 27, 132, 138, 139, 146, 155, 176, 210, 276
Vogel, Johann Melchior 29, 59, 62
Voltaire 84, 175, 195, 202
Vota, Pater 119

Wackerbarth, Graf v. 231
Walewski, Graf 155
Watzdorff, Christoph Heinrich Graf v. 231
Weiß, Arzt 268
Weißenkirchner d. Ä. 227
Werthern, Graf v. 231
Wiedemann, Wolf 182
Wielopolski, Graf 110
Wilhelm II., dt. Kaiser 264
Wilhelm, Kg. v. England 40
Wilhelm, Markgraf v. Baden-Durlach 257
Wilhelmine Friederike, Markgräfin v. Bayreuth 240, 241, 243, 245, 246, 249, 250, 251, 252, 262
Winckelmann, Johann Joachim 222
Winkel, Heinrich Christoph 86
Wisniowiecki, Michael Serwacy Fürst 146
Wladislaw IV., Kg. v. Polen 105
Wolfin v. Guttenberg 136
Wolfframsdorff, Johann Friedrich v. 265
Wrangel, Gräfin 82
Wreech, Frau v. 248

Zedlitz-Neukirch, Historiker 151
Zinzendorf, kaiserl. Gesandter 186
Zolkiewski, Stanislaw 91
Zurbarán, Francisco de 138